教育部人文社会科学重点研究基地重大项目成果

Inheritance of Southwestern Ethnic Value
in Cultural Change

# 文化变迁中的西南民族价值传承

郑 涌◎等著

科学出版社

北 京

# 内 容 简 介

一个民族所共同接受并遵从的价值观，集中地代表了这个民族的文化精神，同时也是这个民族团结凝聚力的重要纽带。

本书从心理层面解析文化变迁中的民族文化价值传承问题。在价值观与行为关系问题的理论分析的基础上，本书不仅就西南少数民族的祖国、民族、宗教、婚育、教育、经济价值观做了实证研究，更深入到民族文化价值传承的心理结构及民族文化代际传承的心理机制。研究发现，西南民族的文化价值传承在文化的继承与发展之间找到了很好的平衡，其中的很多积极因素对于响应国家的文化建设方针，行之有效地开展民族文化的价值观教育有借鉴意义。

本书对教育学、心理学、人类学、民族学方面的学者，以及对西南民族文化感兴趣的大众有重要参考价值。

**图书在版编目（CIP）数据**

文化变迁中的西南民族价值传承 / 郑涌等著.—北京：科学出版社，2018.1
ISBN 978-7-03-052632-8

Ⅰ．①文… Ⅱ．①郑… Ⅲ．①民族文化-研究-西南地区 Ⅳ．①K280.7

中国版本图书馆 CIP 数据核字（2017）第 091529 号

责任编辑：朱丽娜　乔艳茹 / 责任校对：高明虎
责任印制：张克忠 / 封面设计：润一文化
联系电话：010-64033934
电子邮箱：edu_psy@mail.sciencep.com

科 学 出 版 社 出版

北京东黄城根北街 16 号
邮政编码：100717
http://www.sciencep.com

三河市书文印刷有限公司印刷

科学出版社发行　各地新华书店经销

＊

2018 年 1 月第 一 版　开本：720×1000　1/16
2018 年 1 月第一次印刷　印张：16 1/4
字数：291 000
定价：88.00 元
（如有印装质量问题，我社负责调换）

# 前言

　　一个民族共同接受并遵从的价值观，集中地代表了这个民族的文化精神，同时也是这个民族汇聚凝聚力的重要纽带。我国是一个多民族国家，中华民族是由56个民族组成的民族共同体。其中，西南地区①少数民族众多，有藏族、彝族、纳西族、哈尼族、拉祜族、基诺族、白族、景颇族、土家族、壮族、布依族、傣族、侗族、苗族等30多个少数民族，约5000万人，占到了全国少数民族人口总数的一半，且西南绝大部分陆地边境和一半沿海边境是少数民族聚居区。在很大程度上，西南地区也就是少数民族地区，其历经巨大的文化变迁，文化价值作为民族文化的核心，在西南诸民族的经济、社会与文化发展中扮演着至关重要的角色。可以说，西南地区是民族文化价值传承课题研究的一块十分难得的"风水宝地"。每个民族的价值观念都不是一成不变的，随着社会经济、政治的变革，价值观念也随之改变。但比之经济和政治，传统的价值观在变革时具有某种"滞后性"，导致变革时期的"文化冲突"。在当前全球化、多元化、现代化的时代背景下，很有必要探明西南各民族价值观的文化渊源、心理结构、传承方式、发展趋势及影响因素，这是一个既有历史厚重感又有现实使命感的课题。

　　全书共分十三章，其框架和基本内容如下。

---

　　① 按照中华人民共和国行政区划，我国的西南地区包括重庆市、四川省、贵州省、云南省和西藏自治区。习惯上，广义的西南地区，还包括了广西甚至湖南、湖北西部，称为"大西南"或"长江上游"；狭义的西南地区，则仅指云南、贵州、四川和重庆。从研究的典型性考虑，本书研究将重点放在狭义的西南地区。

第一章，绪论，首先阐明了本课题作为有关价值观的新课题的定位，即从一般价值观到民族文化价值观。接着指出了当前我国民族心理研究存在的一个突出问题，即民族学界和心理学界两条线的研究亟待整合与突破。进而规定了本书的研究内容，包括追溯西南民族文化价值形成的文化根基，解析西南民族文化价值观的心理结构和表现，考察西南各民族文化价值传承的方式与载体，以及前瞻西南民族文化价值传承的可行性发展。最后阐发了西南民族价值传承研究的意义。

第二章是有关价值观与行为的关系问题的理论准备。在民族文化价值传承上，现实中的一个突出问题是，民族文化的观念重视与民族文化的破坏行为之间的不一致。本章从价值观与行为相一致和不一致的角度，揭示了价值观与行为一致性的争论；就价值观是直接预测行为还是通过中介和调节变量起作用，罗列了价值观与行为一致性的证据；介绍了几种相关的理论模型，包括目标层次模型、建构水平理论、自我价值定向理论及新社会分析模型；最后，从值得进一步深入的方面指出了这些理论对本书研究的启示，强调价值观的两面性可能对认识西南民族价值观与文化行为的关系有深刻启迪。

第三章至第八章，分别就西南少数民族的祖国、民族、宗教、婚育、教育、经济价值观及其传承，做了实证研究。各章均编制了具有较高信度和效度的问卷作为测量工具：西南少数民族的祖国价值观包括祖国认知、国己利益、祖国态度和祖国评价四个维度；民族价值观包括民族意识、族间关系、族国关系、本族发展四个维度；宗教价值观包括宗教认知、敬神行为、民族宗教、信教动机、敬神意识五个维度；婚育价值观包括婚育习俗性、婚育自主性、生育目的性、婚育现实性四个维度；教育价值观包括教育效用、家族荣誉、个人发展、光大民族四个维度；经济价值观包括族际公益消费、现代消费收入、金钱储蓄、民族资源收入、传统消费收入、外出打工、人际消费七个维度。进而，各章在调查分析的基础上，对相应价值观及其传承的特点和规律做了探讨。整体而言，以经济变革为主导，西南民族文化价值传承在这个快速发展的时代呈现出良好的态势，其中西南少数民族的祖国价值观和民族价值观仍保持着多年来的积极面貌，宗教价值观、婚育价值观和经济价值观则出现了较为快速的积极变化，但教育价值观的变化还跟不上时代发展的要求。

第九章至第十章，对民族文化价值传承的心理结构，以及民族文化价值代际传承的心理机制做了实证研究。通过开放式调查与内容分析，编制了具有较高信度与效度的民族文化价值传承问卷，揭示了民族文化价值传承包括了民族文化归属感、民族文化忧患意识、民族文化自豪感、民族文化认同感、民族文化自觉意识五个维度。而在代际传承方面，通过对父亲、母亲、孩子三方同时施测，分析了个体变量的影响、家庭变量的影响、感知的正确性与接受，以及由家庭延伸到社会等重要方面。结果显示，民族文化价值从父母到孩子的直接传承是微弱的，而且只限于部分民族文化价值观维度；养育方式和亲子关系对青少年的价值观有强烈的影响，且对于女孩来讲这种影响更为强烈；父母以不同的方式对待女孩和男孩，这也影响到民族文化的发展与保护；对于有些文化价值观维度，还发现了缓适效应。

第十一章针对的是社会流动中的民族文化价值传承。当今中国社会正在发生巨大变革，人口的大量迁徙和流动是一个突出特征。当个体从一种社会文化背景迁移到另一种与原社会文化背景不同的异质文化环境中时，会产生文化适应问题，这也是一个与西南民族文化价值传承密切相关的现实问题。对于西南少数民族，这个问题集中体现在民族旅游文化村村民的文化心态、少数民族大学生的文化心理适应，以及少数民族农民工的文化适应等方面。本章分别以贵州省镇山村为例、基于云南白族与回族大学生的对比分析，以及基于回族农民工的投射测验对这三个方面做了探讨。

第十二章是对民族文化价值传承的田野考察。本章重点通过对西双版纳傣族、哈尼族，以及华坪县傣族的实地考察，印证前面各章以问卷调查量化研究为主的研究结果，剖析和解构民族文化传承的物质和精神载体，探寻西南民族文化价值传承的轨迹。

第十三章，结语，以本书实证研究结果为依据，从民族身份与民族文化价值评判、民族文化的显著与潜隐价值、民族文化价值传承与文化自信等角度做了总结。

改革开放以来，中国社会发生了巨大变化，在我国的综合国力不断提升之际，如何弘扬民族传统文化，积极倡导民族文化价值传承，增强国人的文化自觉与文化自信，已是当今中国之要义。本书紧扣时代脉搏，首次完成了对西南少数民族的文化价值观及其价值传承的全面而系统的实证研究。

郑　涌

2017 年 9 月

于西南民族教育与心理研究中心

目 录

前言

第一章　绪论 ……………………………………………… 1

　　第一节　从一般价值观到民族文化价值观 ……………… 1

　　第二节　研究方法亟待整合与突破 …………………… 4

　　第三节　本书的内容与意义 …………………………… 5

第二章　价值观与行为的关系问题 ……………………… 8

　　第一节　价值观与行为一致性的争论 ………………… 9

　　第二节　价值观与行为一致性的证据 ………………… 11

　　第三节　几种相关的理论模型 ………………………… 14

　　第四节　对本书研究的启示 …………………………… 17

**第三章　西南少数民族的祖国价值观及其传承** ································ 20

第一节　西南少数民族祖国价值观问卷编制 ································ 20

第二节　西南少数民族祖国价值观的调查分析 ···························· 28

第三节　西南少数民族祖国价值观的传承 ································ 37

**第四章　西南少数民族的民族价值观及其传承** ································ 43

第一节　西南少数民族民族价值观问卷编制 ································ 43

第二节　西南少数民族民族价值观的调查分析 ···························· 50

第三节　西南少数民族民族观的价值传承 ································ 56

**第五章　西南少数民族的宗教价值观及其传承** ································ 61

第一节　西南少数民族宗教价值观问卷编制 ································ 61

第二节　西南少数民族宗教价值观的调查分析 ···························· 68

第三节　西南少数民族宗教观的价值传承 ································ 71

**第六章　西南少数民族的婚育价值观及其传承** ································ 75

第一节　西南少数民族婚育价值观问卷编制 ································ 75

第二节　西南少数民族婚育价值观的调查分析 ···························· 80

第三节　西南少数民族婚育观的价值传承 ································ 87

**第七章　西南少数民族的教育价值观及其传承** ································ 90

第一节　西南少数民族教育价值观问卷编制 ································ 90

第二节　西南少数民族教育价值观的调查分析 ···························· 95

第三节　西南少数民族教育观的价值传承 ································102

**第八章 西南少数民族的经济价值观及其传承** ·················· 107

第一节 西南少数民族经济价值观问卷编制 ··············· 107

第二节 西南少数民族经济价值观的调查分析 ··········· 113

第三节 西南少数民族经济观的价值传承 ··············· 120

**第九章 民族文化价值传承的心理结构** ·················· 126

第一节 开放式调查与内容分析 ··················· 127

第二节 民族文化价值传承问卷的编制 ··············· 131

第三节 西南民族文化价值传承的心理结构特点 ·············· 137

**第十章 民族文化价值的代际传承** ·················· 147

第一节 个体变量的影响 ····················· 147

第二节 家庭变量的影响 ····················· 154

第三节 感知的正确性与接受 ··················· 162

第四节 由家庭延伸到社会 ··················· 172

**第十一章 社会流动中的民族文化价值传承** ·············· 176

第一节 移民文化适应的一般问题 ················· 176

第二节 旅游民族村寨村民的文化心态——以贵州省镇山村为例 ····· 182

第三节 少数民族大学生的文化心理适应——基于云南白族与回族

大学生的对比分析 ··················· 188

第四节 少数民族农民工的文化适应—基于回族农民工的

投射测验 ······················ 193

**第十二章　民族文化价值传承的田野考察** ················································· 203

第一节　田野考察计划 ···························································· 203

第二节　西双版纳傣族、哈尼族田野考察报告 ························· 208

第三节　华坪县傣族田野考察报告 ·········································· 236

**第十三章　结语** ···································································· 244

**后记** ·················································································· 247

# 第一章

# 绪　论

## 第一节　从一般价值观到民族文化价值观

价值观是人区分好坏、美丑、益损、正确与错误、符合自己意愿与否等的观念系统，它通常是充满情感的，并为人的正当行为提供充分的理由[①]。从心理学的观点看，价值观研究的意义在于其与个体期望相关的选择性的动机激发作用。目前，西方心理学界在解释价值观的作用机制时主要形成了三类理论。其一，归因理论。Weiner 的归因理论一直是有关动机的一个重要理论[②]。由于归因理论包含了对能力的信念和对成功的预期，并且包含了对成绩的价值评价，所以也将其视为价值观的理论。其二，现代期望-价值理论。现代期望-价值理论是在 Atkinson 的期望-价值模型的基础上发展起来的[③]。这类理论将成就表现、坚持和选择很直接地与和个人的期望相连的信念及任务-价值信念联系起来。其三，自我价值理论。作为价值观理论的自我价值理论强调心理健康是期望、价值与成就行为的关键决定因素。在 Covington 的自我价值理论中，将自我价值的动机定义为建立和保持积

---

[①] 黄希庭，郑涌. 当代中国青年价值观研究. 北京: 人民教育出版社, 2005.

[②] Weiner B. An attributional theory of achievement motivation and emotion. Psychological Review, 1985, 92(4): 548-573.

[③] Atkinson J W. An Introduction to Motivation. Oxford: Van Nostrand, 1964.

极的自我意象或自我价值感的倾向①。这些理论对于深入研究少数民族的价值观问题很有借鉴意义。

在我国，价值观研究长期以来被视为哲学、伦理学、品德学的范畴，这些研究对于深入认识价值观问题起到了重要作用。改革开放以来，随着心理学学科的迅猛发展以及社会转型期价值观问题的日益突出，对价值观的心理学研究受到越来越广泛的关注，并在社会转型、文化差异、传统性与现代性、全球化与本土化等方面形成了研究热点，相关著述颇丰。这其中，黄希庭等在 20 世纪八九十年代历经多年全国范围的大规模的调查研究后，完成了《当代中国青年价值观与教育》，该书被认为是国内首次全面实证探讨青年价值观问题的专著②。之后，有关少数民族价值观的调查研究也陆续多了起来，如李锐、林琼芳、陈国典等、牛春娟等的研究③④⑤⑥。

每个民族的文化都是全人类文化的有机组成部分，是自身民族性与人类共同性的有机统一。我们在着手民族文化价值观的研究时，要警惕两种错误的倾向：一种是文化的霸权主义。对弱势民族进行文化侵略或价值歧视会破坏文化生态系统，并可能因为刺伤他们的民族情感而招致一些极端的反应。一种是文化的狭隘民族主义。狭隘民族主义往往把本民族的价值观绝对化，盲目排外，这不仅不合乎世界潮流，而且会阻碍本民族的发展。1980 年费孝通提出"中华民族多元一体格局"的命题，目前已为民族学界、文化学界所广泛接受。中国文化的一个显著特点就是"多元一体"，它是由汉族和各少数民族共同创造的。尽管中国是一个多民族国家，但是各民族之间的文化却能做到长时间的和睦共处、协同发展，一个重要的原因就是以儒家思想为核心的中国文化讲究"和而不同"，既顾整体利益，又保持自身特色，"异中有同，求同存异"。多元化的文化体系要求彼此能够求同存异，学会协调与宽容，学会理解与尊重；多元化的价值观体系应是互补的而不是冲突的，不能仅看到不同民族的价值观之间的摩擦与冲突，更应当看到彼此的交流与借鉴。

民族文化价值观是一个多维度、多层次的复杂的观念系统，并与认知、情绪、

① Covington M V. Making the Grade: A Self-worth Perspective on Motivation and School Reform. New York: Cambridge University Press, 1992.

② 黄希庭, 张进辅, 李红, 等. 当代中国青年价值观与教育. 成都: 四川教育出版社, 1994.

③ 李锐. 西南少数民族地区与广东地区师专生职业价值观的比较研究. 民族教育研究, 2000, (1): 84-87.

④ 林琼芳. 不同民族大学生职业价值观比较及教育建议. 广西民族学院学报(自然科学版), 2002, 8(3): 51-54.

⑤ 陈国典, 刘诚芳, 喻轲. 藏族、彝族大学生价值观的跨文化研究. 高教研究, 2005, (3): 68-69.

⑥ 牛春娟, 郑涌. 西南少数民族教育价值观的调查研究. 心理科学, 2010, 33(1): 198-200.

动机、自我等心理成分关系密切。从文化与心理学的关系入手[①②]，并参照我们多年来对青年价值观问题进行研究积累的经验[③④⑤]，以下方面的民族文化价值观是当前与西南民族问题关系密切的核心价值观，需要深入、系统地加以研究[⑥]。

（1）西南少数民族的祖国价值观。任何国家都是由若干民族组成的，一个国家只要存在两个以上的民族，就会存在民族问题。对于西南各民族，特别是其中的一些迁移民族来说，"我是中国人"的祖国价值观念的建立历程复杂而漫长，值得深入探讨。

（2）西南少数民族的民族价值观。民族价值观是人们对于民族问题的最基本的看法，它影响着人们采取何种方式和态度来处理具体的民族问题。从某种角度来说，民族价值观就是民族交往中所形成的相对稳定而持续发展的民族文化心理，其实质是维护和发展民族利益。西南地区民族构成复杂，民族价值观的研究具有特别重要的意义。

（3）西南少数民族的宗教价值观。宗教信仰作为民族文化生活的一个重要层面，不仅影响着人们的思想感情，同时也影响着人们的日常生活，包括社会、政治、经济、伦理道德、家庭婚姻、人际交往等方面。宗教在维系民族团结和社会秩序、推动民族文化发展方面起着不可忽视的作用，要了解和掌握一个民族的社会文化状况，不能离开对该民族的宗教价值观的研究。

（4）西南少数民族的婚育价值观。婚育问题关乎民族的生存与繁衍，因此婚育价值观是民族文化价值中又一个根本性问题。尤其是在我国推行计划生育政策，而我国西南地区人口众多的背景下，西南民族的婚育价值观及其传承研究显得特别重要。

（5）西南少数民族的教育价值观。民族教育是一个民族的经济发展和文化发展的标志与反映，并预示着该民族未来发展的可能性。传统上，西南民族对教育的重视相对欠缺，研究西南民族的教育价值观，并对现阶段西南民族教育过程中所面临的一些问题进行探讨，将有利于改变这种局面。

（6）西南少数民族的经济价值观。经过历史沉淀下来的西南各民族传统价值观对于民族经济活动的影响不容忽视，这种影响有有利的一面，也有不利的一面，

---

① 乐国安, 纪海英. 文化与心理学关系的三种研究模式及其发展趋势. 西南大学学报 (社会科学版), 2007, 33(3): 1-5.

② 张海钟, 姜永志, 赵文进, 等. 中国区域跨文化心理学理论探索与实证研究. 心理科学进展, 2012, 20(8): 1229-1236.

③ 黄希庭, 张进辅, 李红, 等. 当代中国青年价值观与教育. 成都: 四川教育出版社, 1994.

④ 黄希庭, 郑涌. 当代中国青年价值观研究. 北京: 人民教育出版社, 2005.

⑤ 黄希庭, 郑涌. 改革开放 30 年: 中国青年价值观的变迁(待出版).

⑥ 郑涌. 价值观的新课题: 文化变迁中的西南民族价值传承研究. 西南大学学报(社会科学版), 2007, 33(3): 64-67.

对西南少数民族经济价值观的研究将有利于弘扬其长处，克服其弱点。

价值观研究终归要落到是非上，民族文化价值研究也不例外。这里，评判的标准是十分关键的。在坚持中华民族"多元一体"，反对文化霸权主义和文化狭隘民族主义的前提下，我们所主张的新时代背景下的西南民族文化价值体系应该是科学的、合理的、先进的，是彰显社会主义荣辱观的，能够促进各民族的团结协作和共同繁荣发展。

## 第二节  研究方法亟待整合与突破

多年来，我国的民族心理研究有两条主线：一条是民族学界的研究；一条是心理学界的研究。在民族学方面，侧重于宏观探讨，方法论上注重思辨性的质性研究。学者们对民族心理的概念、结构和表现，尤其是民族共同心理素质进行了探讨。例如，熊锡元分析了回族、傣族、汉族的共同心理素质，荣丽贞研究了蒙古族特有的祭祀风俗，苏世同阐述了苗族的主体心理，伊力合木·克力木归纳了维吾尔族的经商心理特征及其原因，周兴茂论述了苗族的共同心理素质，闫丽娟和钟福国论述了裕固族的心理素质，石国义论述了水族的传统文化心理，崔英锦论证了朝鲜族的文化心理特点，马丽华论述了云南通海蒙古族生存发展的心理素质，云公保太探讨了欧拉藏族的尚武心理，银军和杨顺清论述了侗族的民族心理素质，等等[1]。在心理学方面，则侧重于微观探讨，方法论上注重实证性的量化研究。20余年来，我国的心理学者就民族心理课题做了大量调查研究，内容涉及各民族儿童认知发展的比较研究、各民族的个性比较研究、各民族儿童及青少年品德形式的比较研究、各民族的社会心理的比较研究、民族心理卫生和精神病研究、民族心理的基本理论研究等。例如，张世富和阳少敏对云南西双版纳克木人、基诺族、哈尼族和拉祜族青少年品格的发展进行了长达20年的跨文化心理研究[2]。蔡笑岳等还专门对我国西南少数民族心理研究的基本状况做了评述，发现20世纪80年代以来，西南少数民族研究主要集中在儿童认知、智力发展、人格、价值观和品格等方面，并有这样几个特点：

---

① 徐黎丽. 关于民族心理学研究的几个问题. 民族研究, 2002, (6): 95-103.

② 张世富, 阳少敏. 云南 4 个民族 20 年跨文化心理研究——议青少年品格的发展. 心理学报, 2003, 35(5): 690-700.

①研究取样主要是青少年学生；②研究取向主要是民族心理的发展；③民族心理研究大多与教育研究相联系；④民族心理研究的研究方法的科学性有待提高；⑤民族心理研究的核心是民族文化，民族心理研究应该深入民族生活中去考察民族习俗；⑥民族心理研究多将民族和民族文化作为实验中的一个变量，对民族心理本质问题的重视程度不够①。确实，我国的民族心理学研究存在的民族学与心理学的"分裂"状况应该引起警惕。如果双方学界不及时沟通，差异会逐渐扩大，宏观研究和微观研究得不到有机结合，民族心理学的发展将受到极大的限制。正确的方向应该是宏观研究和微观研究有机结合，质的研究和量的研究相互补充。②

基于实证性和系统化的研究构想，在着手"文化变迁中的西南民族价值传承研究"这一课题时，我们遵循了传统与现实相结合、定性与定量相结合、横断与纵向相结合的原则，采用历史文献研究、实地调查访问、田野工作研究、问卷调查、作品分析等方法开展研究。其中，特别强调运用心理学擅长的问卷调查与民族学擅长的实地调查相结合的新型调查法，它既可以得到"是什么"，也可以寻找到"为什么"，进而能够有针对性地提出"怎么办"。同时，在研究取样上突破以往"主要是青少年学生"的局限，而以西南少数民族群众为主。

美国文化人类学家 Bidney 曾指出："摆在文化人类学家面前最重要与最艰难的任务是进行价值的评价与比较研究。"研究民族传统文化当然不能忽视价值观这个核心问题。但是，价值观研究本身是十分复杂而困难的，而对西南民族文化价值的评析更是本书研究最为困难和敏感之处。

## 第三节 本书的内容与意义

## 一、本书丰富的研究内容

### （一）追溯西南民族文化价值形成的文化根基

要解析西南民族的价值观，必须要了解西南民族形成、发展过程中呈现的包

---

① 蔡笑岳, 罗列, 何伯锋. 我国西南少数民族心理研究的基本状况. 心理科学进展, 2012, 20(8): 1145-1151.
② 张积家. 加强民族心理学研究, 促进中国心理科学繁荣——民族心理学专栏前言. 心理科学进展, 2012, 20(8): 1139-1144.

括自然环境和历史因素在内的文化环境的变化，了解在历史演变过程中西南民族价值意识能够传承下来，并且能够展现其生命力的深厚的文化渊源。

### （二）解析西南民族文化价值观的心理结构和表现

拟就上述与民族问题关系密切的核心价值观，包括祖国、民族、宗教、婚育、教育、经济等方面，进行西南各民族的深入、系统的调查和测量，同时将中华民族的传统价值观与西南各民族的独特价值观加以比较和分析。

### （三）考察西南各民族文化价值传承的方式与载体

民族文化价值传承载体包括物质载体和象征符号两个方面。物质载体包括民族文物、名胜古迹，以及生产生活传承物，它们具有民族认同性、文物性和工艺性等特征；象征符号是约定俗成的，为本民族成员所认同，除语言、文字外，在各民族传统文化中还存在着大量的非语言文字象征符号，隐喻负载着各种文化的意义。这些对于西南民族文化价值传承研究具有重要价值。当今中国正处在快速变革的时代，年轻一代对于民族价值传承起着怎样的作用，是需要关注和考察的重点。

### （四）前瞻西南民族文化价值传承的可行性发展

不是所有的价值观都是正确的。落后的、狭隘的、错误的价值观会把一个民族导向歧途。正确的价值观应该是科学的、合理的、先进的，是能够代表多数人的利益，符合事物发展的规律和历史进步趋势的。改革开放以来，在多元文化的影响下，西南民族的传统价值体系必然受到冲击，新的价值体系正在形成。因此，有必要立足于西南民族文化的实际，展望未来，在理论上对原有的和新生的文化特质重新加以审视。

## 二、西南民族文化价值传承研究的意义

### （一）有助于充实和发展民族心理学理论

社会文化变迁的现代化理论者都承认，人的价值观、行为规范和信仰在决定社会类型（传统社会和现代社会）方面起着重要作用。本书研究立足于西南地区良性的民族文化生态的构建，这将为建立和完善中国特色的民族心理学的学科体

系提供实在而新颖的内容，并为人类学、社会学、经济学、宗教学、政治学等诸多学科提供有价值的参考资料。

### （二）有利于民族团结、共同繁荣和边陲稳定

在我国全面奔向小康，建设社会主义和谐社会的征程中，少数民族地区往往由于生态环境脆弱、城乡差距较大、经济基础薄弱，所面临的经济与社会发展问题更多。特别是当前我国正处于经济转型、体制转轨的社会转型期，各民族文化价值意识形态不断接触、互相影响，正处在相互冲突与融合的过程之中。研究西南各民族的文化价值特点，有利于西南各民族间更有效地交流与沟通，促进西南地区的安定团结和各民族的共同发展与进步，进一步增强中华民族的凝聚力；同时，也能更有效地克服文化差异造成的民族心理冲突，消除民族偏见、民族歧视和民族心理隔阂，从而促进西南各民族的和睦相处和边陲稳定，为构建和谐社会做出贡献。

### （三）为相关决策提供科学依据

目前我国正在实施的西部大开发在某种程度上是西部民族地区的大开发，本书可以为党和国家制定西部大开发的有关政策措施提供参考，并且为西南地区的行政、管理、教育等部门的民族工作提供参考建议。

总之，我们将坚持中华民族"多元一体"并立足于西南民族文化的实际进行研究，对原有的和新生的文化特质加以解析，提出西南民族文化价值体系的良性发展思路，为促进西南各民族的团结协作和共同繁荣发展而努力！

# 第二章
# 价值观与行为的关系问题

随着社会的快速发展，传统文化与现代文化不断发生着冲突、磨合与交融，价值取向多元化成为时代的特征。也因此，价值矛盾成为学术界的一个研究热点，然而研究者可能忽略了价值观与行为的一致性这一重要问题。一直以来，人们普遍认为个体的价值观与行为之间具有一致性，甚至在价值观的定义中就包含价值观引导行为的作用，如 Rokeach 认为价值观具有动机的功能，是行为和态度的指导[①]。然而，也有研究者认为价值观与行为之间并没有多大的关联，同时这种相关可能只体现在少数的个体上[②]。体现在民族文化价值传承上，现实中也经常见到这样的情况，一方面人们对民族文化的重要性似乎是有共识的，但另一方面，对民族文化的破坏行为却也屡屡发生。价值观是社会发展变迁和文化传播的重要测量指标，各国的政府及教育机构都十分注重价值观的教育工作[③]。如果价值观与行为不一致，那么人们试图通过教育和媒体来培养或改变价值观则显得没有意义。个体的行为是否与价值观相符？价值观的矛盾是否会相应地引起行为上的冲突？价值观影响行为的内在机制又是怎样的？这一系列的问题是本书研究必须要加以探讨的。

---

① Rokeach M. The Nature of Human Values. New York: Free Press, 1973.

② Kristiansen C M, Hotte A M. Morality and the self: Implications for the when and how of value: Attitude-behavior relations//Seligman C, Olson J M, Zanna M P. The Psychology of Values: The Ontario Symposium. Mahwah: Lawrence Erlbaum, 1996: 77-106.

③ 辛志勇，金盛华. 大学生的价值观概念与价值观结构. 高等教育研究, 2006, 27(2): 85-93.

## 第一节　价值观与行为一致性的争论

### 一、价值观与行为相一致的观点

关于价值观的定义很多，通常价值观表达的是事物对于个体的重要性。价值观具有激发与维持行为的作用，与需要、态度、目标相比，具有动机性的价值观因在人们成年后变化不大而更显稳定[①]。个体的行为是对价值观的表达，如统治与支配主要表达的是权力价值观。那些主要表达一种价值观的行为称为价值表达行为（value-expressive behavior）。然而，大多数行为表达的是多种价值观，如徒步旅行这一行为表达的可能是喜欢冒险（刺激价值观）、热爱自然（博爱价值观）或者是接受朋友的邀请（遵从价值观）。[②]

事物的多样性也就意味着价值观的多样性，每个人都具有多种价值观，并且其重要程度不同。当个体面临选择，权衡利弊的时候，价值观便开始进入意识并影响决策。价值观似乎只有在行为源自有意识的决策时，才对行为产生影响。但是，现实生活中个体的大多数行为都是自发的，很少考虑到价值倾向。即使在没有意识到自己的价值观的情况下，人们也可能表现出与价值观一致的行为。也就是说，价值观不仅可以在意识层面影响行为决策，还可以在无意识层面发挥作用，它可以通过诸如习惯这样的机制来影响个体的行为。价值观与行为的密切联系还体现在，当价值观发生改变时，相应的行为也会受到影响。核心价值观的改变会促使个体发生一系列的行为变化，如通过影响个体的价值观可以对减肥、吸烟等行为产生较为明显的干预效果。[③]

### 二、价值观与行为不一致的观点

人们并不总是按照他们认为重要的价值观来行事，这是显而易见的。例如，

---

[①] Rohan M J. A rose by any name? The values construct. Personality & Social Psychology Review, 2000, 4: 255-277.

[②] Bardi A, Schwartz S H. Values and behavior: Strength and structure of relations. Personality & Social Psychology Bulletin, 2003, 29(10): 1207-1220.

[③] Hitlin S, Piliavin J A. Values: Reviving a dormant concept. Annual Review of Sociology, 2004, 30: 359-393.

人们通常认为助人为乐和诚实很重要，但是无论是在实验研究还是在日常生活中，我们都可以看到，人们并没有时常帮助他人，也没有像他们自己所希望的那般诚实[1]。我们说价值观影响个体的行为，并不表示个体的行为仅仅是为了表达价值观。价值观表达的是人类的基本需要，这些需要激发个体的行为，只是行为的内因。在现实生活中，个体的实际行动是内外因共同作用的结果，所以价值观与行为之间可能存在不一致。虽然实验研究发现人们会表现出与价值观相一致的行为[2][3]，但研究中只是针对那些假定的情境，缺乏生态效度。

不同的价值观之间具有相互一致或相互矛盾的关系，如博爱价值观与仁慈价值观是一致的，享乐价值观与成就价值观是矛盾的。个体可以同时拥有两种矛盾的价值观，却由于情境因素或时间压力，只能做出一种行为选择。这时，个体的行为与其中一种价值观相一致，与另一种价值观相矛盾。

此外，价值观并不如人们想象的那般稳定，这也影响了它与行为之间的关系。McGuire 认为价值观是一只纸老虎，看起来很厉害，实际上不堪一击[4]。价值观以全或无的方式呈现。例如，教育小孩时，我们告诉他"你必须诚实"，而非"你要比较诚实"，这就使价值观的形成中存在着不经思考的成分，人们甚至难以为自己的价值观提供有力的论据。Maio 等认为价值观是自明之理，是自证预言的结果，人们通过打击压制那些与重要价值观不一致的行为来证明该价值观的重要性[5]。相关研究也表明，价值观缺乏必要的认知成分，人们对事物的重要性只能列出些许理由，却能够表现出积极的情感反应[6]。缺乏认知因素的支持作用使得价值观的重要性容易受到外界劝说和社会比较的影响，外界支持某一特定价值观的言论将引导个体表现出与该价值观相一致的行为。

① Karremans J C. Considering reasons for a value influences behaviour that expresses related values: An extension of the value-as-truisms hypothesis. European Journal of Social Psychology, 2007, 37: 508-523.

② Feather N T. Values, valences, and choice: The influence of values on the perceived attractiveness and choice of alternatives. Journal of Personality and Social Psychology, 1995, 68: 1135-1151.

③ Sagiv L, Schwartz S H. Value priorities and readiness for out-group social contact. Journal of Personality and Social Psychology, 1995, 69: 437-448.

④ McGuire W. Inducing resistance to persuasion: Some contemporary appraches//Berkowitz L. Advances in Experimental Social Psychology. New York: Academic Press, 1964: 191-229.

⑤ Maio G R, Olson J M, Allen L, et al. Addressing discrepancies between values and behavior: The motivating effect of reasons. Journal of Experimental Social Psychology, 2001, 37: 104-117.

⑥ Maio G R, Olson J M. Values as truisms: Evidence and implications. Journal of Personality and Social Psychology, 1998, 74: 294-311.

## 第二节　价值观与行为一致性的证据

### 一、价值观直接预测行为

关于价值观与行为关系的实证研究，多数涉及的是价值观对一些非常具体的行为表现的预测作用，如学习课程的选择、投票选举及环保行为等[1][2][3]。从总体上看，相关研究主要集中于亲社会行为、反社会行为、环境、政治、消费等领域[4]。比如，在消费领域，个人价值观对产品的选择、旅行决策等都具有显著的影响[5][6]。

大多数研究关注的只是单一的价值观或特定的行为，较为简单。然而，Bardi和 Schwartz 通过比较不同的价值观与各自相应的价值表达行为的相关程度，进而研究价值观与行为之间系统的联系[7]。研究中大多采用 Schwartz 提出的十种类型的的价值观，即自我督导、刺激、享乐、成就、权力、安全、遵从、传统、博爱及仁慈[8]。这十种价值观之间彼此一致或矛盾，构成了一个环状的模型。研究结果发现，传统价值观和刺激价值观与行为之间都具有较高的相关；享乐、自我督导、权力和博爱这些价值观与行为的相关都较为合理；而安全、成就、仁慈和遵从这些价值观与行为的相关都不紧密。此外，相互一致的价值观所对应的价值表达行为之间是正相关的，矛盾的价值观所对应的行为之间是负相关的。近来，Bardi 等

① Simpkins S D, Pamela D K, Eccles J S. Math and science motivation: A longitudinal examination of the links between choices and beliefs. Developmental Psychology, 2006, 42: 70-83.

② Caprara G V, Schwartz S, Capanna C, et al. Personality and politics: Values, traits, and political choice. Political Psychology, 2006, 27: 1-28.

③ Schultz P W, Gouveia V V, Cameron L D, et al. Values and their relationship to environmental concern and conservation behavior. Journal of Cross-Cultural Psychology, 2005, 36: 457-475.

④ Liu H, Yu S, Cottrell L, et al. Personal values and involvement in problem behaviors among Bahamian early adolescents: A cross-sectional study. BMC Public Health, 2007, 7: 135-144.

⑤ 胡洁, 张进辅. 基于消费者价值观的手段目标链模型. 心理科学进展, 2008, 16: 504-512.

⑥ Watkins L, Gnoth J. Methodological issues in using Kahle's list of values scale for Japanese tourism behaviour. Journal of Vacation Marketing, 2005, 11: 225-233.

⑦ Bardi A, Schwartz S H. Values and behavior: Strength and structure of relations. Personality and Social Psychology Bulletin, 2003, 29: 1207-1220.

⑧ Schwartz S H. Universals in the content and structure of values: Theoretical advances and empirical tests in 20 countries//Zanna M P. Advances in Experimental Social Psychology. New York: Academic Press, 1992: 1-65.

关于价值观词典的研究也验证了不同类型的价值观与行为之间的联系[①]。研究中通过价值观与行为的相关程度来检验价值观词典的预测效度，结果发现，多数价值观与行为之间具有中等程度的相关。然而，与之前的研究结果相矛盾的是，传统价值观的预测力最低。

随着研究的不断发展，最近的研究开始关注多种价值观对行为的综合作用。例如，有研究发现，成就与权力这两种价值观共同影响个体的工作成就，如工作时间的长短、薪水的高低[②]。价值观与暴力行为关系的研究发现，权力价值观与青少年自我报告的暴力行为呈正相关，而博爱、遵从和安全这些价值观与暴力行为呈负相关[③]。政治领域的研究还发现，左派选民在博爱、享乐、自我督导价值观几个方面得分比较高，而在安全、权力、成就、遵从与传统价值观几个方面得分比较低，回归分析表明价值观解释了投票选举行为的主要变异[④]。

## 二、中介变量对价值观与行为关系的桥梁作用

由于价值观与行为之间不如预期的那样高相关，价值观对行为的直接预测力也不高，研究者便开始考虑中介变量的作用，这是价值观研究的一大改进，也是必然趋势。例如，Bruns 等提出了生活方式的手段-目标链理论，认为生活方式是价值观与行为的中介变量，生活方式与抽象的目标状态（个人价值观）及具体的情境共同作用于个体，并产生各种行为[⑤]。手段-目标链理论构成了一个双重加工的框架模型，包括自上而下和自下而上两种信息加工路线。自上而下是一种目标导向的行为，个人价值观决定购买行为；自下而上路线则是一种分层次等级的加工过程，产品的属性决定消费者的购买行为。这里的生活方式是连接产品的具体属性与个人价值观的认知结构系统。从购买的角度来看，消费者的价值观影响生活风格，而生活风格对购买行为具有决定作用。

① Bardi A, Calogero R M, Mullen B. A new archival approach to the study of values and value-behavior relations: Validation of the value lexicon. Journal of Applied Psychology, 2008, 93: 483-497.

② Frieze I H, Olson J E, Murrell A J, et al. Work values and their effect on work behavior and work outcomes in female and male managers. Sex Roles, 2006, 54: 89-93.

③ Knafo A, Daniel E, Khoury-Kassabri M. Values as protective factors against violent behavior in Jewish and Arab high schools in Israel. Child Development, 2008, 79: 652-667.

④ Caprara G V, Schwartz S, Capanna C, et al. Personality and politics: Values, traits, and political choice. Political Psychology, 2006, 27: 1-28.

⑤ Bruns K, Scholderer J, Grunert K G. Closing the gap between values and behavior: A means-end theory of lifestyle. Journal of Business Research, 2004, 57: 665-670.

在各种中介变量的研究中，态度受到研究者较为普遍的关注。态度较为具体，而价值观更抽象、更稳定、更具理想主义色彩[①]。Kristiansen 和 Hotte 认为态度是价值观影响行为的中介变量，并提出了"价值观-态度-行为"模型[②]。价值表达是态度的四个功能之一，即态度是作为自我概念核心的价值观的表达。价值观与态度的不同之处就在于它超越了具体的情境。Maio 和 Olson 研究发现价值观与态度之间存在着关联，二者的中介是目标表达性态度，这表达了一种动机性的价值观结构[③]。将价值观与态度相结合的应用研究也逐渐增多，如 Poortinga 等将价值观与态度等结合在一起，预测个体在环保行为及能源使用方面的区别[④]。

## 三、调节变量对价值观与行为关系的影响作用

人格因素是价值观与行为关系的主要调节变量。例如，Wojciszke 发现，理想主义者的价值观与行为之间具有更高的一致性[⑤]；Verplanken 和 Holland 认为，与自我的接近程度也是价值观与行为关系的调节变量[⑥]。只有当价值观是自我的核心并且被激活时，价值观才会影响个体的行为。因此，利他价值观与捐赠行为之间随着自我关注的提高表现出一致性；当环境价值观是自我概念的核心时，个体才会选择那些对环保有利的消费行为。Kristiansen 和 Hotte 还发现，道德判断、自我概念及道德问题的性质决定了个体什么时候把价值观作为态度和行为的指导。此外，价值观与行为一致性的问题也存在着文化差异，西方人在价值观、态度和行为之间具有更高的一致性。其原因可能在于西方的自我与东方的自我有着不同的特点，前者更多是关于自己的知识，而后者更多是关于他人的知识。东方人由于行动前需要考虑到他人的反应，其价值观、态度和行为之间的一致性较低。

情境性因素对价值观与行为关系的影响作用也不容忽视。Poortinga 等认为只

---

① Hitlin S, Piliavin J A. Values: Reviving a dormant concept. Annual Review of Sociology, 2004, 30: 359-393.

② Kristiansen C M, Hotte A M. Morality and the self: Implications for the when and how of value: Attitude-behavior relations//Seligman C, Olson J M, Zanna M P. The Psychology of Values: The Ontario Symposium. Mahwah: Lawrence Erlbaum, 1996: 77-106.

③ Maio G R, Olson J M. What is a "value-expressive" attitude?//Maio G R, Olson J M. Why We Evaluate: Functions of Attitudes. Mahwah: Lawrence Erlbaum, 2000: 249-269.

④ Poortinga W, Steg L, Vlek C. Values, environmental concern, and environmental behavior: A study into household energy use. Environment and Behavior, 2004, 36: 70-93.

⑤ Wojciszke B. The system of personal values and behavior//Eisenberg N, Reykowski J, Staub E. Social and Moral Values: Individual and Societal Perspectives. Mahwah: Lawrence Erlbaum, 1989: 229-251.

⑥ Verplanken B, Holland R W. Motivated decision making effects on activation and self-centrality of values on choices and behavior. Journal of Personality and Social Psychology, 2002, 82: 434-447.

使用态度、价值观这些变量难以解释所有与环保相关的行为，研究发现，价值观对家庭能源使用的影响十分有限，收入、家庭规模等现实因素则具有更大的影响力。此外，Bardi 和 Schwartz 对于自我超越的价值观与利他行为之间低相关的解释是，社会规范在其中起到了重要的调节作用。尽管自我超越的价值观可以预测利他行为，但是外部的社会压力会削弱这种联系，并使个体表现出与价值观相矛盾的行为。而 Gecas 则认为价值的认同对于价值观的内化十分重要，各种社会认同调节个人价值观与认同相关行为的关系[①]。正因为情境因素的影响，Lönnqvist 等认为遵从价值观影响自我超越的价值观与利他行为之间的关系[②]。高遵从价值观的个体服从于情境，更少表现出利他行为。如果实验以高遵从者为被试将得出价值观不能预测行为的结论；相反，如果以低遵从者为被试，得到的是价值观与行为一致的结论。

## 第三节 几种相关的理论模型

### 一、目标层次模型

Schwartz 和 Boehnke 认为价值观体现个人生活中最被看重的部分，并且按照重要程度和动机强弱排列，表现为贯穿情境与时间的诸多目标[③]。目标层次模型（goal hierarchy model）是围绕着这样的定义而建立起来的。该模型认为，在个人目标系统中，最顶端的是宏观的毕生抱负和对理想化自我的诠释，如某种崇高的世界观；接下来一个层次是较为具体的"原则性"问题，即个人认为值得去做的事情，通常体现为个人的价值观；再下来就是更具体的情境化目标，通常被称为"中层"目标单元，如个人奋斗等；最低层次的是那些针对具体事件和即时行动的目标[④]。价值观是高抽象水平的目标，价值观与行为之间是由各个逐渐具体化的目

---

① Gecas V. Value identities, self-motives, and social movements//Styker S, Owens T J, White R W. Self, Identity, and Social Movements. Minneapolis: Univ. Minn. Press, 2000: 93-109.

② Lönnqvist J E, Leikas S, Paunonen S, et al. Conformism moderates the relations between values, anticipated regret, and behavior. Personality and Social Psychology Bulletin, 2006, 32: 1469-1481.

③ Schwartz S H, Boehnke K. Evaluating the structure of human values with confirmatory factor analysis. Journal of Research in Personality, 2002, 38: 230-255.

④ Roberts B W, O'Donnell M, Robins R W. Goal and personality trait development in emerging adulthood. Journal of Personality and Social Psychology, 2004, 87: 541-550.

标连接起来的。从概念层次上看，价值观与行为相隔甚远，而且具体行为还受到认知、情绪和意志的影响，如 Louro 等发现与目标相关的情绪、目标的接近性、对目标的期望等都影响个体的行为。因此，价值观对行为的预测力不高也是必然[①]。

## 二、建构水平理论

建构水平理论（construal level theory）关注人类所独有的抽象信息加工能力。生物进化使人类不仅能够对发生在此时此地的事件做出直接反应，还能够超越当前情境进行更高级、更复杂的认知加工与反应[②]。建构水平理论区分了高、低水平建构，还提出心理距离影响人们对事物表征的建构水平[③]。价值观的抽象程度较高，属于高水平建构，依据个人价值观而行动是人类的一种高级反应。在预测行为方面，研究者发现，由于价值观的抽象性，它影响远的未来的行为意图而不影响近的未来的行为意图[④]。当个体在更高的水平分析解释行为时，或者行为是为了更长远的未来做打算时，价值观与行为之间具有更紧密的联系。然而，近的未来存在诸多情境限制，如果人们不进行自我约束，将会表现出与价值观不符的行为。同理，根据建构水平理论，核心价值观与次要价值观相比是一种更高水平的心理建构。所以，在远的未来，个体在面临价值观冲突的情况下，会选择与核心价值观相符的行为；而在近的未来，次要价值观会掩盖核心价值观对行为意图的影响。简言之，核心价值观影响远的未来的行为决策，次要价值观影响近的未来的行为决策。[⑤]除时间距离以外，空间上的远近（空间距离），以及与自我相关的程度、可能性等心理距离也都会影响价值观与行为的关系。按照这个逻辑，当事件发生在遥远的现实情境下，或者发生在他人身上与自己无关，又或者发生在假设的情境下而非现实的情境下时，个体更可能表现出与价值观相一致的行为。最近的研究还发现，当个体对行为进行抽象的分析思考时，更可能表现出与价值观相一致

① Louro M J, Pieters R, Zeelenberg M. Dynamics of multiple-goal pursuit. Journal of Personality and Social Psychology, 2007, 93: 174-193.

② Liberman N, Trope Y. The role of feasibility and desirability considerations in near and distant future decisions: A test of temporal construal theory. Journal of Personality and Social Psychology, 1998, 75: 5-18.

③ Liberman N, Trope Y. The psychology of transcending the here and now. Science, 2008, 322: 1201-1205.

④ Eyal T, Sagristano M D, Trope Y, et al. When values matter: Expressing values in behavioral intentions for the near vs. distant future. Journal of Experimental Social Psychology, 2009, 45: 35-43.

⑤ Eyal T, Liberman N, Sagristano M D, et al. Resolving value conflicts in planning the future. Unpublished manuscript. Ben Gurion University, 2008.

的判断和行为[①]。总之，建构水平理论认为心理距离影响价值观与行为的关系，在远的心理距离下，价值观与行为表现出一致性；在近的心理距离下，二者的关系有所改变。

## 三、自我价值定向理论

自我价值定向理论（self-worth orientation theory）的基本假设认为人是理性的、社会性的动物，除了基本的生存倾向之外，一生都在试图建立解释他人和世界的体系并解释自我存在和自身行为的理由，为自己的生活赋予意义[②]。因此，自我价值定向理论强调个人自我价值体系对行为的定向作用，并证明了环境是通过影响个人自我价值定向而影响行为的，从而更好地解决了个人因素与环境因素在社会行为发生和发展中的辩证作用。根据自我价值定向理论，人们实际行为受制于两个方面的因素：一是作为内部准备状态的态度；二是存在于外部的情境压力。行为是态度与情境压力二者的函数，公式为 $B=f(A, S)$，也就是说态度（$A$）和外部情境压力（$S$）共同作用结果决定了人的行为（$B$）。在外在情境压力相对稳定的情况下，一种态度与具体行为之间一致性的高低，或对具体行为影响的大小，决定于这一态度的向中度如何，也就是看这一态度本身是否居于个人价值体系的中心位置，是否对个人有特别的意义。高向中度的态度实际上与价值观趋于重合。态度的向中度越高，则有关的行为对个人的意义越重要，对个人远期的心理影响也越大，从而这种态度对行为的影响作用也越大，情境的相对作用也越小。另外，态度的向中度越高，当行为与其不相一致时会出现强心理冲突，从而这种态度抗拒不一致行为的力量越大。因此，态度的向中度越高，与其行为一致性也越高；反之，向中度低的态度有关行为，更多地取决于情境的作用。此时态度对于行为的影响作用，表现在行为的方式上，而不是行为的指向。

## 四、新社会分析模型

新社会分析模型（neo-socioanalytic model）综合了人格心理学的几个主要领域，包括特质、价值观与动机、能力、叙事、自我认同、名声、角色、文化、遗传等。

---

① Torelli C J, Kaikati A M. Values as predictors of judgments and behaviors: The role of abstract and concrete mindsets. Journal of Personality and Social Psychology, 2009, 96: 231-247.

② 金盛华. 社会心理学. 北京: 高等教育出版社, 2005.

其中，特质、价值观与动机、能力和叙事这四个人格领域具有各自的层次组织结构，每个领域内部不同概念间的心理距离比起不同领域的概念间的心理距离更接近。价值观与动机只是新社会分析模型的一部分，除了价值观、兴趣、偏好、目标以外，这一维度还包含需要、动机两个传统的心理学概念，反映的是人们所渴望与追求的事物[①]。由于纳入了自我认同、角色等变量，新社会分析模型有利于我们更加全面地理解个体的行为及价值观与行为的一致性。Bogg 等通过新社会分析模型来研究那些与健康相关的行为表现，发现特质与动机对健康行为的作用是相对独立的[②]。在特质领域，一般特质通过情境特质来影响行为；然而在动机领域，价值观并没有通过个人奋斗来影响行为，而是直接影响行为。鉴于此，研究者还提出未来关于行为预测的研究应该考察人格、价值观、态度等多种因素的综合作用。

虽然上述四种理论模型并非专门针对价值观与行为一致性问题提出的，但是各自从不同的角度解释了价值观与行为的关系。目标层次模型认为价值观是抽象的目标，价值观与行为之间由各个逐渐具体化的目标相连接；建构水平理论认为心理距离影响价值观与行为的一致性；自我价值定向理论强调个人自我价值体系对行为的定向作用；新社会分析模型则呈现了价值观与行为之间存在的诸多中介变量和调节变量。这四个理论模型之间并非完全独立，首先，目标层次模型与建构水平理论都强调价值观的抽象性这一特点。其次，自我价值定向理论与新社会分析模型都包含个人因素与环境因素在社会行为发生和发展中的辩证作用。最后，新社会分析模型认为价值观与动机是人格的一个领域，该领域从价值观到目标按照不同的层次等级来排列，从这点来看，目标层次模型似乎就嵌套在新的社会分析模型之中。

## 第四节 对本书研究的启示

由于现代社会价值观的多样性，那么从最一般的意义来说，个体可以持有与普世价值一致的价值观，也可以持有与之不一致的价值观；同理，行为也应该既

---

① Roberts B W. Personality development and organizational behavior//Staw B M. Research on Organizational Behavior. Greenwich: Elsevier Science/JAI Press, 2006: 1-41.

② Bogg T, Voss M W, Wood D, et al. A hierarchical investigation of personality and behavior: Examining neo-socioanalytic models of health-related outcomes. Journal of Research in Personality, 2008, 42: 183-207.

有亲社会行为，又有反社会行为。价值观可以被看作是广义的态度，也可以被看作是抽象概括的目标，还可以被看作是人格的一个组成部分。个体的行为是否与价值观相一致，这既受到价值观本身属性，如动机性、稳定性、矛盾性的影响，同时也受到人格、情境等因素的调节作用。此外，生活方式、态度等中介变量也在价值观与行为的关系之间起到了显著的桥梁作用。几乎没人再相信所谓跨情境、跨时间的一致性神话了。[①]西南民族众多，文化多样，未来的研究必须对以下几个方面加以重视。

第一，重视价值观冲突与行为决策的关系。价值观冲突是日常生活中较为普遍的现象，如工作还是休闲，节俭还是消费。那些针对稀有事物的价值观称为保护性价值观，如生命、爱情、公正、诚实。[②]保护性价值观可以理解为，无论在何种情况下人们都会坚持的某种价值观念，以及在特定情境中人们认为自己的行动应该遵循的某些道德原则。这些观念或原则指向的客体是不可交易的，其损失不可能由其他利益来补偿。[③]然而，现实生活中人们还是会做出违背自己原则的事情。Ritov 和 Baron 还发现人们在避免损失时比追求得益时更有可能牺牲自己的保护性价值观[④]。对于解析民族和谐或冲突的心理机制，价值观冲突与行为决策的关系无疑是一个关键。

第二，重视人与情境的问题。对于中国文化背景下该如何解读价值观与行为的关系，目前已有一些研究线索：王登峰和崔红认为，由于传统道德“性善论”所导致的防御压力，在内心愿望和要求与外在言行的一致性程度上，中国人应该显著低于西方人，但随着当今中国人越来越重视个性和张扬个性，对自己言行的掩饰似乎在逐渐减少[⑤]。此外，从发展的角度来看，如果遵从情境是社会化的结果，那么我国青少年的价值观与行为之间可能表现出比西方更显著的高于成年人的一致性[⑥]。如此，中国人价值观与行为的一致性可能表现出独特的一面。

第三，重视多因素的作用。已有研究的一个不足，是缺乏专门针对价值观与行为关系的理论模型。今后在构建西南民族文化价值观及其传承机制的模型过程中，应确定合适的中介变量，并考虑到民族价值观的属性、内容、人格与情境等

---

① 陈莹，郑涌. 价值观与行为的一致性争议. 心理科学进展, 2010, 18(10): 1612-1619.

② Baron J, Spranca M. Protected values. Organizational Behavior and Human Decision Processes, 1997, 70: 1-16.

③ 何贵兵，奚岩. 保护性价值观及其对决策行为的影响. 应用心理学, 2005, 11(1): 60-66.

④ Ritov I, Baron J. Protected values and omission bias. Organizational Behavior and Human Decision Processes, 1999, 79: 79-94.

⑤ 王登峰，崔红. 人格结构的中西方差异与中国人的人格特点. 心理科学进展, 2007, 15(2): 196-202.

⑥ 黄希庭，郑涌. 当代中国青年价值观研究. 北京：人民教育出版社, 2005.

诸多因素的影响作用。此外，对于价值观的动机性作用，人们常常认为价值观只有积极的一面，态度则具有两面性，这使得价值观与行为关系的研究具有许多不同于态度与行为关系研究的特点。然而，Aavik 和 Allik 提到了价值观的两面性，认为类似于趋近-回避动机，价值观不仅具有积极正面的一面，也应该具有消极负面的一面，并发现消极价值观的结构与积极价值观不一致，二者的关系也并非完全独立①。价值观的两面性可能对认识西南民族价值观与文化行为的关系有深刻启迪。

---

① Aavik T, Allik J. Principles that people seek to avoid in their lives: Personal values with the opposite sign? Journal of Individual Differences, 2006, 27: 185-192.

# 第三章

# 西南少数民族的祖国价值观及其传承

任何国家都是由若干民族组成的，一个国家只要存在两个以上的民族，就会存在民族问题。对于西南各民族，特别是其中一些迁移民族来说，"我是中国人"的祖国价值观的建立历程复杂而漫长，值得深入探讨。

## 第一节 西南少数民族祖国价值观问卷编制

### 一、祖国价值观界定

迄今为止，很少有文献对祖国价值观做专门研究，但仍然可以从一些相关研究中得到启发。列举如下：林精华在研究了俄罗斯的民族国家价值观后指出，祖国价值观也包含了对本国的一些态度，如对俄罗斯的忠诚与奉献，认为自己的国家优越于其他国家，强调本国利益和文化的普遍性价值，对俄罗斯大地有强烈感性认同等①；佐斌的研究表明，人们对自己国家成员身份的知悉和接受、对国家的看法等，是一个包括许多成分的复杂心理结构系统，这些成分可分为认知成分系统（包括国家人群的分布、地理和区域、历史传统、国民性格的了解和认同）、情

---

① 林精华. 民族国家价值观的重建——关于当代俄国民族主义思潮的研究. 民族研究, 2003, (1): 19-28.

感成分系统（指人们对于自己国家和人群的情感、情绪和评价等，如对自己国家身份的主观突显性、对自己国家和人民的依赖程度、归属感、民族自豪感和自尊心等）①；孙秋云从民族自觉意识方面来考察祖国价值观，这种意识即如梁启超所说的"凡遇一他族而立刻有'我中国人'之一观念浮于其脑际者，此人即中华民族一员也"的意识，从这个基本方面可以看出民族对于祖国的归属感等。②

　　要准确地把握祖国价值观的内涵，首先必须了解清楚什么是"祖国"。据考证，中国古文献中，"国"是由甲骨文"或"演变而来的，"或"当时即称"国"，许慎在《说文解字》中指出，"国从口从或"，而"口"作为象形字即为围绕周围之意，是有边界的生活区域，所以"国"的原始意义是指特定的共同生活区域。"祖"的基本含义是"始庙"。"祖者，始也。"所以，祖国的起始含义就是列祖列宗共同生活的一定的地域范围。现在，祖国是一个包含着一定自然条件的、地域的、历史的、民族的、血缘的、语言的、文化的综合体，是专属于某国人民的最高价值体系。祖国在一定历史条件下包含了某种阶级关系，但又往往超越阶级关系，祖国是哺育国家和民族的母体。③祖国的内涵远远超出任何具体的国家。任何国家都有其历史的暂时性，但祖国则是永恒的，是对一个民族生存和发展时期所有国家的概括④。简单来说，祖国通常是指一定的民族累世生于斯长于斯的自然和社会因素的总称⑤。其中的自然因素是指人们所称的"国土"，即一定界限以内的山川、湖泊等自然风貌和森林、矿藏等自然资源；而社会因素包括人们所说的"同胞"，即有共同血脉和社会联系的国民，以及共同的习俗、礼仪、传统习惯、社会心理、地方性的人文文化条件。

　　综上所述，祖国价值观就是人们对祖国这个包含着一定自然条件的、地域的、历史的、民族的、血缘的、语言的、文化的综合体的认识和理解，是对待祖国范畴内的政治、经济、文化、教育等的态度，是对祖国与自己需求之间关系的益损、适当与不当、符合自己意愿与否等进行认识和评价时所持有的观念系统。它是充满情感的，对人们的行为具有导向作用。它在价值体系中占有主导地位，体现了人们对祖国价值的终极关怀，对于其他类型的价值观往往还起着引导和制约作用。

---

　　① 佐斌. 论儿童国家认同感的形成. 教育研究与实验, 2000, (2): 33-37.

　　② 孙秋云. 费孝通"中华民族多元一体格局"理论之我见. 中南民族大学学报(人文社会科学版), 2006, 26(2): 58-63.

　　③ 刘洪仁. 论爱国主义的科学内涵. 思想教育研究, 2000, (5): 20-22.

　　④ 张怀承. 中华民族爱国主义传统的形成和发展. 求索, 2000, (5): 79-83.

　　⑤ 李培超. 论中华民族爱国主义的现代逻辑演进. 求索, 2000, (5): 84-87.

## 二、调查取样

本章将调查取样限定为：①分布在西南地区的少数民族群众，主要在云南、贵州、四川、重庆；②年龄在 18 岁以上；③性别比例尽量做到男女各半；④学生被试的人数尽量控制在 10%以下；⑤兼顾不同文化程度、不同信教状况、不同汉区[①]生活年限等。

本章的取样由三部分构成：第一部分为开放式问卷调查；第二部分为初测问卷，用于探索性因素分析；第三部分为正式问卷，用于验证性因素分析。本章取样的民族构成见表 3-1。

表 3-1　本章三阶段取样的民族构成

| 项目 | 壮族 | 回族 | 苗族 | 土家族 | 彝族 | 藏族 | 布依族 | 侗族 | 其他 | 合计 | 有效 |
|---|---|---|---|---|---|---|---|---|---|---|---|
| 开放式问卷 | | | 9 | | | | | | 10 | 45 | 64 | 64 |
| 初测问卷 | 168 | 19 | 119 | 60 | 109 | 62 | 62 | 104 | 212 | 915 | 863 |
| 正式问卷 | 12 | 59 | 64 | 64 | 61 | 59 | 11 | 7 | 116 | 453 | 396 |
| 合计 | 180 | 78 | 192 | 124 | 170 | 121 | 73 | 121 | 373 | 1432 | 1323 |

## 三、开放式问卷

对于第一个问题"请用词语（名词、形容词均可）对中国和中国人分别进行描述"，大多数人的回答都是积极的，如认为中国"飞速发展、日新月异、繁荣富强、和谐"，认为中国人"自信、自强、勇敢、友善等"；部分人涉及了消极的评价，如认为中国"地区发展差异大，还不够强大"，认为中国人"自私、缺乏冒险精神等"。

对于第二个问题"你认为对祖国的了解应该包括哪些方面"，回答内容较多，可归纳为：五千年的文明史、文化（如戏剧、诗歌、汉字等）、各民族风俗习惯和民族风情、科技成就、经济发展状况、改革开放取得的成就、中国当代热点问题、各个领域的变化与发展、祖国近代所承受的苦难（如鸦片战争、火烧圆明园、抗日战争等）、中国的节日和民间传说、历史轨迹（如茶马古道、丝绸之路等）、重要节日（如春节、中秋节）等。

对于第三个问题"哪些情境（或事件）会让你为祖国感到骄傲？哪些会让你

---

① 汉区：在本书中指人口构成以汉族为绝大多数的城市或地区。

感到难过或愤怒",多数人的回答反映出了对祖国时事和历史的关注,带有强烈的民族情感。

对于第四个问题"请在一个九点量尺上描述个人与祖国关系的密切程度并说明理由",多数人的选择在"7~9",即认为祖国与自己的关系非常密切;少数人选择了"5",理由可概括为"国家的事情老百姓参与太少,很多国家大事离自己太远",没有人选择"5"以下的数字,表明在每个人心中国家的地位基本都是重要的。

## 四、初测问卷的编制

将通过访谈和开放式问卷收集到的资料进行分析后,选择有代表性和普遍性的条目,同时结合文献综述和相关问卷条目,形成如下维度构想:①祖国认识,主要包括对祖国这个包含着一定自然条件的、历史的、民族的、血缘的、语言的、文化的综合体的认识;②祖国态度,主要包括对祖国赋予自己的身份,以及祖国范畴内的政治、经济、文化等方面各项事务的态度;③祖国评价,主要包括对祖国本身,以及祖国与自己之间关系的益损、适当与否、符合自己意愿与否等的评价(从自身出发做出的价值判断);④国族关系,主要包括祖国与民族的联系(从本民族角度出发做出的价值判断)。

根据祖国价值观的理论构想,并参照已有的相关文献,以及国内外的相关量表,同时征求有关专家的意见和建议,共编写出初测问卷的题项 25 个,其中设置了 2 对测谎题,以避免反应定势等的影响。所有题项采用随机排列方式,问卷的评定标尺为利克特自评式 5 点量表,从"完全不同意""不太同意""难以确定""比较同意"到"完全同意"依次记为 1 分、2 分、3 分、4 分、5 分,得分越高表明该种价值取向越明显。

## 五、正式问卷的确定

选用以下几个标准来筛选问卷的题项:①标准差。标准差太低通常能表明观测变量中被试的反应趋同,表明该题项对个体的反应差异的鉴别力较低。所以,剔除标准差低于 0.90 的题项。②题项与总分的相关。如果题项与总分的相关太低(低于 0.20),表明该题项与总量表所要测查的内容相关太低,没有反映出总量表所要测查的内容,应该将该题项删除。③因子负荷值。根据因子分析理论,因子负荷值显示了该项目与某公因子的相关,题项在某个公因子上的负荷值越大,说明该题项与该公因子关系越明确，题项反映的信息就越多；若题项在某个公因子上的负荷值很小，则表明该题项不能反映出该公因子所代表的心理特质，即该公因子所反映的心理特质无法由此题项推知。一般将未经旋转求得的因子负荷值小于 0.40 的题项剔除。④共同度。项目的共同度又称公共方差，它是各个项目效度系数的估计值（即项目在各公因子上的负荷值的平方和），它所反映的是所提取的公因子对题项的贡献程度。因此，在保证题项于某一特定公因子上有较大负荷的前提下，还应尽可能保证公因子对题项的共同度。根据以往研究，一般将共同度低于 0.20 的题项删除。⑤题项的多极化倾向。在两个或两个以上因子上的负荷值均较高的题项应该删除。

　　Bartlett's 球形检验和 KMO 值的分析结果表明，本研究数据适合进行因子分析。采用主成分分析法提取公因子，求得初始因子负荷矩阵，再用方差极大法旋转求出旋转因子负荷矩阵，并根据以下标准确定因子数目：①因子的特征值大于等于 1，即因子的贡献率大于等于 1；②因子解必须符合 Cattlell 所倡导的特征图形的陡阶检验；③抽取出的因子在旋转前至少能解释 3% 的总变异；④每个因子至少包含 3 个题项；⑤抽取出的因子比较容易命名。最终，根据因子命名情况和因子涵盖的意义确定了 4 个因子（表 3-2）。

表 3-2　西南少数民族祖国价值观问卷因子分析结果

| 题项 | 因子负荷 | 共同度 |
| --- | --- | --- |
| 因子 1：祖国认知（特征值 7.14，贡献率 35.69%） | | |
| 6. 大多数中国人身上体现出了中华民族的传统美德 | 0.715 | 0.554 |
| 7. 中国是一个强大的国家 | 0.695 | 0.596 |
| 10. 我国各民族间是团结和睦的 | 0.656 | 0.559 |
| 8. 祖国的经济发展提高了我的生活水平 | 0.612 | 0.517 |
| 20. 我国的民族政策充分考虑到了各民族的利益 | 0.538 | 0.470 |
| 12. 我国有着重要的国际地位和影响力 | 0.409 | 0.475 |
| 因子 2：国己利益（特征值 1.31，贡献率 6.54%） | | |
| 23. 民族繁荣了，国家才能强大 | 0.735 | 0.586 |
| 18. 我不会做损害祖国利益的事情 | 0.621 | 0.476 |
| 16. 国家强大了，民族才有希望 | 0.601 | 0.489 |
| 22. 祖国的荣辱与我个人的荣辱密不可分 | 0.573 | 0.441 |
| 25. 各民族的前途是与祖国的未来紧紧联系在一起的 | 0.572 | 0.464 |
| 19. 我与祖国之间的情感联系永远无法割断 | 0.557 | 0.492 |
| 因子 3：祖国态度（特征值 1.20，贡献率 5.98%） | | |
| 2. 我为自己是中国人而感到自豪 | 0.721 | 0.652 |
| 1. 我国有着悠久的历史和灿烂的文化 | 0.715 | 0.597 |
| 5. 我为祖国取得的成就感到骄傲 | 0.617 | 0.482 |

续表

| 题项 | 因子负荷 | 共同度 |
| --- | --- | --- |
| 4. 改革开放促进了本民族经济的发展 | 0.576 | 0.548 |
| 3. 祖国的前途与我个人的前途息息相关 | 0.569 | 0.633 |
| 因子4：祖国评价（特征值1.00，贡献率5.02%） | | |
| 13. 我平常很关注国家大事 | 0.655 | 0.532 |
| 14. 祖国是我个人发展的精神支柱 | 0.624 | 0.574 |
| 9. 国家利益与个人利益是相互促进的 | 0.562 | 0.508 |

表 3-2 的结果表明，4 个因子共解释总方差的 53.23%，在可接受的范围内。因子的命名遵循两条原则：①参照理论模型的维度构想来命名。观察该因子的题项主要来自根据理论构想模型编制的初测问卷的哪个维度，哪个维度贡献的题项多就以哪个维度命名。②参照因子题项的负荷值命名。一般根据负荷值较高的题项所隐含的意义来命名。在原来的理论构想中，总共有 4 个维度，分别是祖国认知、祖国态度、祖国评价和国族关系。观察实际的因子分析结果，与原来的理论构想基本吻合，只是"国族关系"维度的题项分散到了各个新的维度中，形成了内容相对不同，但总体构架相似的结构。题项 6 是对中国人的认知，题项 7、8、10、12、20 分别是对祖国的综合国力、经济、民族关系、国际地位、民族政策的认知，所以第一个维度命名为"祖国认知"。题项 23、16、25 涉及各民族与祖国之间的利益得失关系，题项 18、22 涉及个人与祖国之间的利益关系，题项 19 表达了个人与祖国的情感，综合来看，主要都是代表了祖国与个体之间的利益关系，所以命名为"国己利益"。题项 2、5 代表了对自己的中国人身份和祖国成就的认同，题项 3 代表了对祖国发展的态度，题项 4 可显示出对祖国的改革开放政策的态度，所以命名为"祖国态度"。题项 14 是对祖国作用的评价，题项 9 是对祖国与自己之间关系的评价，题项 13 是对自己对祖国关注程度的评价，所以命名为"祖国评价"。综上所述，最后确立的 4 个因子分别是：祖国认知、国己利益、祖国态度和祖国评价。由此，经过探索性因子分析对问卷题项的筛选，另加上 2 个测谎题，确定了包括 22 个题项的西南少数民族祖国价值观问卷。

## 六、问卷的信度与效度检验

### （一）信度检验

统计检验结果表明，本章问卷各维度及问卷总体的 Cronbach's $\alpha$ 内部一致性系数

（同质性信度）在 0.592～0.901，分半信度系数在 0.577～0.885。有些低于 0.60，可能与维度包含的条目偏少有关。这启示研究者在以后的研究中平衡好题项的数量和信度之间的关系，如将来进一步研究时在有的维度上应该适当增加一些题项。总体来看，问卷的各项信度指标均达到较好的接受水平，作为西南少数民族祖国价值观的测量工具是稳定可信的。

## （二）效度检验

在本章问卷的编制过程中，问卷的维度构想采用了宏观和微观两种方法。在宏观方面，采用了文献综述和分析、理论建构、咨询有关专家进行修订等方法；在微观方面，采用了访谈、开放式调查等方法。问卷题项编制参考了对少数民族的访谈分析、开放式问卷调查结果，以及有关的价值观量表中相关题项的描述，结合西南少数民族的生活实际情况，并多次与同学及老师一起修订，基本保证了问卷的维度和题项能够涵盖祖国价值观各方面的特征，并具有代表性，因此能保证问卷具有较好的内容效度。

本章问卷各维度之间的相关在 0.490～0.607，相关适当，各维度与问卷总体之间的相关在 0.771～0.862，相关程度较高，这说明各维度之间有一定的独立性且又能反映总问卷所要测查的内容，因此问卷的结构是合理的。

进一步通过验证性因子分析来确定模型与实际数据的拟合程度，以检验理论结构的正确性。在通过验证性因子分析评价模型的拟合性时，要考虑各因子之间的路径分析系数和模型的拟合程度，主要使用以下几项指标：①卡方检验（chi-square test），一般用 $\chi^2/df$ 作为替代性检验指数。$\chi^2/df$ 的理论期望值为 1，其值越接近 1，表示样本协方差矩阵 $S$ 和估计协方差矩阵 $E$ 的相似性程度越高。一般而言，公认的良好模型与数据的拟合标准为 $\chi^2/df<5$。②比较拟合指数（comparative fit index，CFI），该指数的值在 0.95 以上表示模型拟合得较好，在 0.90 以上也可以接受。③近似均方根误差（root mean square error of approximation，RMSEA），其值小于 0.05 表明模型拟合得很好，在 0.08 以下的拟合结果也可以接受。④拟合优度指数（goodness of fit index，GFI）、调整拟合优度指数（adjusted goodness of fit index，AGFI）和常规拟合指数（normal of fit index，NFI），这三个拟合指数的值一般都局限于 0～1，越接近 1，表示理论假设越能说明数据之间的关系，模型的拟合程度越好。依据经验，GFI 在 0.85 以上，AGFI 在 0.80 以上，即可认为理论模型与数据的拟合程度达到统计要求。⑤模型简约程度指数（parsimony goodness of fit index，PGFI），其值越接近 1，表明模型越简约，一般良好模型的 PGFI 应大于

0.5。此外，在考虑模型适合度时，还要看解答是否适当，各指数的值是否在合理范围之内。例如，相关系数应该在−1～1，误差的值是零或正数等。本章问卷的验证性因子分析结果见表 3-3 和图 3-1，其显示模型与数据拟合程度较好，说明西南少数民族祖国价值观问卷的四因子结构模型是可以接受的。

表 3-3　模型的拟合指标

| $\chi^2/df$ | CFI | AGFI | GFI | RMSEA | NFI | PGFI |
| --- | --- | --- | --- | --- | --- | --- |
| 2.630 | 0.89 | 0.87 | 0.90 | 0.064 | 0.84 | 0.70 |

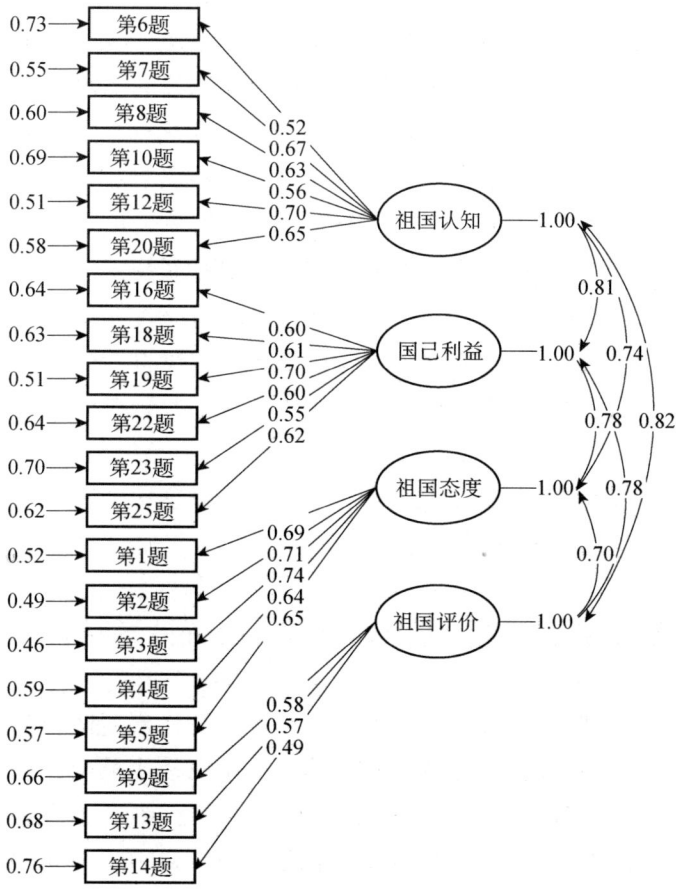

$\chi^2 = 431.40,\ df = 164,\ \text{P-value} = 0.00000,\ \text{RMSEA} = 0.064$

图 3-1　验证性因子分析拟合图

## 第二节 西南少数民族祖国价值观的调查分析

### 一、西南少数民族祖国价值观的总体特征

本章研究结果表明，西南少数民族祖国价值观得分很高，各因子按重视程度依次为祖国态度（4.64±0.52）、国己利益（4.50±0.51）、祖国认知（4.21±0.66）和祖国评价（4.15±0.69）。由此可以看出，西南少数民族对于祖国范畴内的政治、经济、文化等各方面的事务都是持一种比较积极的态度，同时也比较关注祖国与自己之间的关系。这反映了个体对于祖国的一种与生俱来的归属感和依附感，会自然而然地将自己与祖国的方方面面联系在一起，西南少数民族也不例外。祖国对于每个人来说，既是一个物理上的实体，也是一个心理上的依附环境，生活于其中的个体与它之间是一种动态的联系模式，经常处于一种关系互动的过程中。祖国认知取向的得分稍低，这可能表明该因子已经具有普遍性，渗透到了每个个体的日常生活中，因而对其重视程度会相对下降。而对于祖国评价，因为中国人的含蓄等因素，个体对其表达可能会在内部进行一种程度上的削弱。

总体而言，西南少数民族的祖国价值观的各个维度均呈现出一种正向的趋势，表明西南各民族对祖国各方面的积极的认同和重视。

### 二、西南少数民族祖国价值观的人口统计学特征

根据研究的需要，选取性别、民族、年龄、文化程度四个基本人口变量进行西南少数民族祖国价值观的多因子方差分析。主效应及交互效应分析结果见表 3-4。从中可见，性别在西南少数民族祖国价值观各个维度上的主效应都不显著。民族在国己利益、祖国态度和祖国评价维度上主效应显著。年龄在祖国认知维度上主效应显著。文化程度在国己利益维度上主效应显著。性别和年龄在国己利益维度上交互作用显著，性别和文化程度在祖国评价维度上交互作用显著，民族和年龄在国己利益维度上交互作用显著，民族和文化程度在祖国态度维度上交互作用显著。

表 3-4 西南少数民族祖国价值观多因子方差分析结果（F 值）

| 人口变量 | 祖国认知 | 国己利益 | 祖国态度 | 祖国评价 |
|---|---|---|---|---|
| 性别 | 0.189 | 0.006 | 0.267 | 2.749 |
| 民族 | 1.854 | 2.840** | 2.158** | 2.033** |
| 年龄 | 3.325** | 2.072 | 2.067 | 0.958 |
| 文化程度 | 0.617 | 2.333** | 0.836 | 0.561 |
| 性别×民族 | 1.203 | 0.539 | 0.271 | 1.328 |
| 性别×年龄 | 0.383 | 2.563** | 1.692 | 1.807 |
| 性别×文化程度 | 0.245 | 1.405 | 0.814 | 2.252** |
| 民族×年龄 | 1.236 | 1.613** | 0.718 | 1.055 |
| 民族×文化程度 | 1.147 | 0.991 | 1.590** | 1.269 |
| 年龄×文化程度 | 0.826 | 1.079 | 0.476 | 0.851 |

**表示 $p < 0.01$，***表示 $p < 0.001$，下同

注：×表示交互作用；由于三阶交互作用均不显著，故不予列表。下同

## （一）性别差异分析

性别差异作为价值观的影响因素，一直以来都受到研究者的重视。不同的研究者得出的结论还没有达成一致。有研究者认为，价值观的差异在很多情况下体现为一种价值取向的优先性的差异。个体的价值优先性是他们的基本的世界观的一部分，会影响他们对世界的看法。如果男性和女性建构世界观的方式是不同的，那么他们在对价值观的理解和认可上也会存在差异。即使男性和女性建构价值意义的方式相同，他们对相同价值观的重视程度也会不同。[①]但是也有相反的意见认为，男女之间在价值观上并不存在显著的性别差异，其间还有其他中介变量的影响。比如，Struch 对 8 个文化类型区域的上万名被试的跨文化调查表明，男性和女性在建构价值意义的方式上没有显著的差异[②]。这可能受到了文化背景等变量的调节影响。本章研究结果表明，男性和女性在祖国价值观的各个维度上差异均不显著，与 Struch 的结果类似。

## （二）年龄差异分析

本章研究结果显示，各年龄层的被试只在祖国认知维度上表现出显著差异，在其他三个维度上没有显著差异。少年、青年、壮年的平均数比较接近，但明显

---

① Rohan M J. A rose by any name? The values construct. Personality and Social Psychology Review, 2000, 4(3): 255-277.

② Struch N, Schwartz S H, Kloot W A. Meanings of basic values for women and men: A cross-cultural analysis. Personality and Social Psychology Bulletin, 2002, 28(1): 16-28.

低于中年组和老年组。这总体上反映了随着年龄的增长，个体对祖国的认识程度越来越深入，这与个体的认知发展是有联系的。个体的认知发展是持续一生的过程，即随着年龄的增长，认知模式会越来越成熟。少年、青年、壮年三组受年龄和成熟度等的影响，在祖国认知上可能会有以下表现：对于祖国的各个方面或领域，当代的中国年轻人会有自己独到的看法和理解方式。首先，他们的政治意识可能会逐渐淡化。许多人开始从自己的角度去观察和理解社会生活的方方面面，他们将政治和经济、文化乃至个人的日常生活联系在一起，把这些方面看作一个相互联系的多维整体，不可或缺。其次，他们的价值选择与实现会以对祖国的认知为参照。对祖国各方面看法的积极与否与积极程度决定了他们选择自己自我实现价值或其他人生价值的参考途径。

### （三）族别差异分析

本章共涉及 23 个民族，这些民族在祖国价值观的三个维度上都表现出了显著的差异。不过，调查中的西南各民族在祖国价值观各维度的得分均相当积极，只是各民族之间在各种价值取向的正向程度上存在差异。在国己利益维度上，总体看来各民族之间差异显著，得分排在前三位的是侗族、回族、其他民族；在祖国态度维度上，除彝族、藏族外，剩余民族之间差异显著，得分居于前面的是其他民族、回族、侗族；在祖国评价维度上，除了布依族以外，剩余民族之间差异显著，回族得分最高。总体来看，回族在四个维度上的得分都较高，侗族在后三个维度得分较高。祖国民族政策的开放性使得各个民族可以自由地表达自己的想法和观念，表现自己的特色，所以才出现了在祖国价值观各个维度上的差异性，但这也从另一个侧面反映了民族认知和民族情感的多样性与独特性，反映了各民族在共性下的个性的价值观。

### （四）文化程度的影响

本章研究结果显示，不同文化程度的西南少数民族群众在国己利益维度上差异显著。总体来看，小学及以下文化水平的个体得分相对较低，大专文化水平在四个维度的得分都相对较高。将本科和硕士以上学历划分为一个层次来看，其个体得分都相对较高。文化程度较低（小学及以下、初中和高中）的个体由于受教育水平的有限性，在思考和判断、评价能力方面也是有限的，他们在祖国态度、祖国评价等方面的认知能力相对较低，所以接受的程度相对要低一些。而随着文化程度的提高，个体对祖国价值观有了更多的思考和积极认识，对祖国的爱和归属感相对要强一些，在观念和行为表现上会有所不同。教育经常被认为是实现社会变革的途径。有研究考察了教育对北爱尔兰居民政治态度的影响，结果发现，综合性的教育在促进国家认同方面有积极的、长远的影响[①]。换个角度思考，教育水平自然对祖国价值观有一定的影响。总体而言，文化程度即个体的受教育程度对个体祖国价值观的多数维度有显著的影响，受教育程度越高，个体对祖国价值观的理解越积极、越深入。

### （五）职业的影响

本章研究结果表明，不同职业的人群在祖国价值观的各个维度上的得分均有显著差异。在四个维度上，虽然打工者的平均分均大于3，但与其他各类职业相比，相对较低。而管理者和公务员群体的得分相对较高。以下对农民、打工者、公务员和管理者等几个表现比较突出的群体加以讨论。

农民是中国社会阶层构成中比例很大和不可或缺的一部分，在中国特殊的社会和历史背景下，他们对于整个国家的发展和稳定起着至关重要的作用。祖国价值观中涉及关于国家认同的一些东西，包括积极的祖国态度和祖国评价等，而在某些研究中，国家认同的起源与农业有着密切的关系。国家认同是一种社会建构，它并不是生而就有的，而是政治、文化创造和地方特色的产物。[②]中国现状表明，农民阶层虽然有了一定的发展，但他们所接触和占有的文化资源、经济资源、社会资源与其他职业阶层相比仍然存在一定的差距。多数农民在收入水平和受教育程度上都还有待提高，他们关注祖国与自己的关系，关注祖国政治事务的发展，但是参与情况和条件有限，这导致了效能感和责任感的下降。农民的祖国价值观虽然处于积极的水平，但相对而言，程度上还有较大的提升空间。

在当前的经济发展形势下，打工者多数是由农村的剩余劳动力构成的，并且形成了一个独特的群体，称之为"农民工"。农民工是社会流动中的边缘弱势群体，他们常常要面对巨大的生存压力、激烈的竞争、快速的生活节奏、日益提高的消费和生活水平等带来的各种不适应。一方面，在某些地方，城市的居民对农民工怀有偏见和歧视，甚至将其"污名化"，即主观地认为农民工的素质很低，他们进城会导致就业、交通、犯罪问题和社会秩序的混乱。这些都对农民工造成了很多

---

① Hayes B C, McAllister I, Dowds L. Integrated education, intergroup relations, and political identities in Northern Ireland. Social Problems, 2007, 54(4): 454-482.

② Kong L, Yeoh B S A. The construction of national identity through the production of ritual and spectacle: An analysis of National Day parades in Singapore. Political Geography, 1997, 16(3): 213-239.

的负面影响。另一方面，由于部分农村地区经济欠发达等因素的影响，多数农民工的受教育程度较低，这影响了他们的发展机会和空间，进而导致他们产生很多负面情绪和心理适应的难度增大。在这样一种情况下，他们对自身的发展尚且不能完全顾及，对祖国价值观的很多方面的理解和认同自然也无法达到一个较高的水平。

公务员群体和管理者群体在祖国价值观的各维度表现相当积极，这与其特殊的职业背景和职业要求有关。这两个阶层的人，文化程度相对较高，对祖国价值观各个方面的理解和认识更加深入。工作的性质使他们有更多的机会接触到关于祖国政治、经济、文化等方面的新信息，将这些信息与已有的知识结构和模式进行整合以后他们可以达到更高的水平。同时，祖国的发展与他们的发展进步之间的关系更为明显和密切，他们的重视程度自然更高。

### （六）汉区生活年限的影响

本章研究结果显示，无论在汉区生活年限长短，西南各民族群众在祖国认知上没有显著差异。但是，汉区生活年限在国己利益、祖国态度、祖国评价三个维度上存在一些差异。虽然很多研究者对环境在国家认同形成中的作用的探讨还没有得出一致的结论[1]，但是也没有证据能否认个体生活的环境与其思想观念的形成之间的关系。对于祖国价值观而言，在汉区生活年限超过 10 年的个体对三个维度的重视程度更高，可能是由于与祖国的主流文化接触的时间较长，认知操作等方面的发展较好，在各方面都达到了较高的适应水平。郑雪和陈中永的研究表明，个体的认知操作水平受现代化程度的影响，受现代化影响越小的个体认知操作水平越低[2]。同时，万明钢等认为，少数民族群众在汉文化为主流文化的地区生活的时候，常常不得不接受现代社会和主流文化的价值和观点，以此获得政治和经济地位的报偿[3][4][5]。因此，在汉区生活时间越长的个体，对主流文化的认同度和接受度越高，受到主流文化的影响越大。

少数民族群众到汉区生活，必然要经历一个文化适应的过程。有研究表明，

---

① Devine-Wright P, Lyons E. Remembering pasts and representing places: The construction of national identities in Ireland. Journal of Environmental Psychology, 1997, 17(1): 33-45.

② 郑雪，陈中永. 认知操作和认知方式与生态文化因素的关系. 心理学报, 1995, 27(2): 152-158.

③ 万明钢. 人类智力及其概念的跨文化研究. 心理科学, 1996, (3): 175-179.

④ 万明钢，王亚鹏. 藏族大学生的民族认同. 心理学报, 2004, 36(1): 83-88.

⑤ 万明钢，高承海，吕超，等. 近年来国内民族认同研究述评. 心理科学进展, 2011, 20(8): 1152-1158.

适应与国家认同有积极的关联，进而会影响祖国价值观的不同方面[①]。以海外华人为例，最初，他们从原来的国家到了新的国家，除了体验到地理环境上的不同以外，还会面临不同的社会态度、道德价值取向和行为倾向的差异。最重要的是会面对不同的文化差异，这些差异带来了冲突和混合的信息，有可能会导致自我意识和观念认同的改变。[②]这种过程与西南少数民族到汉区生活体会到文化冲突是相类似的。汉区的主流文化中的一些价值观念和行为倾向在某种程度上可能会与少数民族母体文化中已经存在的东西相冲突，在调整的过程中逐渐形成了主流文化与本民族文化的互动和融合，他们对待祖国主流文化的态度也更加积极，理解和认同程度也越深。而在汉区生活时间少于 1 年的个体与生活超过 10 年的个体差异不显著，可能是因为他们虽然与主流文化的接触不多，但是并没有出现文化的疏离状况。疏离一般被认为是与主流文化标准的分离和对主流文化的拒绝。[③]他们虽然没有生活在汉区，但是与外界的沟通和交流并没有隔绝，其价值观念仍然可以与主流文化保持一致。侯阿冰的研究结果表明，在民族价值观的爱国奉献维度上，不同居住环境的被试之间并不存在显著差异，其重视程度是相同的[④]。爱国主义是中华民族共同的精神支柱，在维护祖国统一和民族团结、抵御外来侵略及推动社会进步方面起着重要的作用。这种情感深深地植根于少数民族群众的内心中，所以他们的祖国价值观同样处于很高的积极程度。

无论在汉区生活多长时间，少数民族群众对祖国价值观的重视程度都是比较高的。因为在当前的民族政策下，祖国对民族文化的宣传和弘扬，对少数民族生活方式、行为方式、宗教信仰、民族特色的尊重和维护等，都使少数民族群众对祖国持一种积极和认同的态度。本章结果与一项针对居澳（澳大利亚）的中国留学生的研究结果不同，该研究发现中国留学生对中华民族文化的认同和接受程度与居澳时间呈显著负相关[⑤]。这种差异显然是由不同的国家环境所致。总体而言，汉区生活年限虽对西南少数民族的祖国价值观有一些影响，但显示的是积极的影响，且都处在相当积极的范围之内。

---

① Shaloma U B, Horenczyka G. Cultural identity and adaptation in an assimilative setting: Immigrant soldiers from the former Soviet Union in Israel. International Journal of Intercultural Relations, 2004, 28(6): 461-479.

② Lin E Y. Family and social influences on identity conflict in overseas Chinese. International Journal of Intercultural Relations, 2008, 32(2): 130-141.

③ Bernard M M, Gebauer J E, Maio G R. Cultural estrangement: The role of personal and societal value discrepancies. Personality and Social Psychology, 2006, 32(1): 78-92.

④ 侯阿冰. 少数民族价值观的结构、特征及变迁研究. 西南大学博士学位论文, 2008.

⑤ 郑雪, 王磊. 中国留学生的文化认同、社会取向与主观幸福感. 心理发展与教育, 2005, (1): 48-54.

## 三、西南少数民族祖国价值观的共同特点

西南少数民族的祖国价值观是我国价值体系中必不可少的一部分，也同时贯穿于西南少数民族文化体系的所有层次中。虽然各个民族在认知方式、情感表达等方面会有不同，但是在个性之下也可以看到一些共性的存在。本章根据问卷调查结果和实地考察的结果，总结出西南少数民族的祖国价值观的以下特点。

### （一）民族性与国家性并存

中国是一个多民族国家，民族与国家之间的关系是影响祖国安定繁荣的重要因素。西南少数民族的祖国价值观既表现出了其对本民族价值观的认同和接受，也表现出了其对自己祖国成员身份的认同、对祖国的归属感和荣誉感等。在访谈中遇到的文化程度相对较高的个体，其在大胆弘扬自己的本民族文化的同时，并没有忘记对祖国传统文化的汲取和吸收。他们关注祖国各方面的大事，为祖国的文化、政治、经济上的成就感到骄傲。有研究表明，国家自豪感也是多维度的结构，它可以通过文化历史自豪感和经济政治自豪感来体现[①]。这正印证了西南少数民族强烈的国家自豪感和积极的祖国价值观。他们的民族价值观中的很多方面与祖国价值观融合在了一起。

### （二）独特性与共同性并存

西南少数民族众多，由于历史、地理、信仰等方面的不同，他们呈现出不同的发展态势。此外，一些研究者做了大量的研究来探讨价值系统对人类发展的影响，认为人类的发展在一定程度上是根据价值系统的发展来定义的[②]。此外，有研究表明，美国南方的一些区域会产生一些空间特征，对于建构积极的国家认同有利[③]。综合来看，地理等因素和民族价值观系统的交互作用造就了西南各民族祖国价值观的独特性。与此同时，各民族在发展的过程中，必不可少地要与其他民族相互交流和学习，不断改变对彼此民族的态度和认识，在这个过程中既实现了民族的融合，也出现了价值观的相互影响，导致一些共性的发生。一项关于移民的

---

① Muller-Peters A. The significance of national pride and national identity to the attitude toward the single European currency: A Europe-wide comparison. Journal of Economic Psychology, 1998, 19(6): 701-719.

② Porfeli E J. The dynamic between work values and part-time work experiences across the high school years. Journal of Vocational Behavior, 2008, 73(1): 143-158.

③ Jansson D R. Internal orientalism in America: W. J. Cash's the mind of the south and the spatial construction of American national identity. Political Geography, 2003, 22(3): 293-316.

研究认为，促进包括移民和非移民在内的小团体的形成将有助于改善二者之间的态度[1]。从这个意义上说，各民族价值观的相互影响是一件值得提倡的事。虽然表现的方式不同，但各民族的祖国价值观都是正面而积极的。他们愿意把自己融入祖国，关注祖国的各个领域，对祖国与自身之间的关系持正面的评价，为祖国的成就感到骄傲。

### （三）继承性与发展性并存

价值观系统是一个复杂的系统，其传递也有特殊的途径。年轻一代的价值观多数是从长辈那里习得并内化的，家庭和父母在其中起着非常重要的作用。Kasser等进行了 26 年的纵向研究，考察早期家庭经历与成年后价值观之间的关系，结果发现父母教养方式和家庭社会经济地位对个体的价值观有很大的影响[2]。比如，顺从型价值取向的个体多数都有严厉和限制型的父母，并且在拥有较低社会经济地位的家庭中长大。另有研究表明，父母是孩子在更大的社会、文化背景下适应的重要的榜样[3]。个体在生命的早期就从父母那里接触到了个体与社会群体间合适关系的文化准则，并且逐渐达到了很强的内化水平。另一个对法国第二代移民青年国家认同的研究表明，父母对国家认同有积极的影响[4]。由此可以认为，在一定程度上，西南少数民族群众从其长辈那里接受了已有的祖国价值观，完成了一种价值观的继承。但是，时代的发展与社会的进步使得年轻一代拥有了新的想法和观念，价值观的表现形式可能会稍有不同。如果老年人认为关注祖国、一切以祖国为重就需要时刻将祖国的一切摆在首要位置，那么年轻人可能会看到其中的灵活性。比如，根据不同的条件和形式来选择自己奉献祖国或报效祖国的方式，在自己的能力范围内最大限度地以祖国为重，等等。这就涉及了父母的历史上的价值观发展到年轻一代的新生价值观的问题。即价值观在很大程度上是稳定的，但也会有所发展。

### （四）传统性与渗透性共存

这涉及一个价值观的改变问题。由前述的独特性可知，每个民族都有自己独

① Essesa V M, Wagnerb U, Wolfb C. Perceptions of national identity and attitudes toward immigrants and immigration in Canada and Germany. International Journal of Intercultural Relations, 2006, 30(6): 653-669.

② Kasser T, Koestner R, Lekes N. Early family experiences and adult values: A 26-year, prospective longitudinal study. Personality and Social Psychology Bulletin, 2002, 28(6): 826-835.

③ Fischer R. Congruence and functions of personal and cultural values: Do my values reflect my culture's values? Personality and Social Psychology Bulletin, 2006, 32(11): 1419-1431.

④ Sabatier C. Ethnic and national identity among second-generation immigrant adolescents in France: The role of social context and family. Journal of Adolescence, 2008, 31(2): 1-21.

特的价值观系统，而其中一些传统的根深蒂固的价值观是不可改变的，是必须一直遵从的。仍以侗族为例，他们对父母是非常尊敬的，有传统的惯例认为小儿子必须养家，那么该户的小儿子就会宁愿放弃外面优厚的工作而选择离家近的工作以便于照顾父母。换句话说，父母的祖国价值观对他们有直接的导向作用。对祖国的忠诚、对祖国的责任感等祖国价值观中的核心成分是传统的、不可改变的。但是，民族本身在发展，其价值观系统也会相应地改变。当今的西南少数民族群众不再闭塞于自己狭小的民族空间内，通过各种途径接收到了很多新的信息，他们的价值观系统是具有动态的渗透性的。渗透性越强，改变的灵活性越大，程度越深。比如，以前对于祖国事务只存在一种参与意识，认为那样就足够了，而现在的少数民族群众已经有了很强烈的参与愿望与行为，有"祖国乃我之祖国"的表现。在国家政治机关中少数民族精英的出现就是最好的证明。

## （五）具体性与象征性并存

价值观是抽象的，也是具体的。它要通过特定的载体来表现，而这些载体中除了建筑、节日、交通工具等具体的东西，还存在一些象征性的物体，如民族的图腾、宗教象征等。比如，大凉山彝族重视毕摩文化，其文化和生活的全部基础就是万物有灵的自然崇拜和祖先崇拜，他们相信祖灵能带来五谷丰登，能保佑子孙后代的繁荣，而祖先崇拜也以某些表象为基础[①]。所以，可以从西南少数民族使用的图腾和象征中看到其价值观的一些形态。国外也有类似的用国旗这种象征性的形象做过的相关的投射测验[②]。该测验用孩子们对国旗的不同偏爱发展了一个旗帜等级，施测于美国和加拿大的被试，让被试根据第一反应选出最喜欢的，直到将 20 种旗帜排序。该测验依据的理论是，对一个国家旗帜的偏爱是对这个国家的态度的一种体现。结果表明，两个国家的被试都能对本国旗帜做出有意义的反应模式。在本章的实地考察中，我们发现侗族鼓楼上的图画在一定程度上体现了侗族群众对于祖国发展的积极态度。图画描述了兴建鼓楼、建设社会主义新农村等图景，从中可以看出其祖国态度的倾向。总之，西南少数民族的祖国价值观通过具体与象征性的物体得到了体现。

综合来看，每个民族内部的价值观都有可能是多元的，这些价值观需要相互协调和相互理解。同时，每个民族都必须有一个共同的、主导的、统一的核心价

---

① 樊秀丽. 大凉山彝族的民族表象和宗教仪礼——一种动态的归属集团表象的视角. 西南民族大学学报(人文社会科学版), 2007, (6): 36-43.

② Phinney J S. Ethnic identity in adolescents and adults. Psychological Bulletin, 1990, 108(3): 499-514.

值观，用以增强民族凝聚力，缩小价值观的差异、分歧、对立等，实现整个民族甚至整个国家的繁荣和富强。西南少数民族的祖国价值观即可以作为其核心价值观之一，用于指导民族的发展，进而推动整个国家的发展和进步。

## 第三节　西南少数民族祖国价值观的传承

### 一、西南少数民族祖国价值观的传承方式与载体

少数民族价值观的传承载体和方式包括具体的物质实体（如古代遗迹、文化遗物、名胜古迹、建筑物、生产生活传承物等）和象征性的载体（如语言、文字、节日等）。根据访谈、实地考察和文献分析等方法，以西南几个人数相对较多的少数民族（苗族、土家族、彝族、藏族、布依族、侗族、白族等）为例，可总结出西南少数民族祖国价值观的传承载体主要有以下几种。

#### （一）民族传统建筑物

在这个方面比较具有代表性的是侗族的鼓楼、风雨桥和白族的本主庙。

鼓楼是侗族地区特有的一种民间建筑，在侗寨，寨寨都有鼓楼。比如，调查中的高增乡分为上寨和下寨，每个寨子都有专属于自己的鼓楼。鼓楼没有统一的设计方案，但是都会有一定的规律。这些鼓楼既保留了祖国传统的建筑特色，又具有侗寨建筑的独特风格——整个建筑没有用到一钉一铆，完全由木料相互契合而成。鼓楼的用途很广泛，一般的用途包括在平日劳动之余的休闲，即下棋、学习侗歌、弹琵琶等，而遇到有贵客来访或逢年过节，人们也会在鼓楼坪上迎接宾客或举办踩歌堂活动等。鼓楼是侗族人民的政治、经济和文化娱乐的重要场所，也是侗族村寨的标志和中心。[1]所以，鼓楼也就成了侗族价值观的一个重要的传承载体。在关于祖国事务的关注方面，鼓楼是侗族人民集会的一个中心，从中可以接收到很多关于国家政策的信息，了解祖国当前发展的具体情况与形势，表达对祖国成就的骄傲情感和对祖国遭遇不平等对待的同理心。在高增侗寨的鼓楼的木柱上，有"金顶银楼立寨中，铭记党群德与功"的标语，足见他们对祖国的情感

---

[1] 吴浩. 中国侗族村寨文化. 北京: 民族出版社, 2004.

是深厚的，对祖国的政策是拥护的。并且，在鼓楼的柱画中，也反映了鼓楼兴建和新农村建设等关乎祖国与时代发展的内容。

桥是道路的延伸，侗族人对桥的喜爱达到了一个非常高的程度，即所谓的侗乡处处皆有桥。被称为天下第一侗乡的贵州省黎平县有一座著名的地坪花桥，是侗族地区保存完好的三大木桥之一，始建于清光绪年间，全长 70 米，超过水面 8 米，宽 4.5 米。侗族的桥有许多含义，从为行人遮挡风雨来说，可称之为风雨桥；从堵风水、拦村寨、消除地势之弊端，使村寨免灾去难、人民安居幸福来说，可唤之为风水桥；从挡住财源的外流来说，也叫作福桥。风雨桥令人叹为观止的地方在于它全部靠榫卯结合，历经风雨，经久无损。风雨桥既是一种交通手段，也是用于领略侗族文化的手段，是侗族人心中的圣桥。从侗族人对桥的命名可以看出他们的价值取向——为人民谋福利、为全族人民谋幸福。祖国各界人士出资为他们修建风雨桥，他们都会树一个功德碑，铭记各级党政机关和有关人士对侗族文化的关注和传承。这反映了对祖国人民形象的积极的定位，对在祖国良好的发展环境下继承了发扬本民族文化和价值观的积极心态。

白族人民对本主神有着虔诚的崇拜，每个白族村寨基本都有一个本主神，同时有本主庙。他们认为，本主可以为他们带来平安幸福、人寿年丰、五谷丰登和六畜兴旺。凡是有重大的节庆或者是关乎人生的重要大事，白族人民都要到本主庙祈福。在对喜洲镇白族村寨本主庙的实地考察中，可以看到随着时代的发展和进步，本主庙除了具有原始的宗教信仰的功能外，还反映了对祖国改革的关注。在本主庙中，除了"洱河灵帝"的相应雕刻外，还出现了刻着"膏泽斯民""爱我民生"的供奉牌匾，这表明祖国的政治、经济方面的东西已经渗透到了白族人民的价值观中，他们在思想上与祖国保持一致，将祖国当前的重视民生、关注民生的政策扩散到了生活的各个方面。他们认为祖国的改革动向与自己的日常生活息息相关，对这些方面非常重视。

## （二）民族工艺和服饰

民族工艺和服饰中比较具有代表性的是土家族的竹编和苗族的服饰。

土家族的竹编是一种纤巧、秀丽的工艺品，反映着土家族独特的艺术风格。一般以黄色和绿色为主，代表了理想和希望，象征着土家族人民对美好生活的期待。土家族竹器工艺品种类繁多，既有装饰的，也有用于生产和生活的。近百年来，土家族的各种竹器工艺品经历了不断的革新，设计更加精妙，构思更加新奇，制作也更加细致。①这些竹器走出了国界，代表了祖国在竹编工艺方面的比较高的水平，为祖国在世界市场上赢得了极高的声誉。土家族人民制作出的质量上乘的竹编工艺品远销国外，在为自己取得财富的同时，也体会到了一种强烈的祖国自豪感和荣誉感。

苗族服装上的刺绣和其佩戴的银饰是独具特色的。刺绣除了是一种民族工艺，其图案也具有很多价值观上的象征意义。比如，刺绣中有许多龙、鸟、蝴蝶等造型，可以从中看出该民族对自己作为祖国一员的认同——自己是龙的传人。苗族湘西方言的古诗说"……大地上啊，开始出现了龙身人首的鸟基，出现了人首龙身的代基……几个代雄苗人繁衍了十二个宗支，几个代雄生息了一百四八姓"②。这首古诗是说苗民是龙变的，在变的过程中曾经历过人首龙身的过渡阶段，龙是人的祖先，所以龙的形象在苗族刺绣纹样中比比皆是。这从祖先溯源方面反映了一种对祖国成员身份的认同感。而苗族的银饰除了具有装饰的作用，也是其人民生活水平和财富的象征。所佩戴的银饰越重、越大、质量越上乘，代表该个体拥有的财富越多。他们对于祖国和自己发展的历史有着深刻的经历和体会，所以更加注重生活的品质。苗族发展的历史是血迹斑斑的历史，中华人民共和国成立前历代统治者都对其歧视和追剿，他们在夹缝中求生存，顽强地与命运抗争，对现实生命无比看重。③中华人民共和国成立后，由于党的正确领导和积极的民族政策，他们的生存条件得到了改善，生活水平得到了提高。将银饰作为自己生活状况的象征同样也是一种对祖国的感激，是对祖国的主动亲近和融合，是为消除民族隔阂所做出的积极努力。

### （三）民族的语言和文字

这方面比较具有代表性的是白族和藏族。

白族是一个很重视生活品质的民族，也是一个聪明而智慧的民族，他们善于经商，也精于建筑艺术，在各方面乐于吸收新鲜的东西，取长补短，发展自己。语言和文字就是他们与外界沟通和交流的重要手段和工具。白族在历史上是有自己的文字的，但是由于各种原因没有得到继承，即便是年纪较大的老人，也无法确知白族文字的写法。但是，白族的语言保存完好。在一个白族村寨中，四十岁以上的老人和十几岁以下的孩子都惯于使用白族语言，老人是因为缺乏了学习普

① 白新民. 土家族风情录. 成都: 四川民族出版社, 1993.

② 田鲁. 苗族刺绣中的象征符号. 山东工艺美术学院学报, 2005, (2): 18-19.

③ 何泌章. 从枫树图腾看苗族建筑中的生命伦理思想. 自然辩证法研究, 2008, 24(12): 91-96.

通话的机会，而孩子则是因为对普通话接触得还不够深入。一代代在接受开放的文化冲击的同时，非常重视对本民族语言的传承。同时，在青年中坚力量的带动下，白族人民的思想逐渐开放，对汉区文化采取了积极的接受态度。比如，用汉族文字来代替已经失传的白族文字，作为日常联系的手段；积极推广普通话和祖国传统文化的学习；等等。这些都反映了他们对祖国文化和历史的尊重，表明他们在继承本民族传统文化的基础上对祖国文化的积极吸收态度，将民族文化与祖国文化融合在了一起。

在漫长的历史进程中，藏族人民创造了灿烂的民族文化，如独具特色的天文历算学、内容丰富的民族文学、相当完备的宗教哲学等。而藏族的语言和文字作为其文化的一部分，也具有较高的地位。藏语属于汉藏语系藏缅语族藏语支，具有完整性、丰富性与规律性的特点。而藏族的文字也是中华民族文化宝库的一颗明珠，它不仅具有仅次于汉族文字的悠久历史，而且具有足以与汉族文字媲美的浩瀚文献，大量金铭石刻、木简木牍、文书经卷等就是最好的证明。[①]藏族对自己的语言和文字有高度的价值认同，这种认同已经深深地镌刻在他们的民族意识和民族心理中。但是，他们的价值观系统具有兼容性和开放性，他们对于祖国的语言、文字、历史等也持一种非常积极的学习态度。以四川藏族为例，他们都认为本民族的文化、文学艺术、语言文字等是非常优秀的，但是也竭力吸收祖国传统文化的精华，使得两种文化体系相互借鉴、相互发展，在语言文字方面就是如此。他们同样为祖国的文字和语言感到骄傲和自豪，兼收并蓄做得非常到位。[②]

## 二、西南少数民族祖国价值观的传承规律

西南少数民族几乎都经历了祖国的各个不同的发展时期，在不同的时期，其祖国价值观会有相应的改变，但是传承却不会因为外在环境的改变而受到影响。即无论是在社会主义革命和社会主义建设时期，还是在改革开放时期，乃至现在的全面建设小康社会时期，西南少数民族都秉承了与时俱进的精神，将其祖国价值观的传承事业进行下去。在这个过程中，西南少数民族的祖国价值观传承凸显出以下规律。

---

① 瞿霭堂. 藏族的语言和文字. 中国藏学, 1992, (3): 139-155.
② 刘俊哲, 等. 四川藏族价值观研究. 北京: 民族出版社, 2005.

### （一）以各民族传统的价值观为传承基础

西南少数民族是具有悠久历史和文化的民族，他们在长期的历史积淀中形成了自己特有的、传统的价值观。这些价值观中体现出保家爱国的情怀，在国家危难时众志成城、万众一心的民族精神，对背叛祖国行为的不耻，等等。这些都是西南少数民族祖国价值观传承的优良基础。在积极的传统价值导向的基础上，祖国价值观的传承向着正确与合适的方向发展。

### （二）以各民族的文化系统为传承背景

西南少数民族既是祖国的一个部分，也是西南地区的一个整体。他们在自己独特的自然环境和历史人文条件下构建了优秀的民族文化，形成了不同的民族文化结构、类型和模式。一方面，每个民族的文化都是一个系统，系统内包含不同的要素和层次，各要素之间的协调和平衡带来了民族文化的繁荣和发展，进而带来价值观的转变；另一方面，各民族的文化也是一个整体，可以从中看到许多综合的视角。祖国价值观在这样的历史文化背景中得到了系统的传承，传承中带有浓厚的民族文化色彩。

### （三）以年轻的中坚力量为传承主体

价值观是一个抽象的观念系统，它与个体的具体行为之间有不同的联系。有研究表明，传统的价值观与表现它们的行为之间有很强的联系。这些与行为相联系的价值观对于个体发展的指导作用和意义不言而喻。所以，祖国价值观的传承多以年轻的中坚力量为主体，他们善于接受本民族传统的祖国价值观，同时有充沛的精力和全新的思想来丰富传统的祖国价值观，敢于在传承的基础上有所创新。

### （四）以祖国文化圈的影响为潜在变量

所谓的祖国文化圈，包括了祖国当前改革开放和全面建设小康社会等社会现实条件。个体的生存和发展离不开广阔的社会背景，西南少数民族也不例外。他们的很多思想和观念的转变都是依据社会现实条件调整的结果。比如，在抗日战争时期，西南少数民族淳朴的祖国价值观是做好大后方的工作，为中国共产党的胜利奠定好基础；而在中华人民共和国成立后的发展时期，祖国的政策让西南少数民族感受到自己的民族文化心理得到了尊重，所以他们的祖国价值观就转变为拥护祖国的民族政策，实现社会主义精神文明在民族形式下的健康发展。这些都是祖国文化圈这个潜在变量的影响结果。

### （五）以发展自身和贡献祖国为传承动力

祖国价值观的传承除了需要载体、主体以外，还需要一个动力的推动作用。事情向前发展通常是内因和外因相互作用的结果。西南少数民族对祖国价值观的传承同样如此。在外因方面，西南少数民族能够意识到，祖国是自己"生于斯长于斯"的那块土地，与自己有着密不可分的关系。没有国，何以有家，何以有自己？所以，个体所具有的本初的愿望就是贡献祖国，以积极的态度对待祖国的一切。在内因方面，个体是祖国的一员，祖国利益得到实现的同时，个人利益也将会得到保障。所以个体为了发展自己、完善自己，也会将祖国价值观主动地传承下去，让它发挥更大的导向作用。

# 第四章

# 西南少数民族的民族价值观及其传承

民族价值观是人们对于民族和民族问题的最基本的看法，它影响着人们采取何种方式和态度来处理具体的民族问题。从某种角度说，民族价值观就是民族交往中所形成的相对稳定而持续发展的民族文化心理，其实质是维护和发展民族利益。西南地区民族构成复杂，民族价值观的研究具有特别重要的意义。

## 第一节 西南少数民族民族价值观问卷编制

## 一、民族价值观界定

民族价值观的核心是对民族的看法，而民族涵盖的内容又是包罗万象的，这就使得民族价值观研究常出现认识不一致的现象。例如，金炳镐认为民族观是人们对民族和民族问题的基本看法[1]。徐万邦和祁庆富从外延的角度认为中华民族具有崇尚爱国主义、维护祖国统一的主流价值观，还存在每个民族自我认同的价值观，即民族价值观[2]。侯阿冰和张进辅对民族价值观进行了定量、定性相结合的研

---

[1] 金炳镐. 民族理论与民族政策概论. 北京: 中央民族大学出版社, 2006.
[2] 徐万邦, 祁庆富. 中国少数民族文化通论. 北京: 中央民族大学出版社, 1996.

究，认为少数民族群体通过共享的符号系统形成对本民族的认同，进而发展、聚合为本族的民族价值观①。

本章总结认为，民族价值观是人们对于民族和民族问题的最基本的看法，它影响着人们采取何种态度和方式来处理具体的民族问题，其实质是维护和发展本民族利益。就此需要强调几点：第一，民族价值观的研究内容是对民族的看法和对民族问题的看法，包括民族意识、民族关系（如族内关系、族与族的关系、族与国的关系）、本族发展（如政治发展、经济发展、教育发展、道德发展和传统文化保护）等各个部分；第二，民族问题的核心是维护和发展本民族利益，而民族价值观是处理所有民族问题的钥匙，决定着处理民族问题的心理态度和行为方式，并具有一种强烈的情感倾向，显示出强或弱的认同、合作、喜好与厌恶等；第三，民族价值观是民族文化的内核，是内隐的而非外显的，它通过各种物质载体和精神载体间接地表现出来，我们可以借助这些载体研究民族价值观的本质和变化趋势。

## 二、调查取样

本章调查取样条件同第三章。本章的取样由四部分构成：①开放式问卷调查的少数民族被试，共 86 名；②参与修改初测问卷题项的少数民族被试，共 10 名；③问卷参与探索性因子分析阶段的有效被试，共 916 名；④问卷参与验证性因子分析阶段的有效被试，共 253 名。本章取样的民族构成见表 4-1。

表 4-1　本章三阶段取样的民族构成

| 项目 | 藏族 | 布依族 | 土家族 | 彝族 | 白族 | 苗族 | 壮族 | 侗族 | 傣族 | 哈尼族 | 其他 | 合计 |
|---|---|---|---|---|---|---|---|---|---|---|---|---|
| 开放式问卷 | 3 | — | 13 | 11 | 7 | 7 | 1 | 3 | 3 | 3 | 35 | 86 |
| 题项修改 | 1 | 1 | 1 | 1 | 1 | 1 | 1 | 1 | 1 | 1 | — | 10 |
| 有效问卷 | 63 | 89 | 55 | 139 | 76 | 55 | 117 | 69 | 152 | 69 | 32 | 916 |
| 合计 | 67 | 90 | 69 | 151 | 84 | 63 | 119 | 73 | 156 | 73 | 67 | 1012 |

## 三、开放式问卷

问题一："请谈谈你对民族价值观的看法，想到什么就说什么。"被试的回答内容集中归入五个类目。第一个类目，民族认同，较多的被试认为民族价值观是一种对本民族的认同感，将之理解为对本民族文化的归属感，一种自我欣赏的状态，还有部分

---

① 侯阿冰, 张进辅. 民族价值观的心理学视角. 中央民族大学学报, 2006, 33(5): 37-42.

被试认为民族价值观涉及民族理想、民族精神、民族尊严、民族信仰、民族追求等深层次的内容，特别强调一种"共同性"。第二个类目，民族意识，认为民族价值观是一种民族意识，所涉及的方面比较庞杂，有被试还特别指出民族价值观是一个民族的可贵方面，可见它是民族存在的必要前提。第三个类目，本族认知，这是许多被试都提及的一个类目，重视对本族诸方面的了解，强调民族价值观是一个民族整体的观念集合，包括对人生、世界、经济、文化的思考，探寻本民族存在的价值和意义等问题。第四个类目，族间关系，一半以上的被试重视与其他民族的关系问题，提出民族价值观应包含族际交流与学习借鉴，可见少数民族同胞对其他民族拥有一种包容、欣赏、兼收并蓄的积极心理，民族歧视、敌对的倾向不明显。第五个类目，本族发展，大部分被试强调要发扬本民族文化传统，发展本民族经济、政治、教育等各方面，最难能可贵的是，许多被试已经意识到了本民族文化的缺点，提出应该"取其精华，去其糟粕"，还有的被试强调要团结本族同胞，借助于合力才能更好地促进本民族发展。当然，也有被试理解不深刻，意识模糊不清，回答为"不知道"，但毕竟是极少数。

问题二："你认为哪些东西应属于民族价值观的内容？"回收信息可归为三类：民族价值认识、民族价值评价、民族价值选择。回答的内容比较有限，主要涉及民族认知、民族意识、民族评价、民族认同、族性观念等方面。本问题的回答是对第一个问题所涉及的各方面的概念化，也是一个有益补充。

问题三："你认为民族的哪些东西是有价值的？哪些东西是没有价值的？"本问题采用表格化设计形式，让被试在指定的空间内自由发挥，一方面减少了分问题表述的繁复性，另一方面有利于进行横向比较，内容分析收集到的信息较多，反映出的问题也较多。

分问题一："你认为本民族的哪些东西是有价值的？哪些东西是没有价值的？"结果显示：第一，总体上，收集到的正向信息多于负向信息，可见大多数少数民族同胞对自己的民族具有强烈的认同感，为自己作为这一个民族的一员而自豪，对自己的民族拥有自信心，民族价值观念是健康向上的；第二，负向信息回答比较中肯，切中要害，可见少数民族同胞的民族意识已经上升到了一定的高度，不再是盲目的认同，不再去文饰和辩解，而是站在辩证的高度，使用"扬弃"的思维，冷静地批判、剖析本民族的缺点，并试图去改变，这种自我批判的勇气是民族振兴的希望所在；第三，比较之下，一些少数民族被试的表现却差强人意，相比彝族被试能以本民族的"毕摩文化"、侗族被试能以本民族的"侗族大歌"、土家族被试能以本民族的"摆手舞"引以为豪而言，部分民族的被试却出现了"集体失语"的奇怪现象，不仅说不出自己民族最可称道的文化典型，更没有自豪感可言，研究者思考后认为：首先排除某民族没有价值典型的说法，其次可能源于参与开放式问卷调查的这部分被试的生活圈远离少数民族聚居区，而在城市里长大。

分问题二："你认为其他民族的哪些东西是有价值的，哪些东西是没有价值的？"结果显示：第一，多数被试对其他民族的文化有了解，还抱持一种欣赏、接纳的态度，这无疑是非常难能可贵的心态；第二，许多被试提到了对分裂意识、分裂行为的不能容忍，这也很好地说明了"族国关系"是民族价值观的题中之意，当然，研究者不能不强调的是，这是中华民族的特色，我们的56个民族拥有深厚的中华民族意识，在祖国这个层面上，大家就是一个民族，任何的分裂，都是不能被容忍的，也是没有生存空间的。

分问题三："你认为中华民族的哪些东西是有价值的，哪些东西是没有价值的？"结果显示：第一，在"有价值部分"回答的篇幅上，不亚于对"本民族有价值部分"的回答，这里体现出少数民族同胞对祖国的认同感非常强，可以这样说，也许部分少数民族同胞在本民族层面上，没有足够的勇气大呼"自豪""以你为傲"，但是站在中国人的层面上，所有人都很自豪，很引以为傲，他们的回答可以说明一切问题，"5000年灿烂文明""世界第三位""很多，一言难尽"；第二，对于中华民族的一些负向表现，被试也是一语道破，态度明确，主要批评大汉族主义思想，批判民族歧视、腐败、传统文化糟粕，这反过来证明，他们争取民主、平等权利的意识在增强，中肯的批评同样是一种爱国的表现。

问题四："你认为本民族哪些方面一直没变，哪些方面发生了变化？"结果显示：第一，从回答篇幅上来看，"变"的方面很多，包括生活水平、生活方式、传统文化、服饰、民风民俗等，其中变化最大的莫过于生活水平的提高、生活方式的多样化、住房条件、新农村建设所取得的成效等；第二，"不变"的方面，主要是民族价值观较深层的内容，那是相对比较稳定、难以发生迁移的部分，如宗教信仰、心理素质、制度禁忌等；第三，在这些"变"与"不变"的信息中，常常出现各民族之间的矛盾性，比如，有的民族被试反馈说"语言文字未变"，另一些却回答说"语言文字汉化非常严重，已逐渐消失了"，这种现象为我们研究各个民族的差异提供了依据，各民族的文化变迁在速度、内容、方式上是否具有差异性呢？

## 四、初测问卷的编制

根据以上内容分析的结果，以及参考文献检索获得的已有成果，形成如下维度构想：①民族自我意识，是少数民族群众对本民族形象、族称、族体、优点与缺点等的认识，回答"我们族是什么"的问题；②民族概念意识，是少数民族群众对本民族精神、民族信仰、民族价值与尊严等概念的认识，回答"怎样形容、描述我们族"的问题；③民族历史意识，是少数民族群众对本民族历史、发展程度、英雄神话等的认识，回答"我们族怎么样"的问题；④民族自身发展，是少数民族群众对本民族政治、经济、文化、教育等方面的追求和目标，回答"我们族将走向哪里，我们族怎么办"的问题；⑤族间关系，是少数民族群众对待其他民族的态度和行为，回答"其他民族对我们族意味着什么，我们族怎样与其他民族相处"的问题；⑥族国关系，是少数民族群众对国家的认识、情感和行为，回答"国家对于我们族意味着什么，我们族怎样与政府相处"的问题。

本章编制了 36 个题项的初测问卷，包括 2 对测谎题。编制依据为：第一，西南少数民族的民族价值观维度构想；第二，开放式问卷中挑选出的题项；第三，根据文献分析法筛选出的以往研究者观点、问卷的题项等。

初测问卷征求了部分心理学专家和有少数民族研究经验的研究生的意见，经过多次修改完善。此外，还邀请了 10 位西南地区少数民族代表，对问卷的题项进行深入细致的修改，达到题意清晰无歧义、符合少数民族群众阅读习惯的目的。

所有题项采用随机排列方式，问卷的评定标尺为利克特自评式 5 点量表，从"完全不同意"、"不太同意"、"难以确定"、"比较同意"到"完全同意"依次记为 1 分、2 分、3 分、4 分、5 分，得分越高表明该种价值取向越明显。

## 五、正式问卷的确定

以区分度、难度作为指标，对题项进行项目分析。统计结果：大部分题项的临界比率值大于 0.15，这部分题项不用剔除，其他部分题项需要删除。题项与总问卷的相关系数范围为 0.011～0.496，删除了少量相关程度过低的题项，从而保证了问卷题项的区分度。问卷的剩余题项均可以进入下一步的因子分析。因子分析适切性测试，Bartlett's 球形检验的卡方系数为 1.066，显著性水平为 0.000，变量间存在相关性，推测可能会有共享因子；KMO 值为 0.759，说明样本大小可以进行因子分析。综合两项指标的数据结果，说明数据适合进行因子分析。

采用主成分分析法提取公因子，求得初始因子负荷矩阵，再用方差极大法旋转求出旋转因子负荷矩阵。确定因子数目及题项的标准同第三章，最终确定了民族意识、族间关系、族国关系、本族发展 4 个因子（表 4-2），共能解释总方差的

51.12%，结果在可接受的范围内。这样，另加上 2 对测谎题，确定了共 17 个题项的西南少数民族民族价值观问卷。

表 4-2　西南少数民族民族价值观问卷因子分析结果

| 题项 | 因子负荷 | 共同度 |
|---|---|---|
| 因子 1：民族意识（特征值 1.46，贡献率 11.24%） | | |
| 31. 我认为我们族的人全部都是自己人 | 0.720 | 0.552 |
| 7. 我喜欢在本民族人多的地方住 | 0.634 | 0.455 |
| 13. 我觉得父母应该多给孩子讲我们族的传说 | 0.577 | 0.411 |
| 因子 2：族间关系（特征值 1.72，贡献率 13.23%） | | |
| 24. 我们族的人经常到其他民族的人家中做客 | 0.760 | 0.606 |
| 19. 我们族的人经常和其他民族的人做生意 | 0.729 | 0.624 |
| 6. 我们族的人经常和其他民族的人一起过节 | 0.689 | 0.534 |
| 因子 3：族国关系（特征值 1.94，贡献率 14.93%） | | |
| 21. 我们族坚决拥护国家制定的政策 | 0.691 | 0.517 |
| 9. 我认为国家利益高于我们族的利益 | 0.688 | 0.595 |
| 32. 我们族的人应该听从政府的号令 | 0.676 | 0.475 |
| 10. 我觉得党和国家很关心我们族 | 0.617 | 0.496 |
| 因子 4：本族发展（特征值 1.52，贡献率 11.72%） | | |
| 1. 我希望我们族的人在政府里面做事 | 0.786 | 0.640 |
| 3. 我们族有一些东西必须永远传卜去 | 0.594 | 0.408 |
| 2. 我们族的人送孩子上学很积极 | 0.530 | 0.332 |

## 六、问卷的信效度检验

### （一）信度检验

统计检验结果表明，本章问卷总体的内部一致性系数为 0.724，分半信度系数为 0.744。4 个维度的内部一致性系数在 0.23～0.56 区间内，分半信度系数在 0.14～0.59 区间内，从总体上看，问卷的信度在可接受水平，该问卷作为西南少数民族的民族价值观的测量工具是稳定可信的。"民族意识""族间关系"维度的内部一致性系数和分半信度系数较低，这可能与维度包含的题项偏少有关。在"民族意识"维度，还有可能源于内容包罗万象，子维度很多，题项内容很难做到较高的同质性。

### （二）效度检验

本章问卷编制过程中，问卷的维度设计配合使用开放式问卷内容分析、文献分析、咨询专家、咨询少数民族代表等方法，问卷题项编制配合使用开放式问卷内容分析、典型被试个别访谈、文献分析、咨询专家、多次反复修订题项、使用测谎题、手工筛选回收问卷等方法，保证了问卷较好的内容效度。

问卷相关分析的结果表明，各维度之间的相关系数在 0.18～0.46，相关程度全部达到心理测量学标准；各维度与问卷总体的相关系数在 0.63～0.79，相关程度全部达到心理测量学标准，本章问卷的结构是合理的。

进一步通过验证性因子分析来确定模型与实际数据的拟合程度，以检验理论结构的正确性。选取的拟合指标同第三章。表 4-3 和图 4-1 显示，模型拟合程度较好，说明西南少数民族民族价值观问卷的四因子结构模型是可以接受的。

表 4-3　模型的拟合指标

| $\chi^2/df$ | CFI | AGFI | GFI | RMSEA | NFI | PGFI |
|---|---|---|---|---|---|---|
| 1.826 | 0.87 | 0.90 | 0.94 | 0.06 | 0.77 | 0.61 |

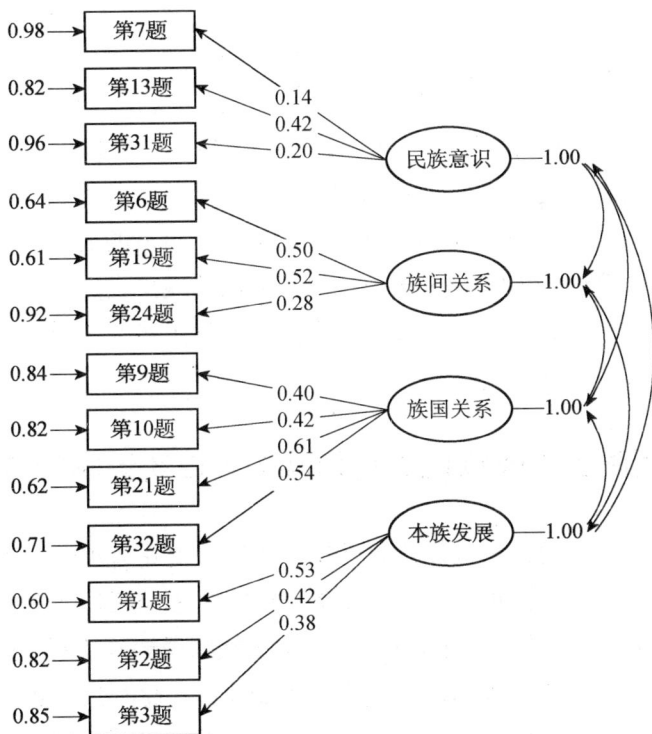

$\chi^2=107.74$, $df=59$, $P\text{-value}=0.00011$, RMSEA$=0.06$

图 4-1　验证性因子分析拟合图

## 第二节 西南少数民族民族价值观的调查分析

### 一、西南少数民族民族价值观的总体特征

本章研究结果表明，西南少数民族民族价值观得分偏高，各因子按重视程度依次为本族发展（4.23±0.69）、族国关系（4.11±0.74）、族间关系（3.89±0.78）和民族意识（3.63±0.78）。由此可见：①在总体上，西南少数民族的民族价值观面貌是积极、正向、健康的。②西南少数民族十分关注本民族发展。从题项的角度分析，西南少数民族十分关心国家大事，重视提高民族素质，并希望本民族的优秀传统文化得到传承。③西南少数民族十分重视本民族与国家的关系。西南少数民族群众认为自己与国家、政府是密不可分、高度统一的，表现出强烈的爱国主义情感。此外，从开放式问卷获得的信息中，同样拥有这方面证据，很多被试高度拥护国家统一，认为"分裂国家的意识、行为"是没有价值的，并普遍对"台湾独立"势力、"西藏独立"势力和新疆"三股势力"表现出愤慨、反感的情绪。④西南少数民族较重视族间关系的和谐，也拥有一定水平的本族意识。这一方面缘于绝大多数西南少数民族都具有温顺、谦让、热情的民族性格，族间历史问题较少，合作、互助多于误会、冲突；另一方面体现出民众拥护中央关于建设社会主义和谐社会的方针政策。此外，西南少数民族大多原生态文化依然存在，生活方式保持了发展的延续性。

### 二、西南少数民族民族价值观的人口统计学特点

根据本章的需要，选取民族、性别、年龄、文化程度、信教状况五个基本人口变量进行西南少数民族民族价值观的多因子方差分析，主效应及交互效应分析结果见表4-4。从中可见，民族在西南少数民族的民族价值观各个维度上的主效应十分显著；性别在族间关系维度上主效应显著；文化程度在民族意识维度上主效应显著；信教状况在民族意识、族间关系上主效应显著。民族和年龄在族国关系维度上交互作用十分显著；民族和信教状况在本族发展维度上交互作用显著；年龄和文化程度在族国关系维度上交互作用显著。

表4-4　西南少数民族民族价值观多因子方差分析结果（F值）

| 人口变量 | 民族意识 | 族间关系 | 族国关系 | 本族发展 |
|---|---|---|---|---|
| 民族 | 4.528*** | 4.274*** | 12.561*** | 10.096*** |
| 性别 | 0.764 | 6.990** | 0.597 | 0.155 |
| 年龄 | 2.722 | 0.444 | 1.069 | 2.438 |
| 文化程度 | 2.998* | 0.127 | 1.016 | 0.764 |
| 信教状况（E） | 3.122* | 4.106** | 1.488 | 2.058 |
| 民族×性别 | 1.183 | 1.041 | 0.707 | 1.268 |
| 民族×年龄 | 1.316 | 1.440 | 2.694*** | 1.610 |
| 民族×文化程度 | 1.321 | 1.37 | 0.981 | 1.116 |
| 民族×信教状况 | 0.812 | 1.389 | 1.321 | 1.870* |
| 性别×年龄 | 0.082 | 0.536 | 0.341 | 0.312 |
| 性别×文化程度 | 1.310 | 0.493 | 0.360 | 0.325 |
| 性别×信教状况 | 0.771 | 0.42 | 0.406 | 0.644 |
| 年龄×文化程度 | 0.960 | 1.387 | 2.714* | 0.469 |
| 年龄×信教状况 | 1.391 | 0.730 | 1.183 | 2.028 |
| 文化程度×信教状况 | 0.539 | 1.284 | 1.495 | 0.707 |

*表示 $p < 0.05$，下同

## （一）族别差异分析

本章将民族分为 11 类，考察了西南地区 10 个具有代表性的少数民族和 1 个"其他民族（4 种）"类别，总共 14 种少数民族样本。在族别差异上得到以下几点结果：第一，11 个民族类目的平均分都超过了 3，说明这些民族的价值观都是正向、积极的。第二，各少数民族在四个维度上的表现皆有差异。傣族在民族意识维度上得分最高，并且在此维度上与其他 10 个民族类目都存在显著性差异，这可能源于南传上座部佛教保护了傣族人的民族心理，他们在全民族信教的同时，保留了较多本民族的独特性，以至于能够很容易地与其他民族相区分，对历史、族称、自我都有高度的认同性，此外还可能源于傣族封闭的村寨文化、强烈的趋同意识等。[①]第三，彝族在族间关系、本族发展维度得分最高，在族间关系维度与土家族、壮族、侗族、布依族存在显著差异，在本族发展维度与藏族、哈尼族、壮族、侗族、傣族、布依族均存在显著差异。这两种表现可能源于不同的原因，族间关系方面很有可能是历史原因造成的；彝族十分重视本族发展应该源于彝族毕摩文化的承续，通常情况下，一个拥有灿烂历史的民族，其民族自尊心、进取心都是比较强的，同时，由于他们大多居住在山区，生活条件相对艰难，所以盼改

———————————
① 尹可丽. 傣族的心理与行为研究. 昆明: 云南民族出版社, 2005.

革、求发展的心理更加急切。第四，土家族在族国关系上得分最高，与哈尼族、白族、苗族、侗族、傣族、布依族、其他民族均存在显著差异。这说明土家族拥有极强的整体性思维，对国家的理解已经达到了高度的自觉，这可能与他们处于重庆直辖市的特殊地理条件有关。第五，布依族在各个维度上的得分均最低。这是由布依族文化的大变迁造成的，布依族曾有很多极富特色的传统风俗习惯，现在都已不再沿袭。以前布依族女子都要精通的纺织技艺，现在大多数女孩都不愿学了；此外，布依族传统的蜡染、编织、雕刻等手工技艺，也同样面临后继乏人的传承困境。有研究认为，布依族对本民族传统文化的价值缺乏自信，尤其年轻人简单地将传统文化视为落后文化，把现代文化视为先进文化，使他们希望彻底改变现状，抹掉自己身上的民族印记[①]。

### （二）性别差异分析

本章研究结果显示，在西南少数民族被试中，男性在族间关系、族国关系维度上的得分高于女性；女性在民族意识、本族发展维度上的得分高于男性，两组被试在民族意识维度上得分较低，得分也比较接近，但均分都高于3.6，两性群体在族间关系维度上存在显著性差异，男性显著高于女性。

以上说明，西南少数民族男性群体和女性群体在民族价值观上的表现都是正向、积极的；两性群体对处理族间关系的认识有差别，男性被试更倾向于认为与其他民族处理好关系是有价值的。这种差异性，可能是由西南地区的生产、生活方式决定的，在西南少数民族地区，还延续着传统的"男主外、女主内"思想，女性的职责主要是在家里照顾孩子、种菜、喂养牲畜等，整天面对的主要是家庭小环境，她们的交往面也常常是很狭窄的，一般就是在本寨内的女性之间建立朋友关系，或者与寨外的娘家不时走动一下；男性的自由度就大多了，他们的活动空间不受限制，活动内容丰富多彩，同时由于常常是当家人、主心骨，所以承担的家庭责任也更重。

### （三）年龄差异分析

本章设置了三个年龄段：18～28岁组、28～54岁组、55岁以上，分别代表少数民族青年、中年、老年群体。中年组在本族发展维度上得分遥遥领先，同时在民族意识维度上得分较低。从各个维度上区分，老年组在民族意识维度上得分最高，中年组在其他三个维度上得分最高，青年组刚好处于中间水平。分析表明：

---

① 肖毓. 布依族文化传承的困境与思索. 黔西南民族师范高等专科学校学报, 2007, (2): 28-31.

第一，少数民族中青年群体与老年群体的价值观具有差异性。中青年组将目光着力于其他民族、国家，以及本民族的经济富裕上面。对于本族发展维度，从田野考察的结果发现，中青年傣族人、哈尼族人更看重本族经济的富裕，本民族参与国家政务的能力，以及对教育的重视；老年傣族人却因为要皈依佛教，60 岁以上的老人都去缅寺吃斋念佛，从中受戒，所以本族意识变得越来越强，更重视本族传统文化的延续，他们是向青少年传授本族传统文化的老师，同时也是监督者。[①]

第二，少数民族中青年的价值观具有较高的一致性。他们都很关注与其他民族、国家的关系和本民族的发展，但是从平均分来看，青年人在后三个维度上的得分稍低于中年人，在民族意识维度上的得分又稍高于中年人。可以推测，这是由于青年人同时受到两辈人的影响，从爷爷、奶奶那一辈接受民族意识的熏陶，又从父母那一辈的人身上学习处理族间关系、族国关系的技巧。当然，研究者认为青年人对本民族发展的价值感，并不一定都是源于长辈的影响，其他的渠道还有网络、电影电视、城市文化等，少数民族年轻人是倡导创新、变革、发展的一代，他们是本民族发展的新生力量，在意识上与前辈有一些差异。

### （四）文化程度的影响

本章设置了四个层次：文盲、小学、中学/中专、大专以上。文盲组在族间关系、族国关系、本族发展维度上的得分最低，大专以上组在民族意识维度上得分最低。文盲组的民族意识最强，中学/中专组重视处理族间关系，大专以上组最重视本族发展、族国关系。分析表明：第一，不识字的少数民族群众的民族意识最强烈。中等文化层次的民众民族意识比较强烈，但是却又明显弱于不识字的人群，而后是初等文化层次，最后是高等文化层次。这可能与受教育水平有某种相关性，就是说文化水平低的民众，本民族意识最强；文化水平高的民众，本民族意识最弱。第二，文化程度越高的少数民族群众越重视发展族间关系。这与一个人随着知识日渐丰富，而视野也会越来越宽阔有关，有知识、有文化的人通常能够"站得更高，看得更远"，他们不仅意识到本民族的利益，还会思考其他民族对本民族的价值和意义。第三，文化程度越高的少数民族群众越重视与国家的关系。从多重比较结果很容易看出，这是一种明显的逐级递增关系，这里清楚地表达了一个人（或者一个民族）的国家意识随文化程度提高而逐步增强的趋势，国家重视发展少数民族地区的教育事业，舍得大量投入人力、财力、物力资源，

---

① 尹可丽. 傣族的心理与行为研究. 昆明: 云南民族出版社, 2005.

愿意给少数民族群众更多的受高等教育的机会，这是直接有利于国家统一、民族团结和边疆稳定的。第四，不同文化程度的人都共同重视本族发展。他们在本族发展维度上的得分都高于 4，并且随着文化层次的提高，本民族发展意识也增强。可见，少数民族同胞对提高本民族人口素质、对本民族的现代化给予了普遍重视。

### （五）信教状况的影响

本章设置了四个层次：不信教组、信教 1～5 年组、信教 6～10 年组、信教 11 年以上组，分别代表不信教者、初入教者、教龄较长者、虔诚信徒。问卷结果显示，不信教组在族间关系维度上得分最高，信教 1～5 年组在本族发展、族国关系维度上得分最高，信教 6～10 年组在民族意识维度上得分最高；信教 1～5 年组在民族意识维度上得分最低，信教 6～10 年组在族国关系、本族发展维度上得分最低，信教 11 年以上组在族间关系维度上得分最低。分析表明：第一，不信教民众更重视与其他民族处理好关系，随着教龄的增加，重视点从本族发展、族国关系向民族意识转移，对本民族深层次的精神系统关注越来越高。第二，刚入教者比虔诚信徒更关注本民族与国家的关系。信教者在四个维度上的得分均不明显，寻找不出规律性，不可做出"随着教龄的增长，少数民族群众越来越不关注国家民族大事"的结论。

## 三、西南少数民族民族价值观的共同特征

### （一）总体态势的正向性

西南少数民族的民族价值观各维度在每一个人口统计学变量上的得分均在 3 分以上，正向性特征非常明显，他们对本民族、其他民族、国家都报以主动认同的倾向，同时对本民族发展倾注了最大的热情和关注。也就是说，西南少数民族民众的民族价值观总的说来是健康积极的，这很有利于西部大开发战略的顺利推进，为民族团结、祖国繁荣注入了稳定性因素。

### （二）影响因素的多样性

本章结果表明，影响西南少数民族民族价值观的因素来源十分复杂。第一种来源归入内部因素，最主要体现在人口统计学变量的影响上。族别、性别、年龄、

文化程度、信教状况等，这些变量在价值观的不同维度上的表现千差万别，就是在同一维度上的表现也是各不相同的。一些变量在民族价值观的维度上还具有交互影响的关系，比如，民族与信教状况共同影响本民族发展，民族与年龄、年龄与文化程度共同影响族国关系，等等。第二种来源归入外部因素，如经济全球化和国内市场经济体制改革、文化碰撞与文化变迁、媒体与网络文化、家庭、学校等社会环境及社会转型等。同时，内部因素与外部因素之间也是相互作用的，其影响的方向有可能是增益，有可能是抵消，还有可能是减损。

### （三）内容表现的层次性

从本章研究结果看，价值观在内容上的表现千差万别。从族别上来分，彝族在族间关系、本族发展维度上得分最高；布依族在各个维度上的得分均最低；等等。从性别来看，两性群体在族间关系维度上存在显著性差异，男性显著高于女性。从年龄来看，青年组在族间关系、族国关系、本族发展维度上与老年组存在显著性差异，前者均显著高于后者；中年组在四个维度上与老年组有显著性差异；等等。不一而足。

### （四）文化程度的重要性

这一特性主要基于以下两个证据：文化程度越高的少数民族样本越重视发展族间关系；文化程度越高的少数民族样本越重视本族与国家的关系。研究还得出，不同文化程度的民众都重视本族发展，文盲民众最重视民族意识。文化程度的高低对所有四个维度的影响都是深远的。除了研究已经证明的文化程度影响族间、族国关系外，首先要说，文化程度的高低在较大程度上决定着本族发展水平，不仅是经济繁荣、政治民主，还有教育后代、发扬文化传统，所有的都离不开知识分子的参与。其次，民族意识的取向会不会偏离历史潮流，也与本民族群体的文化素质直接相关，如果一个民族固守落后、愚昧的思想行为不放弃，就会落后于时代，越是落后于时代，其民族意识就越狭隘、越极端，极端狭隘的民族意识传授给后代又会有什么意义呢？所以，西南少数民族价值观的一个十分显著的特征，就是受教育程度的高低决定人口素质的高低，人口素质的高低决定着本民族价值观的走向。

## 第三节 西南少数民族民族观的价值传承

在西南这片神奇的土地上，少数民族文化异彩纷呈，各具特色，如西双版纳傣族的贝叶文化、丽江纳西族的东巴文化、川西藏族的康巴文化、凉山彝族自治州彝族的毕摩文化、贵州省从江县的侗族大歌、怒江傈僳族自治州傈僳族的溜索文化、宁蒗彝族自治县泸沽湖地区的母系氏族文化遗留、酉水流域土家族的摆手舞等，都是西南优秀少数民族文化的代表，各自成为本民族人引以为傲的精神财富。

### 一、强势文化继承多于变迁，民族自信是灵魂

在西南少数民族文化群落中，体系完备、信仰统一、本民族经济发达的文化成为强势文化，它们很少在与当代文化碰撞、冲突中被同化，也不会轻易迷失本己，遂成长为一枝独秀式的文化形态，不仅传承多于变迁，而且对周围的文化群落还有一定的影响力和渗透性，实质上处于主动地位。比如，西双版纳傣族的贝叶文化[①]、川西藏族的康巴文化[②]、凉山彝族自治州彝族的毕摩文化[③]等，就属于这一范畴。

西双版纳傣族文化就是强势文化的典型代表。西双版纳傣族文化体系十分完备，先人创造了傣渤文，在远古时期就发明出自己的"竹简"——贝叶书简，聪明的先人在贝叶上镌刻漫长的《渤史》，还有文学、医药、佛经、天文地理等共计典籍 48 000 部。傣族人至今还保留着先进的冶铁、制陶、酿酒、造纸、织锦、竹编、建筑技艺等，其竹楼风格令人心旷神怡，象角鼓舞节奏优美灵动，傣历年节气氛热闹非凡。傣族人对汉文化和缅甸、泰国的佛教文化都有吸收，整合成为自己独特而深具魅力的民族风格，小细节如上楼脱鞋、同一年龄段的人形成社群，大礼仪如人死后采用火葬、泼水节必须"浴佛"等。傣族人拥有共同的南传上座部佛教信仰，坚守同一套自古流传的戒律和规则，本民族人到 60 岁以后就自觉前往寺庙吃斋念佛，独特的生存环境和佛教教义铸就了他们与人为善、和谐共生、

---

① 骆锦芳，黄金有. 浅析贝叶文化的先进性与历史作用. 学术探索，2001, (1): 161-163.

② 石硕. 论康巴文化的特点、内涵与研究价值. 西藏研究，2006, (3): 91-96.

③ 郭娅. 浅论毕摩信仰对促进社会和谐的价值. 西南民族大学学报(人文社会科学版)，2008, 29(7): 39-42.

温柔宁静的优良民族价值观，得到其他民族的认同与爱戴。傣族人处于云南陆路通商口岸，加之田地肥沃，民众勤劳，所以经济富裕，生活水平普遍高于其他民族。正因为西双版纳傣族文化体系完备，所以他们对族称、历史、自我、信仰、尊严等具有清醒的意识，对民族的过去、现在和未来充满自信，将本民族的前途紧紧地掌握在自己手中。正因为傣族文化兼收并蓄，所以不会落后于时代的潮流，一次又一次蜕变，推陈出新，永续发展。正因为傣族信仰的高度统一性，这使他们不会轻易踏出"红线"，成为文化解构的危险因子，共同进退、统一步调是傣族人鲜明的民族性格。缅寺还是教育后代的学校，佛爷们是传授本族文化的教师。正因为傣族经济条件优越，所以他们有实力在保护本民族传统文化的行动中，投入人力、物力、财力，就像勐景来傣寨对农业文明时代的手工技艺的开发性保护一样。有研究者还指出，在宗教文化传承中，傣族自身的社会经济和社会形态发展对其具有决定性的意义[①]。

强势文化的变迁也是存在的，这种变迁呈现出局部性特征，变迁主要发生在经济收入、居住条件、文化水平、服装、民族工艺、农村面貌等方面。

## 二、弱势文化变迁多于继承，依附解构为主象

在西南少数民族文化体系中，文化支离破碎、信仰丧失、经济落后的文化沦为弱势文化，它们逐渐被当代急剧的文化碰撞、冲突所解构、异化，其传承性少，变迁居多，逐渐融入汉族文化大系统之中，实质上处于被动、不利的地位。比如，鄂西苗族文化大变迁[②]、黔西南布依族文化的困境[③]、云南楚雄彝族自治州彝族毕摩文化的消亡[④]，就属于这一范畴。

华坪县的傣族文化传承就是一个弱势文化逐渐消亡的例证。华坪县傣族，共有 2000 多人，苍房、高桥两个聚居区共计约 1000 人，民众世代喜欢养猪、鸡，谁也不知道他们何时从何地迁来。华坪县傣族保存着对自己族称的清醒认识，保存着一套与其他民族区分开来的标志体系；他们对其他民族的态度继承着傣族古老传统，以与人为善、和谐共生、温柔宁静作为族际交往准则；他们支持、拥护国家政策，对地方政府的作为表现出较大的容忍度，对为国家教育和培养人才方

---

① 赵世林. 云南少数民族文化传承论纲. 昆明: 云南民族出版社, 2002.

② 王平. 鄂西苗族传统文化变迁的历史原因及表现. 中南民族大学学报（人文社会科学版）, 2002, 22(5): 47-50.

③ 肖毓. 布依族文化传承的困境与思索. 黔西南民族师范高等专科学校学报, 2007, (2): 28-31.

④ 万志琼, 王东昕. 现代文明背景下云南楚雄彝族毕摩及其文化变迁. 思想战线, 2009, 35(6): 28-33.

面态度很积极；他们对民族、国家现代化的认识非常深刻，适应了现代经济竞争的环境，共同参与本地区工业化进程。但是，华坪县傣族对自己的历史、来源、传统、信仰等认识不清晰；书籍文字、宗教信仰、节日风俗丧失殆尽，竹楼建筑已被土楼样式代替，火葬传统被土葬代替；村寨离经济中心区遥远，受到的辐射微弱，从国家、民族现代化进程中受益很少；如今，傣族语言正在渐渐消亡，姓氏正在悄悄转宗，村寨文化正在解体的进程中。只有独特的民族心理依然顽强地持续着，与遥远的传统保持着微弱的联系。

华坪县傣族与西双版纳傣族价值传承的归宿是不同的，这两种文化传承的区别在于：本民族历史体系是延续的还是断层的，是否拥有强大的寺庙系统做本民族教育教化之载体，是否拥有强大的经济基础做文化保护之后盾，是否能够占据本地方主体民族之地位。

## 三、中势文化继承与变迁双导，走势倾向多元化

相对于强势文化群体与弱势文化群体，中势文化是指那些文化系统相对完整、信仰多样化、本族经济条件一般的文化存在，它们的价值传承特征体现为传承与变迁齐头并进，民族价值观念向多元化方向发展，未来的走势并不清晰，实质上处于不稳定的状态之下，包含着太多的变数，其最终的归宿很难预测。有的民族表现为与中原文化融合的倾向，有的民族表现为与周围强势文化融合的倾向，应该还存在其他传承倾向。中势文化在西南地区是普遍存在的，比如，云南哈尼族文化[1]、丽江纳西族文化[2]、怒江傈僳族自治州傈僳族文化[3]、重庆土家族文化[4]、贵州侗族文化[5]等。

哈尼族现有人口一百多万人，主要聚居在云南省玉溪市、红河哈尼族彝族自治州、普洱市、西双版纳傣族自治州，有"扎勒特""苦扎扎"等节日。哈尼族人使用哈尼语，分哈雅、碧卡、豪白三种方言，哈尼族在1957年创制了以拉丁字母为基础的拼音文字[6]。哈尼族能够明确地意识到自己的族性，对族称、民族性格、民族特征有明确的意识，不过他们在价值观体系上借鉴、依循于傣族，对傣族的

① 解鲁云. 近十余年哈尼族研究综述. 云南民族大学学报(哲学社会科学版), 2006, 23(6): 86-89.

② 李劼. 纳西族传统文化功能的转移. 中央民族大学学报(哲学社会科学版), 2002, 29(3): 11-17.

③ 高志英. 唐代以来傈僳族的迁徙及其文化变迁研究. 学术探索, 2007, (3): 117-121.

④ 刘琼. 论土家族服饰的文化变迁. 前沿, 2009, (8): 112-115.

⑤ 项萌. 旅游业背景下侗族传统民居的文化意义与变迁. 黑龙江民族丛刊, 2009, (1): 145-149.

⑥ 李泽然. 哈尼语研究. 北京: 民族出版社, 2001.

经济文化生活认同度高，傣族、哈尼族、布朗族的价值观体系其实是密不可分的。他们与傣族人和睦相处，互相增进。其深层原因是价值体系的接近与相容。他们拥有爱国主义情怀，对国家的政策、方针积极拥护。他们的村寨地处山区，受到文化冲击的程度低，保持着一些传统的生产工具、风俗习惯、节日、穿着等；走出村寨的哈尼族人表现出对他族文化极强的适应性。哈尼族文化的独立性不明显，经济发展受到环境的限制，但是民族参政议政的积极性很高，许多哈尼族知识分子成为西双版纳各政府机构、事业单位的骨干力量。

## 四、中华民族认同程度高，双向互动促发展

西南少数民族对国家的认同程度高，这可从三方面获得证据。第一方面是从开放式问卷中获得的证据，大多数少数民族被试反对国家分裂，热烈拥护国家统一；第二方面是问卷统计分析的结果，总体上看，族国关系的总均分排在第二位，方差分析的结果进一步显示，除个别民族外，绝大多数民族得分都接近于 4；第三方面是田野考察取得的证据，通过对傣族、哈尼族、布朗族、傈僳族寨子为期 20 天的观察走访，研究者发现各少数民族对国家的感情很深厚，不仅脸上洋溢着作为中国人的自豪感，而且在面临族国利益取舍的时候，会以国家利益为重。

我们细致探讨这种现象背后的原因就会发现，这是西南少数民族与共产党人长期良性互动的结果。从中华人民共和国成立前的红军长征开始，西南少数民族就与共产党人结下了深厚的情谊，如彝族小叶丹与红军的亲情等；中华人民共和国成立后，中国共产党带领西南少数民族打土豪分田地，少数民族群众从农奴的身份翻身做了主人，这种转变使他们对共产党的认识真正落实到了内心，从而在民族价值观体系中形成了国家这一维度，甚至可以这样说，在他们的民族意识里，本就有国家这一重要部分，如傣族人心中对周恩来总理的深厚感情等。

所以，西南少数民族的现代化进程，伴随着民族与国家长期的双向互动，这个过程一直保持着良性循环。西南少数民族的价值传承，也必然会随着国家方针、政策的走向而发生相应的改变，也就是说，传承的规律依存于两者的互动。每个民族的生存、发展都与它所依存的国家有着密切的关系，同时，也难免会有各种各样的矛盾。

## 五、民族生态与心态相映，保护开发多权衡

西南少数民族地区资源丰富，不仅是原生态民族文化的聚宝盆，享誉世界的动物、植物王国，还是矿产、水利资源的聚集地，同时也是地质学上冰川、火山、大陆板块研究的资料库，调节地球气候的关键区域[①]。生活在这片土地上的少数民族同胞，重视生态环境的保护，对破坏生态的行为极端鄙视。比如，傣族人就教育孩子说，不要随意杀死一只动物，不要随意砍伐一棵树，不要随意踩踏一棵草，这些都是本族人赖以生存的生活条件，他们对水源、森林的重视程度等同于对生命的重视程度。正是这种生态价值观念的延续，才造就了今天绿荫如盖的允景洪生态城市景象，也绿化了村寨，美化了人居环境，进而净化了民族心态。所以，民族生态与民族心态是一体两面，民族生态环境的和谐对民族价值传承起到推动作用，民族生态环境破坏对民族价值传承起到阻碍作用。一些地方急功近利，对民族生态环境进行掠夺性开发，这势必对少数民族心态造成难以弥补的创伤。

---

① 李绍明. 西南人类学民族学研究的历史、现状与展望. 西南民族大学学报(人文社会科学版), 2007, 28(10): 1-5.

# 第五章

# 西南少数民族的宗教价值观及其传承

宗教信仰作为民族文化生活的一个重要层面，不仅支配着人们的思想感情，同时也影响着人们的日常生活，包括社会、政治、经济、伦理道德、家庭婚姻、人际交往等方面。宗教在维系民族团结和社会秩序、推动民族文化发展上起着不可忽视的作用，要了解和掌握一个民族的社会文化状况，不能离开对该民族的宗教价值观的研究。

## 第一节 西南少数民族宗教价值观问卷编制

### 一、宗教价值观界定

宗教价值观是主体对宗教这种特殊的社会现象对主体的重要程度做出判断时所持有的内在尺度。它是影响主体对宗教的态度、主体的宗教情感及主体的敬神行为的重要心理变量，是主体价值观系统中有关个人的宗教生活的子系统，是主体对各种坚信不疑的宗教信念的总和。不同的人由于其特定的社会历史地位，对宗教的看法可能是不一样的。宗教价值观是一种人生追求，它总是与超越时间、空间、能量和物质限制联系起来的。

宗教价值观也是指主体对自己和宗教这一客观现象之间特定关系的认识。这是一种有别于知识、经验等探讨事物本来面目及客观规律的客体性认识，而体现着主体的内在尺度、以价值判断或评价为主要内涵的主体性认识。它所反映的，是宗教对主体的意义。在宗教结构各要素中，宗教价值观的影响在时间上的持久性最强，变化最慢，它常以民族为载体，使其影响具有现实性，它已成为各民族的集体无意识，使其存在具有根深蒂固性。宗教价值观是人类在生产力低下状况下的心理幻想作用，是一种对人类不可控制的东西的敬畏的心态。宗教价值观以超脱现实生活为最高价值。其主要兴趣在于创造最高的和绝对满意的境界与体验。[①]

在西南少数民族地区，常见的情况是，一个民族可以信奉多种宗教，一种宗教可以有多个民族共同信仰。当地的教徒并不把所信奉教派的利益看得高于一切，容易产生和谐的气氛和环境。在全面推进构建西南民族地区和谐社会的历史进程中，必须面对西南少数民族群众在独特的自然地理和经济结构基础上形成的多民族聚居和多宗教并存这一情况，其中宗教价值观对构建和谐西南地区的影响将比较持久和突出。宗教价值观在构建西南少数民族地区和谐社会中具有一定的影响，具有双重作用，需要正确对待。

## 二、调查取样

本章调查取样要求同第三章。本章的取样由三部分构成：第一部分为开放式问卷调查；第二部分为初测问卷，用于探索性因子分析；第三部分为正式问卷，用于验证性因子分析。本章取样的民族构成见表5-1。

表 5-1　本章三阶段取样的民族构成

| 性别 | 傣族 | 苗族 | 哈尼族 | 壮族 | 侗族 | 彝族 | 布依族 | 白族 | 其他 | 合计 |
|---|---|---|---|---|---|---|---|---|---|---|
| 男 | 70 | 89 | 57 | 90 | 80 | 117 | 62 | 64 | 59 | 688 |
| 女 | 90 | 51 | 41 | 94 | 63 | 153 | 61 | 37 | 67 | 657 |
| 合计 | 160 | 140 | 98 | 184 | 143 | 270 | 123 | 101 | 126 | 1345 |

## 三、开放式问卷

第一个问题："您信教吗？谈谈信或不信的理由。"多数人的选择为"有一点

---

① 黄希庭，张进辅，李红，等. 当代中国青年价值观与教育. 成都：四川教育出版社，1994.

信"，即认为宗教与自己有关系；少数人选择了"信一点"，理由可概括为"我有具体的信仰，但面对宗教总有一种虔诚。我能感受到一个人，特别是接受教育较少的人，如果没有信仰是多么无助。宗教带给我们认识世界的观点，即使这个观点未必正确，但在自己心里是有答案的，尽管可能答案是错误的。人类的恐惧真正来源于自我感觉无知，对世界的认知让一个人踏实、自信，并坚定信念做下去"。这表明每个人对宗教信仰基本上都是持肯定态度的。具体原因有：相信祈祷能带来幸福生活，相信信徒祈祷的主要目的是获得心理安慰，认为信仰宗教可以得到灵魂永生，认为信仰宗教可以求得来生幸福，认为宗教信仰能使病人得到神灵的医治，认为宗教信仰可以使人变得善良，以及认为信仰宗教能使人获得神奇的力量。

第二个问题："请分别用几个词描述宗教和宗教信徒。"大多数人的回答可以归纳如下：认为他们有对神灵权威的敬畏感，有对神灵万能的惊异感，对神灵存在的依赖感，对神灵审判的罪恶感，对神灵交往的神秘感和期待感，对宗教理想的虔诚感，等等。

第三个问题："提到'宗教'，您联想到什么？"回答内容较多，可归纳为：宗教在信徒的生活中起着重要的作用，信教的人与他们的神同在，信教的人应该知道自己活着的意义，信徒是能够从宗教信仰中感受到生命的意义的，宗教会使信教的人明确自己的目标，信教的人应该几乎每天都敬神灵，信教的人应该相信宗教是万能的，等等。

第四个问题："有人说，宗教是骗人的。您怎么看？"多数人的回答反映出了人们对宗教的情感是复杂的。具体内容如下：宗教在危机处理中一个很大的作用就是心理调适、安抚民心。当危机发生时，正常的社会秩序遭到破坏，公众处于极度恐慌中。在此危机之时，党和政府的关心由于是自上而下地传达，都有一定的延时性。在处于一种手足无措的信仰真空状态下，人的精神无所依托，极易走向崩溃的边缘。特别是对于宗教信徒而言，此时他们最需要的就是自己所信奉的神明的救赎，而宗教的心理调节功能在此时就变得尤其重要。

宗教信仰可以增强危机发生地区的信徒的认同感，满足人们的需求，使其信仰者获得一种归属感。各种宗教教义也积极提倡教友间的相互关心与爱护，如基督教教义中的"一切信徒皆为兄弟"。这样一种信仰能让个体暂时远离孤独感和疏离感，在这个社会中找到自己的归属，重拾对生活的信心。

宗教信仰还可以给个体一个释放内心积郁的空间。例如，遇到大地震这样的状况，当个体必须面对失去亲人的极端痛苦的现实时，个体内心必然是苦闷焦虑的，必须得到适当的宣泄。宗教信仰者在其信仰的神或物前祈祷、忏悔，在宗教仪式上尽情地哭泣，将内心的痛苦与烦恼宣泄出来，相信会得到神灵在冥冥之中的保护与帮助。不仅如此，各种宗教组织通过祈福或超度仪式、祈祷会、安魂弥撒等对死亡的归宿做出极其合理、美好的解释，例如，基督教认为死亡是一种解脱，是进入天堂的必经之路，这些对于生者来说是一种极好的安慰。

## 四、初测问卷的编制

将通过访谈和开放式问卷收集到的资料进行分析后，形成如下维度构想：①宗教认知。宗教认知是指对获得的宗教现象、行为的知识进行信息加工，包括对宗教基本的认知、对宗教功能的认知、对宗教规范的认知、对敬神行为的认知等。②敬神行为。敬神行为主要包括基于宗教情感，并以自己的存在诠释和体现宗教存在的意义和价值，是根据特定的教义所表现出来的行为特征，是信徒个人和集体的灵性活动或宗教实践。敬神行为是宗教奥义的物化形式，并以自己的存在诠释和体现宗教存在的意义和价值。③宗教意识。宗教意识主要包括宗教与个体的利害联系，一种使人安下心来并使他们的全部探究最终都能得到满足的终极情怀，个体据此而感受到世界的意义，并依此行事。④信教动机。信教动机主要包括内向型动机与外向型动机两种基本的类型。具有内向型信教动机的人已经把宗教信仰融入个人的生活，决心为宗教事业献身，而不是使宗教为自己服务；具有外向型信教动机的人则把宗教作为可利用的工具，试图通过制度性宗教活动的参与，从中谋取个人功利并进行自我保护，主要包括对宗教本身，以及宗教与自己之间关系的益损、适当与否、符合自己意愿与否等的评价（从自身最初期望出发做出的价值判断）。⑤民族宗教。民族宗教主要包括宗教的民族性，即民族宗教一旦产生就成了全民族成员普遍接受的信仰。

根据西南少数民族宗教价值观的理论构想，并参照已有的相关文献，以及国内外的相关量表，同时征求有关专家的意见和建议，编写出初测问卷的题项。所有题项采用随机排列方式，问卷的评定标尺为利克特自评式 5 点量表法，从"完全不同意"、"不太同意"、"难以确定"、"比较同意"到"完全同意"依次记为 1～5 分，得分越高表明该种价值取向越明显。

## 五、正式问卷的确定

本章以问卷题项的鉴别力与区分度为指标，通过计算各个题项的临界比率值，以及题项得分与问卷总分的相关系数进行项目分析。具体方法如下：①运用相关法来计算各个题项的得分与问卷总分的相关情况，结果相关系数表明，有 11 个题项均小于 0.21，且未达到显著水平，需要剔除，之外的其余各个题项的值均大于 0.21，不需要剔除，题项与总问卷的相关系数范围为 0.28～0.44，并且均达到显著水平，说明该问卷中题项的区分度尚可。②求出各个题项的临界比率值，将未达到显著水平的题项予以剔除。将被试按总分高低排列，取得分最高的 27%的被试作为高分组，得分最低的 27%的被试作为低分组。对高分组和低分组进行 *t* 检验，结果发现有 11 道题没有达到显著性水平，被剔除，其余的 24 个题项的临界比率值都在 0.50 以上，达到了显著性水平，并且都是正数，鉴别力良好。

Bartlett's 球形检验和 KMO 值的分析结果表明，本研究中的数据适合进行因子分析。选用主成分分析法来提取公因子，以求得初始因子的负荷矩阵，再用方差极大法旋转求出旋转因子负荷矩阵。确定因子数目及题项的标准同第三章，最后确定了宗教认知、敬神行为、民族宗教、信教动机、敬神意识 5 个因子（表 5-2），共解释总方差的 54.46%，在可以接受的范围之内。这样，另加上 2 对测谎题，确定了由 28 个题项构成的西南少数民族宗教价值观问卷。

表 5-2　西南少数民族宗教价值观问卷因子分析结果

| 题项 | 因子负荷 | 共同度 |
|---|---|---|
| 因子 1：宗教认知（特征值 5.25，贡献率 20.88%） | | |
| 17. 我相信宗教是劝人向善的 | 0.768 | 0.574 |
| 27. 我觉得我国的宗教政策对信教的人是有利的 | 0.540 | 0.559 |
| 7. 我认为每一种宗教都有自己的规范 | 0.535 | 0.590 |
| 2. 我觉得信教的人对自己的宗教应该很了解 | 0.525 | 0.553 |
| 12. 我想信教的人一定知道宗教和迷信的区别 | 0.511 | 0.535 |
| 22. 信教的人应该友好地对待其他人 | 0.486 | 0.650 |
| 因子 2：敬神行为（特征值 4.33，贡献率 17.02%） | | |
| 10. 神让我做什么，我就会做什么 | 0.770 | 0.696 |
| 15. 信教的人应该求神保佑其他的人 | 0.717 | 0.684 |
| 5. 我觉得信教之后就不应该改变 | 0.497 | 0.709 |
| 25. 违背了神的指示应该受到惩罚 | 0.431 | 0.734 |
| 30. 信教者应该按照神的意思做事 | 0.420 | 0.718 |

| 题项 | 因子负荷 | 共同度 |
|---|---|---|
| 因子3：民族宗教（特征值1.72，贡献率6.98%） | | |
| 4. 神应该只保护我们民族的子孙 | 0.721 | 0.602 |
| 24. 我们族的神就是我们最早的祖先 | 0.638 | 0.528 |
| 14. 我认为我们族的神是最好的 | 0.592 | 0.470 |
| 29. 我觉得我们族的人应该只祭祀我们族的神 | 0.587 | 0.383 |
| 9. 我们应该只向本族人宣传我们的神 | 0.466 | 0.633 |
| 因子4：信教动机（特征值1.54，贡献率5.42%） | | |
| 6. 我觉得求神的目的是得到心理安慰 | 0.690 | 0.590 |
| 26. 我觉得信教可以使人变得更善良 | 0.616 | 0.544 |
| 21. 我相信信教能使病人得到神的保佑 | 0.480 | 0.625 |
| 31. 我认为信教能使人获得神奇的力量 | 0.435 | 0.301 |
| 1. 我相信求神能够带来幸福 | 0.413 | 0.573 |
| 因子5：敬神意识（特征值1.24，贡献率4.16%） | | |
| 18. 信教者应该能从宗教中感受到生命的意义 | 0.784 | 0.701 |
| 28. 信教的人应该每天都敬神 | 0.458 | 0.369 |
| 23. 我相信宗教会使信教者明确自己的生活目标 | 0.406 | 0.688 |

# 六、问卷的信效度检验

## （一）信度检验

统计检验结果表明，本章问卷各维度及问卷总体的内部一致性系数在0.59～0.88，分半信度系数在0.55～0.86。有些维度的$\alpha$系数和分半信度系数低于0.60，不是太高，这可能与维度包含的条目偏少有关。总体来看，问卷的信度均在较好的可接受范围之内，表明该问卷作为西南少数民族宗教价值观的测量工具是比较稳定可信的。

## （二）效度检验

本章问卷采用了文献综述和分析、理论建构、咨询有关专家进行修订，而且配合了访谈、开放式调查等方法。问卷题项编制参考了对少数民族的访谈分析、开放式问卷调查结果，以及有关的价值观量表中相关题项的描述，结合西南少数民族的生活实际情况，并多次与专家和研究生一起修订，基本保证了问卷的维度及题项能够涵盖宗教价值观各方面的特征，并具有一定的代表性，所以基本上能保证该问卷具有比较好的内容效度。

　　本章问卷各维度之间的相关在 0.24～0.42，相关合适，各维度与问卷总体之间的相关在 0.71～0.81，相关程度较高，这说明各维度之间有一定的独立性且又能反映总问卷所要测查的内容，问卷的结构是合理的。

　　进一步通过验证性因子分析来确定模型与实际数据的拟合程度，以检验理论结构的正确性。选取的拟合指标同第三章。如表 5-3 和图 5-1 所示，模型拟合程度较好，说明西南少数民族宗教价值观问卷的五因子结构模型是可以接受的。

表 5-3　模型的拟合指标

| $\chi^2/df$ | CFI | AGFI | GFI | RMSEA | NFI | PGFI |
|---|---|---|---|---|---|---|
| 2.366 | 0.89 | 0.86 | 0.89 | 0.07 | 0.83 | 0.69 |

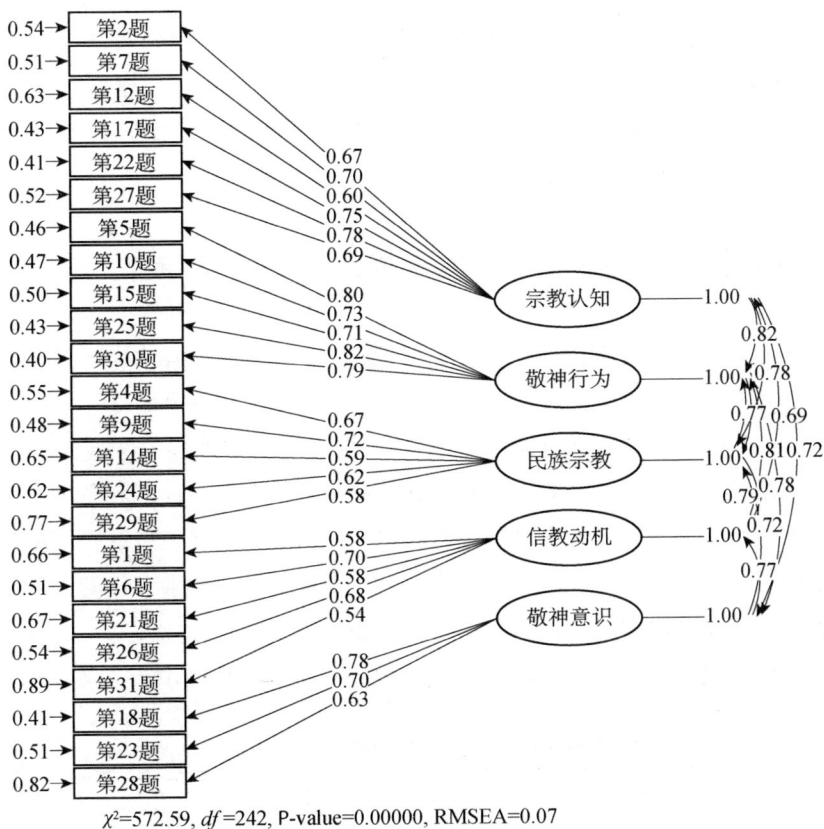

$\chi^2=572.59$, $df=242$, P-value=0.00000, RMSEA=0.07

图 5-1　验证性因子分析拟合图

## 第二节 西南少数民族宗教价值观的调查分析

### 一、西南少数民族宗教价值观的总体特征

本章研究结果表明，西南少数民族宗教价值观得分居于中等水平，各因子按重视程度依次为宗教认知（4.23±0.63）、敬神行为（3.50±0.52）、民族宗教（3.04±0.52）、信教动机（3.45±0.64）和敬神意识（3.31±0.63）。各维度（除民族宗教外）上都呈现出一种略微的肯定趋势，其中在宗教认知上的得分略高于其他维度，说明西南少数民族群众比较重视对宗教范畴内的知识、标志、文化等事物的看法，以及自己与宗教之间的利益关系。宗教认知取向的得分较高，这可能表明宗教已经渗透到了个体的日常生活规范之中，因而对其重视程度会相对上升。而民族宗教作为一种相对保守的倾向性，受改革开放等因素的影响，个体对其重视程度可能会在一定程度上削弱。

### 二、西南少数民族宗教价值观的人口统计学特点

根据本章的需要，选取性别、民族、年龄、文化程度和信教状况五个基本人口变量进行西南少数民族宗教价值观的多因子方差分析，主效应及交互效应分析结果见表5-4。从中可见，性别在西南少数民族宗教价值观敬神行为维度上的主效应显著，其余的维度都不显著。民族在宗教认知、敬神行为、信教动机和敬神意识维度上主效应显著。年龄在敬神行为维度上主效应显著。信教状况在宗教认知和敬神行为维度上主效应显著。文化程度在宗教认知维度上主效应显著。性别和年龄在敬神行为维度上交互作用显著，性别和文化程度在敬神意识维度上交互作用显著。民族和年龄在民族宗教维度上交互作用显著，民族和文化程度在信教动机维度上交互作用显著。

表5-4　西南少数民族宗教价值观多因子方差分析结果（$F$ 值）

| 人口变量 | 宗教认知 | 敬神行为 | 民族宗教 | 信教动机 | 敬神意识 |
|---|---|---|---|---|---|
| 性别 | 0.171 | 2.611** | 0.257 | 2.012 | 2.041 |
| 民族 | 2.854** | 2.930** | 1.158 | 2.413** | 2.543** |
| 年龄 | 1.825 | 3.621** | 1.867 | 0.923 | 0.914 |

续表

| 人口变量 | 宗教认知 | 敬神行为 | 民族宗教 | 信教动机 | 敬神意识 |
|---|---|---|---|---|---|
| 文化程度 | 2.452** | 0.703 | 0.836 | 0.561 | 0.561 |
| 信教状况 | 3.721** | 3.373** | 0.736 | 0.964 | 1.147 |
| 性别×民族 | 1.003 | 0.539 | 0.271 | 1.028 | 1.110 |
| 性别×年龄 | 0.983 | 2.563** | 1.092 | 0.807 | 1.749 |
| 性别×文化程度 | 0.245 | 1.405 | 0.814 | 0.752 | 2.033** |
| 性别×信教状况 | 1.011 | 0.968 | 0.854 | 0.744 | 0.958 |
| 民族×年龄 | 1.034 | 0.807 | 1.703** | 1.010 | 0.741 |
| 民族×文化程度 | 1.147 | 0.991 | 1.010 | 2.703** | 0.896 |
| 民族×信教状况 | 0.574 | 0.745 | 0.457 | 0.683 | 0.985 |
| 年龄×文化程度 | 0.826 | 1.079 | 0.476 | 0.851 | 0.828 |
| 年龄×信教状况 | 0.754 | 0.875 | 1.019 | 0.689 | 1.018 |
| 文化程度×信教状况 | 0.457 | 0.851 | 0.966 | 0.871 | 0.645 |

## （一）性别差异分析

在宗教生活中，女性比男性更倾向于信奉宗教，这似乎就是一个人所共知的事实。本章研究结果表明，西南少数民族女性和男性在宗教价值观总分上没有显著差异，性别因素只对西南少数民族宗教价值观的敬神行为维度存在显著的影响，总体趋势是女性得分要显著高于男性，这与国内外有关宗教价值观的研究结论是一致的[①]。关于宗教信仰的性别差异，学术界一直有各种不同的解释。较为常用的说法是，女性的依附性较男性更强，所以更喜欢信仰宗教。有研究者提出了所谓的冒险模式，即不信仰宗教意味着人生有不被救赎的风险，而男性因为更喜欢冒险，因此信仰宗教的比例比女性要低一些[②]。对于人类来说，压力是无时不有、无处不在的，也许是女性更倾向于通过信仰而非人力因素去缓解精神压力，女性也更倾向于参与教会活动，而男性更多地是采用实用的、可以控制的问题解决方法去缓解压力。此外，一些关于性别角色对男女价值观的影响研究认为，男性更重视成就和事业，女性的传统心理更加细腻、敏感，更注重信仰对心理、对精神因素的影响，这或许也可用来解释宗教价值观上敬神行为维度上的性别差异。[③]

① Collett J L, Lizardo O. A power-control theory of gender and religiosity. Journal for the Scientific Study of Religion, 2009, 48(2): 213-231.

② Miller A S, Stark R. Gender and religiousness: Can socialization explanations be saved? American Journal of Sociology, 2002, 107(6): 1399-1423.

③ Struch N, Schwartz S H, Kloot W. A meanings of basic values for women and men: A cross-cultural analysis. Personality and Social Psychology Bulletin, 2007, 28 (1): 16-28.

### （二）年龄差异分析

本章研究结果显示，各年龄层的被试只在敬神行为维度上表现出显著差异，在其他四个维度上没有显著差异。青壮年、中年、老年的平均数依次升高，且达到显著性水平。这总体上反映了随着年龄的增长，对敬神行为有增加趋势。这也许与个体的家族生活环境是有联系的。祭祀活动在敬神行为的背后，是以强化家族观及民族观为目的的。青壮年组受年龄和成熟度等的影响，在敬神行为上可能会有以下表现：对于宗教的各个方面或领域，当代的中国年轻人会有自己独到的看法和理解方式。首先，宗教的长期性一方面是指宗教存在根源（自然根源、社会根源、认识根源和心理根源）的长期性，另一方面是指宗教作为一种历史现象，不仅在社会主义社会中存在，而且必将长期存在下去（可能比阶级和国家的消亡还要久远）。同样，民间信仰中有许多原始宗教的成分，可谓历史久远。随着社会的进步，这些敬神的崇拜的成分会逐渐淡化，甚至消失。①改革开放使他们的眼界得到了拓宽，他们更多地接触世界、了解世界、关心未来社会的发展趋势，关注我国发生的一系列振奋人心的事情。但是他们也生活在这个多元的社会中，不可能以宗教为唯一的目标，许多人开始从自己的角度去观察和理解社会生活的方方面面，他们将信仰和宗教、事业、文化乃至个人的日常生活联系在一起。其次，他们的价值选择与实现会以对信仰的认知为参照。对宗教各方面看法的积极与否与积极程度决定着他们选择自己自我实现价值或其他人生价值的实现途径，如有的人比较重视其他价值观而轻视宗教价值观，尤其是在敬神行为维度。

### （三）族别差异分析

本章共涉及近 20 个少数民族，这些民族在宗教价值观的各维度上都表现出了显著的差异。在宗教认知维度上，总体看来各民族之间差异显著，得分排在前三位的是侗族、布依族、苗族。在敬神行为维度上，除苗族、侗族以外，剩余民族之间差异显著。得分居于前面的是侗族、布依族和哈尼族。在信教动机维度上，除了苗族、傣族和壮族以外，剩余民族之间差异显著，苗族得分最高。在民族宗教维度上，除了苗族和侗族以外，总体上看来各民族之间差异显著。总体看来，侗族在五个维度上的得分都较高，布依族在后三个维度上得分较高。国家宗教政策的自由与宽容性使得各个民族可以自由地表达自己的信仰和想法，表现各自的特色，因此才可能出现了在宗教价值观各个维度上的差异性，这也正从一个方面

---

① 李云华. 民间信仰与宗教. 中国宗教, 2004, (9): 50-53.

反映了民族认知、民族情感和宗教信仰的多样性和多元文化性，反映了各民族在共性下存在着各自的民族性的宗教价值观。

### （四）文化程度的影响

本章研究结果显示，不同文化程度的西南少数民族群众在宗教认知维度上差异显著。在宗教认知维度上，文盲和小学文化程度的个体得分相对较低，中学或中专文化程度的个体在五个维度上的得分都相对较高。宗教认知维度得分随着学历水平的升高而逐渐升高。多重比较结果表明，在宗教认知维度上，文盲和小学文化程度的个体与其他学历层次的个体得分差异显著，相对低于其他学历的个体。总体来看，文盲和小学文化程度的个体得分相对较低，中学或中专和大专以上文化程度的个体在五个维度上的得分都相对较高。文化程度较低（小学、文盲）的个体由于受教育水平的限制，在批判、思考、判断和评价能力方面也是有一定局限性的。

## 第三节　西南少数民族宗教观的价值传承

### 一、西南少数民族宗教观的价值传承方式与载体

根据文献分析、访谈与实地考察等方法，以西南几个人数相对较多的少数民族（德昂族、仡佬族、土家族、彝族、布依族、侗族等）为例，可总结出西南少数民族宗教价值观的传承载体主要有以下几种。

### （一）民族传统建筑物

自 2500 多年前以来，修持就是以宗教传承的方式来传承的。宗教文化的传承内涵十分丰富，以佛教为例，包括佛教义理、戒律、仪轨，以及种种修持方式等，传承的方式多种多样，重要的如传译、讲习、传授、传心等，有的宗派还形成祖师传承系统。宗教场所为宗教文化的正常发展提供良好的环境，使宗教场所真正起到宗教传承的载体作用。[①]寺庙作为宗教活动场所及宗教文化传承的载体，在人类历史发展过程中发挥过重要作用，在当今时代也有着多样化的社会功能，其民

---

① 何颖. 从传统到现代: 西南民族地区社会文化变迁的规律. 学术论坛, 2006, (10): 25-31.

族文化的色彩越来越浓，吸引人们参与其中。

### （二）民族工艺和服饰

言行的记载往往因传承载体的失传及战乱、天灾等而走样，服饰传承的记忆则更为真实和纯正，这就让服饰承担着缅怀祖先英烈、记述宏大历史场景、弘扬民族精神的历史重任，使服饰包含着气象万千、丰富多彩的文化内涵，特别是在演绎令人震撼的英雄祖先的英雄壮举的民族传统戏剧中，服饰的原始表现力更具代表性。例如，湘西土家族苗族自治州土家族的"茅古斯"，人们所穿的稻草服饰，忠实记载了土家族尊崇的远古女英雄"梅"为保护民族而英勇献身时的穿着。①

### （三）民族的语言和文字

以纳西族东巴教为例，这是纳西族原始宗教向人为宗教过渡的一种宗教。多达30多种的东巴教仪式是纳西东巴文化的主要载体，即用象形文字记载在东巴经经书里的内容通过各种宗教仪式表现出来，并以宗教仪式传承下来。这些仪式力图诠释人与自然、人与社会的矛盾，与纳西族先民的生产生活息息相关，蕴藏着丰富的文化内涵。

### （四）民族的历史故事

德昂族在这个方面比较具有代表性。德昂族中流传着人是天界的茶叶下凡变化而成的这一神话故事。在德昂族贡山周边世居民族的神山森林文化传统里，村规民约成为神山森林文化传统传承的重要方式。因为德昂族顶礼膜拜神山森林。德昂族流传着大量的民谚和俗语，其对树木与水源的紧密关系认识得比较清楚，神话和史诗是云南少数民族传统哲学最主要的表现形式。云南各少数民族的传统哲学大都有一个共同的特点，即它们往往通过神话和史诗的形式对宇宙的产生、万物的起源和演化及人类的起源做出极为生动的猜想和描述，并且内容之生动、形式之多样、资料之丰富是汉族哲学所不及的。这是云南少数民族传统哲学的一大显著特点。例如，德昂族认为茶叶是宇宙本原的思想，彝族、傣族的云雾说（大雾说、雾露说），布依族和彝族的清浊二气说，以及形形色色的神创说，等等，不胜枚举。也有一些少数民族运用哲理诗的形式反映了本民族的社会伦理和政治观点，如哈尼族的社会历史观在其史诗《哈尼阿陪聪坡坡》中就有着充分的体现。

---

① 张公武，田定湘，刘宏. 民族服饰的文化寓意解读. 船山学刊，2006, (1): 181-182.

## 二、西南少数民族宗教观的价值传承规律

西南少数民族几乎都经历了宗教的各个不同的历史发展时期，在不同的时期，其宗教价值观也会有相应的改变，传承也许会因环境的改变而受到影响，但是传承的大致方向还是有一定规律可循的。西南少数民族的宗教价值观传承规律有以下几个特点。

### （一）以各民族的文化体系为传承基础

西南少数民族在自己独特的内外环境和文化条件下创造出优秀的民族文化，各自形成了各具特色的文化。各族的文化中既有多样性，又有统一性，宗教价值观在这样的历史文化背景中得到了系统地传承，传承中带有浓厚的民族文化色彩。以广西十万大山瑶族度戒为例，张泽洪通过分析瑶族度戒所蕴含的道教思想，考察了瑶族度戒十戒戒条的道经根据，认为瑶族度戒是道教授箓的传承和衍化。瑶族度戒源于早期正一道的授箓科仪，瑶族度戒仪式中的诸多道教因素反映出瑶族宗教道教化的特质。道教在瑶族社会的传播及其与瑶族文化相结合而发生的衍变，通过在瑶族社会具有深远影响的度戒可以得到说明。[①]

### （二）民族宗教文化有现代化趋向

宗教价值观是一个多维度的结构体系，其中也存在着重要的表现成分：内在的价值信仰与宗教情操。尽管宗教不一定是构成每一个民族的重要因素，但无疑是民族要素中最敏感的部分。宗教的重要理念是对超自然、超人间力量的信仰，所以天然具有不可侵犯的神圣性。宗教信徒在长期共同的宗教生活中，获得了外部群众所没有的各种神秘的宗教感受，这也是教外群众很难理解的。如果这种宗教情感再与民族情感交织在一起，就会因民族自身所具有的"命运共同体"的属性，进一步强化民族与宗教的联系。朱炳祥对 20 世纪以来三个少数民族村庄（摩哈苴彝族村、捞车土家族村和周城白族村）在民居神龛上发生的变迁进行了分析研究，发现在现代化进程中，民族宗教文化不仅没有消失，而且与时俱进被纳入到现代文化建设中，在与国家文化的互动中获得发展。民族宗教文化现代化的趋向之所以发生，其根源在于文化变迁存在着"多重文化时空叠合"的一般性规律。[②]

① 张泽洪. 瑶族社会中道教文化的传播与衍变——以广西十万大山瑶族度戒为例. 民族研究, 2002, (1): 40-48.
② 朱炳祥. 民族宗教文化的现代化——以三个少数民族村庄神龛变迁为例. 民族研究, 2002, (3): 46-51.

### （三）整体上呈现出和谐的民族与宗教关系

积极的宗教价值观是各民族及整个国家希望看到的良好结果，其意义包括构建和谐的民族、宗教与国家三者的关系。社会和谐离不开自我和谐，自我和谐也包括了民族和宗教身份的和谐[①]。民族问题和宗教问题都是十分敏感的，宗教引发的民族冲突可能格外地残酷和血腥。但就整个西南少数民族的情况来看，本章研究结果显示，信教者与不信教者整体上是能够和谐相处的。在西南少数民族积极的社会心态下，构建和谐的民族与宗教关系成为可能，并且贯穿于传承的整个过程中。

---

① 王登峰, 黄希庭. 自我和谐与社会和谐. 西南大学学报 (人文社会科学版), 2007, 33(11): 1-70.

## 第六章
# 西南少数民族的婚育价值观及其传承

　　婚育问题关乎民族的生存与繁衍，因此婚育价值观是民族文化价值中又一个根本性问题。尤其是在我国推行计划生育国策，而西南地区人口众多的背景下，西南少数民族的婚育价值观及其传承研究显得特别重要。

## 第一节　西南少数民族婚育价值观问卷编制

### 一、婚育价值观界定

　　婚姻是家庭的前奏，而家庭是婚姻的结果和归宿，家庭是以婚姻和血亲两种社会关系为基础组成的人类最古老且最普遍的初级社会群体；所谓最古老，是因为它是人类最原始的社会结合形式；所谓最普遍，是指它存在于任何民族和国家之中，过去和现在都是如此。同时，家庭也是社会的细胞，是社会群体中最基本的群体组织，只需要夫妻两人再加上孩子就构成人类最常见的群体，所以人类婚姻的缔结与伴随婚姻而来的生育是息息相关的。生育是家庭职能之一，婚姻是组成家庭的第一步，传统的生育观念、生育规范和生育习俗被附着了家族、宗教的色彩，形成了与之相关的文化制度。在现代社会里，科学技术、生产力的发展，居住环境的变化，以及通信的进步，使少数民族家庭的生活方式、家庭结构、人们之间的交往方式都发生着迅速而深刻的变化，教育的普及、人们对于计划生育政策的理解和支持，无疑使少数民族地区人民结婚生育的价值观发生着迅速而深刻的变化。

潘光旦认为，中国是一个家族主义的国家，婚姻原来是一个比较个人的功能，但是在家族主义浓厚的氛围里，个人的地位很低，个人因为家族而存在，所以婚姻仅以家族形式举行①。婚姻的家族效用有两种：一是侍奉父母；二是宗族的继承。婚姻与生育的价值观由此无法截然分开。它是衡量人们在婚姻和生育行为各方面的选择倾向的标准，包括择偶的范围、标准，对族际通婚的认可程度，对婚姻自主权的把握，对婚姻家庭质量的标准，对离婚、再婚等问题的态度，对子女数量、质量、性别的偏好，对生育年龄和间隔的期望，等等②③④。参照张进辅等对生育价值观的定义⑤，婚育价值观是个体对婚姻和生育各方面重要性的看法或认知评价的心理倾向性，它是衡量人们在婚姻和生育行为各方面的选择倾向的标准。

## 二、调查取样

本章调查取样要求同第三章。本章的取样由三部分构成：第一部分为开放式问卷调查；第二部分为初测问卷，用于探索性因子分析；第三部分为正式问卷，用于验证性因子分析。本章取样的民族构成见表6-1。

表6-1　本章三阶段取样的民族构成

| 项目 | 回族 | 藏族 | 苗族 | 彝族 | 壮族 | 布依族 | 侗族 | 白族 | 土家族 | 傣族 | 纳西族 | 其他 | 合计 | 有效问卷 |
|------|------|------|------|------|------|--------|------|------|--------|------|--------|------|------|----------|
| 开放式问卷 | | | | | 1 | | 20 | 15 | | | | 30 | 66 | 66 |
| 初测问卷 | 39 | 40 | 129 | 56 | 140 | 50 | 88 | 100 | 74 | 30 | 51 | 31 | 828 | 777 |
| 正式问卷 | 30 | 79 | 43 | 55 | 23 | 13 | 16 | 13 | 50 | 40 | 2 | 50 | 414 | 393 |
| 合计 | 69 | 119 | 172 | 111 | 164 | 63 | 124 | 128 | 124 | 70 | 53 | 111 | 1308 | 1236 |

① 潘光旦. 寻求中国人位育之道. 香港：国际文化出版公司, 1997.
② 穆光宗, 陈俊杰. 中国农民生育需求的层次结构. 人口研究, 1996, 20(3): 35-33.
③ 顾大男. 生育文化对生育行为的影响机制探讨. 西北人口, 1999, (2): 23-26.
④ 莫丽霞. 当前我国农村居民的生育意愿与性别偏好研究. 人口研究, 2005, (1): 62-68.
⑤ 张进辅, 童琪, 毕重增. 生育价值观的理论建构及问卷的初步编制. 心理学报, 2005, 37(5): 665-673.

### 三、开放式问卷

开放式问题包括：您家几个孩子？您的父母是否有过想要生男孩的想法？您的家族或者村寨是否可以允许与其他民族的人通婚？你觉得一个人结婚是因为什么原因？选择结婚对象你比较看重对方的什么品质？

对开放式问卷的结果做内容分析，大学生表示结婚更多考虑两个人的感情和现实的环境，而走访少数民族地区的被试表示家中一个男孩一个女孩挺好，并不想要太多的孩子，只有部分村民表示还是想有个男孩子可以立门户，访谈中从高增乡了解到，当地的村民只有四十岁以下者才会说汉语，老一辈人反对与其他民族的人通婚，但是到了他们这一代族际通婚已经不再受到阻拦，部分访谈对象结婚和生育的目的并不十分清晰，觉得到了时间，家里老人不反对就可以结婚了，结婚后生孩子很自然。这表明西南民族地区的婚育价值观处于变化过渡阶段，同时也是传统向现代的过渡过程，还是有部分民族地区的人民持有传统的婚育价值观，这是一个由传统价值观向现代价值观变迁传承的过程。

### 四、初测问卷的编制

将现有文献和通过访谈、开放式问卷收集到的资料进行分析整理后，形成西南少数民族婚育价值观初步的维度构想：①生育目的，主要包括传统生育目的、子嗣继承、对老人尽孝道、维系夫妻双方的感情；②生育手段，主要包括生育的方式的选择、时机的选择；③生育倾向性，主要包括对子女性别、数量的偏好，以及对孩子的培养教育；④婚姻目的，主要包括个人结婚的目的性，是因为社会环境或者父母之命；⑤婚姻手段，主要包括婚姻缔结的手段、结婚对象选择、结婚时机选择。⑥婚姻倾向性，主要包括对传统婚姻形式的认可程度，对离婚、再婚、婚外情等问题的看法，对结婚对象选择的标准，对族际通婚的认可程度。

根据西南少数民族婚育价值观的理论构想，并参照已有的相关文献及国内外的相关量表，同时征求有关专家的意见和建议，共编写出初测问卷的题项 33 个，其中设置了 2 对测谎题，以避免反应定势等的影响。所有题项采用随机排列方式，问卷的评定标尺为利克特自评式 5 点量表法，从"完全不同意""不太同意""难以确定""比较同意"到"完全同意"依次记为 1 分、2 分、3 分、4 分、5 分，得分越高表明该种价值取向越明显。

## 五、正式问卷的确定

本章以问卷题项的鉴别力与区分度为指标，通过计算各个题项的临界比率值，以及题项得分与问卷总分的相关系数进行项目分析。经过项目分析，剔除了 6 个题项（17.和谁结婚自己就可以做主；20.男人可以入赘上门；22.可以和其他民族的人通婚；23.一个孩子负担少，可以教育好；24.和他她结婚时要考虑人品；27.离婚没什么大不了的）。

Bartlett's 球形检验和 KMO 值的分析结果表明，本研究中的数据适合进行因子分析。选用主成分分析法来提取公因子，以求得初始因子负荷矩阵，再用方差极大法旋转求出旋转因子负荷矩阵。确定因子数目及题项的标准同第三章，最后确定了婚育习俗性、婚育自主性、生育目的性、婚育现实性 4 个因子（表 6-2），共解释总方差的 47.31%，在可以接受的范围之内。这样，经过探索性因子分析对问卷题项的筛选，另加上 2 对测谎题，确定了包括 24 个题项的西南少数民族婚育价值观问卷。

表 6-2 西南少数民族婚育价值观问卷因子分析结果

| 题项 | 因子负荷 | 共同度 |
|---|---|---|
| 因子 1：婚育习俗性（特征值 2.84，贡献率 14.21%） | | |
| 35. 结婚经父母或族长认可，可以不用登记 | 0.703 | 0.623 |
| 30. 一些神秘力量和仪式可以让女人怀孕 | 0.702 | 0.551 |
| 32. 生男生女顺其自然 | −0.692 | 0.493 |
| 34. 没有孩子的人家是不能参加祭祖等活动的 | 0.680 | 0.531 |
| 19. 寡居的人可以再婚 | −0.594 | 0.385 |
| 6. 没有男孩就不能传香火了 | 0.444 | 0.416 |
| 因子 2：婚育自主性（特征值 2.27，贡献率 11.34%） | | |
| 16. 同姓不能结婚 | 0.718 | 0.545 |
| 5. 和谁结婚必须要父母做主 | 0.584 | 0.491 |
| 9. 离婚是件很丢脸的事情 | 0.507 | 0.334 |
| 7. 可以在二十岁以前结婚 | 0.465 | 0.407 |
| 29. 孕妇不应该到别人家串门 | 0.388 | 0.347 |
| 33. 有人接生可以不用去医院 | 0.384 | 0.338 |
| 因子 3：生育目的性（特征值 2.18，贡献率 10.90%） | | |
| 28. 生孩子是为了养老 | 0.719 | 0.559 |
| 18. 生孩子是为了尽孝 | 0.636 | 0.551 |

续表

| 题项 | 因子负荷 | 共同度 |
|---|---|---|
| 36. 生孩子是为了维系夫妻双方的感情 | 0.631 | 0.475 |
| 3. 生孩子是为了有人传香火 | 0.588 | 0.539 |
| 因子4：婚育现实性（特征值 2.17，贡献率 10.86%） | | |
| 25. 和他（她）结婚时要考虑是否有钱 | 0.702 | 0.517 |
| 21. 生孩子要趁早 | 0.574 | 0.470 |
| 1. 想多生几个孩子 | 0.572 | 0.447 |
| 2. 结婚是迫于社会的压力 | 0.559 | 0.447 |

## 六、问卷的信度与效度检验

### （一）信度检验

统计检验结果表明，本章问卷各维度及问卷总体的内部一致性系数在 0.63～0.80，分半信度系数在 0.59～0.71。其中维度四的分半信度系数低于 0.60，可能与题项数目较少有关。总体来看，问卷的信度均在较好的可接受范围之内，表明该问卷作为西南少数民族婚育价值观的测量工具是比较稳定可信的。

### （二）效度检验

本章问卷的维度构想和题项编拟是基于理论文献综述、开放式问卷调查和个别访谈几方面综合考虑的结果，在问卷初测前后多次请心理学专家进行审查和修订，基本保证了问卷的维度和题项能够涵盖婚育价值观各方面的特征，并具有代表性，因此保证了该问卷具有较好的内容效度。

本章问卷各维度之间的相关在 0.41～0.55，相关适当，各维度与问卷总体之间的相关在 0.71～0.84，相关程度较高，这说明各维度之间有一定的独立性（虽不甚理想）且又能反映总问卷所要测查的内容，问卷的结构是合理的。

进一步通过验证性因子分析来确定模型与实际数据的拟合程度，以检验理论结构的正确性。选取的拟合指标同第三章。如表6-3和图6-1所示，模型拟合程度较好，说明西南少数民族婚育价值观问卷的四因子结构模型是可以接受的。

表6-3  模型的拟合指标

| $\chi^2/df$ | GFI | AGFI | CFI | RMSEA |
|---|---|---|---|---|
| 2.886 | 0.89 | 0.86 | 0.82 | 0.07 |

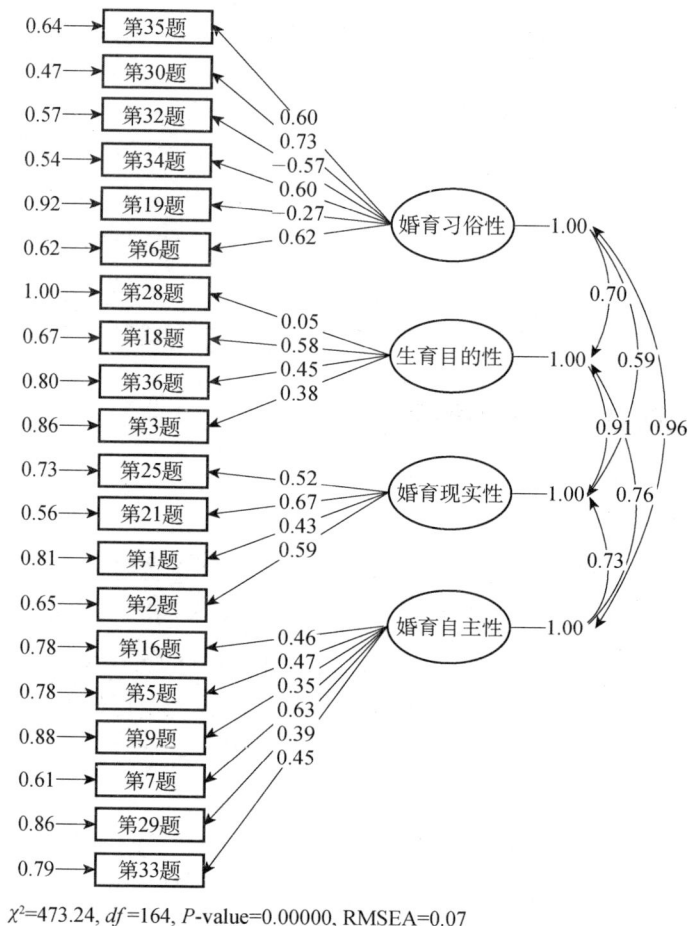

$\chi^2$=473.24, $df$=164, $P$-value=0.00000, RMSEA=0.07

图 6-1 验证性因子分析拟合图

## 第二节 西南少数民族婚育价值观的调查分析

### 一、西南少数民族婚育价值观的总体特征

本章研究结果表明，西南少数民族婚育价值观得分处在较高水平，各因子按重视程度依次为婚育习俗性（4.31±0.68）、婚育自主性（3.92±0.70）、婚育现实性（3.71±75）、生育目的性（3.51±0.87）。可见，西南少数民族的婚育价值观总体上呈

现出积极的趋势，其中受习俗的影响仍然相当强烈。

## 二、西南少数民族婚育价值观的人口统计学特点

根据本章需要，选取性别、民族、年龄、文化程度四个基本人口变量进行西南少数民族婚育价值观的多因子方差分析，主效应及交互效应分析结果见表 6-4。从中可见，性别在西南民族婚育价值观各个维度上的主效应都不显著，民族在四个维度上主效应均显著；年龄在所有维度上主效应均不显著，文化程度在所有维度上主效应均显著。性别和文化程度在婚育现实性维度上交互作用显著，民族和年龄在婚育现实性维度上交互作用显著，民族和文化程度在婚育自主性维度、婚育现实性维度上交互作用显著。

表 6-4　西南少数民族婚育价值观多因子方差分析结果（*F* 值）

| 人口变量 | 婚育习俗性 | 婚育自主性 | 生育目的性 | 婚育现实性 |
|---|---|---|---|---|
| 性别 | 0.279 | 0.001 | 0.038 | 0.033 |
| 民族 | 4.370*** | 5.257*** | 3.885*** | 2.454** |
| 年龄 | 1.317 | 1.826 | 0.716 | 0.569 |
| 文化程度 | 2.716* | 4.418** | 5.409*** | 3.296** |
| 性别×民族 | 0.832 | 0.891 | 1.292 | 0.562 |
| 性别×年龄 | 0.197 | 0.792 | 0.379 | 1.411 |
| 性别×文化程度 | 0.369 | 1.026 | 1.037 | 2.834* |
| 民族×年龄 | 1.147 | 1.457 | 1.122 | 1.965** |
| 民族×文化程度 | 1.125 | 1.602** | 1.128 | 1.379* |
| 年龄×文化程度 | 1.156 | 1.089 | 1.235 | 1.185 |

### （一）性别无差异的原因探讨

婚育价值观的研究向来被认为是女性的领域，相关问题具有一定的历史性和复杂性，男女两性的价值观的差异可以从多个角度、多个层次综合考虑，但同时这又具有一定的模糊性和相对性，如果没有男性和其他地区或者民族的女性作为参照，很难用量化的指标衡量两性之间的差异，特别是在女性在婚姻中变动的权利（结婚对象的选择、再婚的权利）、生育的权利（包括不因为没有生育子女或者没有生育男孩而受到歧视）等方面。因此，对少数民族婚育价值观的研究也不可避免地从两性差异的角度讨论，以及从女性自身的特点和变化来考虑。从问卷维度的得分情况来看，我们看到了此次西南少数民族婚育价值观调查中，性别在四

个维度上没有显著差异，这从一定程度上反映了女性自身素质的提高从而影响观念和价值观的变化，甚至可以说，男女两性性别差异的缩小，是西南少数民族婚育价值观现代化展现最充分的一面。

改革开放和市场经济的发展，必然对婚姻和生育的价值观产生深刻的影响，这表现在婚育价值观的多元化、婚姻家庭关系的开放化、婚姻目的和功能趋于现代化，以及人们对再婚和离婚的容纳和接受上。国外有研究发现，女性的劳动地位发生着巨大的变化，虽然政府制定的相关政策有利于女性地位的提高，但是女性仍是在有很多限制的情况下进行选择，男女两性地位的平等更有利于社会的完整性和平衡[①]。在社会环境开放、经济迅速发展的大环境下，西南少数民族的婚育价值观也必然发生改变，随之而来的是家庭结构的变化，进而夫妻关系在家庭关系中的地位上升，这种变化在问卷中也显现出来，反映了人们从重义务的婚育价值观到重爱情的现代化婚育价值观的转变。从对以往文献梳理的情况来看，男女两性总的趋势是向男女平等发展，但是从另一方面来说，即便是在同一民族地区，同一民族的不同村寨中还是会存在一定的差异。以贵州省从江县高增乡为例，我们在这次实地考察访谈的过程中了解到，当地男性和女性的地位和权利基本是平等的，但是仅在黎平村，女性的地位较低，且在家庭中要做所有的家务，同时还要承担生育等方面的压力。这种大环境下的极其特殊的地区差异，必将引起研究者的注意，需要得到进一步的关注及更为深入的研究。

## （二）族别差异分析

西南地区的大部分少数民族的婚育观念已经在发生着变化，晚婚晚育的观念正在逐步成型，平均初婚年龄有了明显增大，传统的"多子多福，后继有人"的观念在动摇，重男轻女的传宗接代的观念正在逐渐淡化，但是民族之间还存在着婚育观念转变不平衡的现象。有研究发现，新疆少数民族中，柯尔克孜族和维吾尔族的已婚妇女晚婚率偏低，而哈萨克族、回族、蒙古族已婚妇女的晚育率相当高[②]。由此可见，即便是同一地区的不同少数民族之间婚育价值观还是存在着一定的差异。

对于西南少数民族婚育价值观研究，不可回避的一个难点是，西南少数民族众多，如何严谨分析民族之间的差异成为研究的一个重点，通过民族之间差异的

① Spitze G, Loscocco K. Women's position in the household. The Quarterly Review of Economics and Finance, 1999, 39(5): 647-661.

② 孙湘萍，赵淑红. 关于新疆少数民族婚育观念变化的探析. 西北人口，2007, 28(4): 107-111.

比较，我们找到最具信息量的一个基点民族作为指向，通过对该民族婚育价值观的特点的了解，进而分析该民族与其他民族的差异，从而尽量较为客观地看到西南少数民族整体婚育价值观的特点。分析表明，这个信息量承载最大的基点是傣族，其在婚育价值观四个维度上的得分普遍低于此次调查所选择的其他民族。郭山和吕昭河通过对傣族地区婚姻生育行为的研究发现，首先，传统生育与现代生育不是理性与非理性的分野，傣族现今的生育观念与行为是一种具有较高内控理性的传统生育行为的历史延续，具有显著的传统理性基础；其次，生育行为的传统理性并非都是以"多生、男性偏好"来定义，传统价值观也有存在着生育行为的多样选择[①]。王北光等的研究发现，傣族女性有偶率较高，婚姻较为自由[②]。姚宗伟的研究结论再次印证，傣族的婚姻比较自由，结婚自由，离婚和再婚的比例较高，傣族妇女已经基本上实现了由多育向少育模式的转变[③]。基于以上调查和分析可以得出，傣族是一个个体意识很强的民族，家庭生活的富足，使得他们更多地关注自身，衣着和服饰对于傣族妇女而言很重要，保证这些，从一个侧面也强化了少生育的观念；在家庭内部，妇女的社会地位较高，在经济活动中和社会活动中具有与男子平等的地位和作用，婚姻平等自由，女性对于生育有着较大的自主权利；傣族家庭中没有重男轻女的思想，不会因为性别偏好而选择多生多育，同时傣族还是一个具有较强的尊老爱幼优良传统的民族，人们不会因为养老而有后顾之忧，不需要养儿防老。通过对傣族婚姻生育特点的分析，结合婚育价值观调查数据的结果可以得出，西南少数民族婚育价值观整体呈现出较为积极、开放的特征。

### （三）个体婚姻状况的影响

从现状调查的数据来看，少数民族婚育价值观的前三个维度上，未婚组被试和已婚组被试在得分上都存在显著差异，这说明个体的婚姻状况也是影响价值观形成和发展的重要因素，在少数民族社会中，婚姻生育仅仅是一种单纯的行为，也不是个人行为，而是一个家族的延续的象征，受这种"家本位"甚至"族本位"思想的影响，其要求家庭成员的行为举止、活动规范必须遵从整个家族的利益，每个人的活动代表的是家庭的活动而不是个人的活动。在这种思想的影响下，少数民族地区传统的多子多福、早生贵子等观念带来的不仅是经济的收益，更是一

① 郭山, 吕昭河. 傣族传统文化与生育行为现代化——以西双版纳傣族为例. 思想战线, 2007, 33(6): 82-87.
② 王北光, 李国经, 李伯华. 云南傣族妇女婚育状况调查初步分析. 中国人口科学, 1988, (2): 47-50.
③ 姚宗伟. 傣族妇女的婚育特点分析. 人口研究, 1992, (3): 47-52.

种精神上的福气。[①]所以从这个层面来说，未婚组更注重自我价值的实现和体现，而已婚组则更考虑现实生活的压力和面对整个家族的责任感，更多地表现出一种利他的奉献精神，更为现实。显然，婚育价值观发生在传承中的变迁，物质层面的变迁速度要比精神层面的变迁速度快很多。而未婚者相对已婚者对于家庭和婚姻的责任要轻很多，追求更多的自主。Waller 的研究认为，个体寄希望于结婚克服一些困难，如解决经济上的问题，很多个体都是寄希望于结婚来改善自身或者克服所处环境的困难[②]。Curran 等的研究也认为，个体从婚姻中获益良多，能够得到家庭的支持[③]。

家庭的变化是社会发展、转型最敏感的风向标，同时家庭的变化也是人们的价值观由传统向现代过渡变化的缩影，Balestrino 和 Ciardi 的研究认为，影响婚姻的主要因素是社会标准和个体标准之间的差异。家庭是提供社会保障最主要的资源，因此婚姻也是最符合社会标准的，人们甚至可以接受符合社会标准而非自己标准的配偶[④]。其联系是，现代的婚育价值观都是在传统的基础上变化而来的，终究会显现出传统的烙印；同时传统婚育价值观也是现代婚育价值观的基础。通过家庭显现的传统和现代价值观的变化不会有截然明显的时间断带，但是两者价值观的基础还是有一定区别的。

### （四）文化程度的影响

女性在婚育习俗的变迁中起着至关重要的作用，孩子在"早期社会化"的过程中主要由母亲来指导完成，孩子将来要成为被公众认可的社会成员，与母亲的早期教育有直接关系，一个民族的文化教育水平直接反映该民族的科学文化素质，而文化教育水平反过来又影响着该民族的生育观、生育方式，所以要特别重视女性人口文化素质的提高。Gündüz-Hoşgör 针对土耳其女性进行的研究发现，受过高等教育的女性，有独立的经济收入，较少依靠家庭，较少地受到家庭的牵制，同时这部分女性受到传统性别观念的影响也很小，子女数量少[⑤]。其实，许多研究表

---

① 侯阿冰, 张进辅. 民族价值观的心理学视角. 中央民族大学学报(哲学社会科学版), 2006, 33(5): 37-42.

② Waller K R. High hopes: Unwed parents' expectations about marriage. Children and Youth Services Review, 2001, 23: 457-484.

③ Curran S R, McLanahan S, Knab J. Does remarriage expand perceptions of kinship support among the elderly? Social Science Research, 2003, 32: 171-190.

④ Balestrino A, Ciardi C. Social norms, cognitive dissonance and the timing of marriage. The Journal of Socio-Economics, 2008, 37: 2399-2410.

⑤ Gündüz-Hoşgör A, Smits J. Variation in labor market participation of married women in Turkey. Women's Studies International, 2008, 31: 104-117.

明，教育具有抑制人口过快增长的功能。国内有研究证实，妇女接受初中程度的教育是这一功能得以发挥的关键点，并因此认为普及九年义务教育能很好地控制人口过快增长[①]。

本章研究结果中，不同受教育程度的群众在婚育价值观的维度上存在显著的差异，这说明受教育程度影响着少数民族群众的婚育价值观，价值观是与教育相结合的社会化的过程，一般的意义认为，受教育程度越高，越容易接纳和学习新事物，也越容易持有较为自主的观念和更为开放的价值观，但是本次数据的调查结果显示，最值得关注的是，研究生及以上学历的被试相对于本科学历的被试来说，在四个维度上持有更为保守和传统的价值观，相对于本科生来说，研究生是一个相对特殊的学历群体，部分研究生是已经有婚姻和孩子的人，而另一部分没有结婚的研究生已经迫近大龄青年的边缘，相对于本科生，他们承担着更多的来自家庭和社会的压力，不仅要对自己负责，还要面对家庭，承担对老人的赡养、孩子的抚养责任，解决自身的结婚生育问题，因此这部分高学历的被试并不是简单地呈现随着学历的增高而观念更为开放的规律，而是观念更为现实。随着受教育程度的提高，被调查的个体不仅仅表现为独立解决问题的能力增强，对未来的期望值提高，也表现为随着个体从业、社会生活关系网更为复杂，社会竞争加剧，人际流动增多，他们更懂得对于家庭和社会的责任，并持有相对于本科生来说更为传统的婚育价值观。

### （五）职业身份的影响

分析发现，本章研究中职业身份为农民和打工者的被试，在婚育价值观四个维度上的得分普遍较低，除了在维度三"生育目的性"上的得分没有高于 3 分，在其他三个维度上的均分还是高于 3 分。这表明，职业身份为农民和打工者的被试，在生育目的上还持有较为传统的价值观。社会转型发展时期，二者在生育目的上的传统性，不能简单地归为落后。二者受到传统农耕文化的影响，即使是在当今社会，拥有较为现代的价值观的个体，也不可能消除传统文化在每个人身上的印记。在西南少数民族农村地区，其整体的经济发展与城镇有一定的差异，加上地形地貌的特征，导致一家一户为生产经营单位的自给自足的自然经济的不可避免的封闭落后性，因此体现在婚育价值观中的相对落后是不可避免的，也可以说，这一现象的存在是农村经济发展水平和模式的必然产物，并不能简单地归结

---

① 严梅福, 张宗周. 教育导致妇女生育率下降的起点程度和心理原因新探. 湖北大学学报(哲学社会科学版), 1996, (4): 81-85.

为被试的职业身份。

## 三、关于族际通婚

从项目分析看被剔除的没有鉴别力的题目，其中"可以和其他民族通婚"一题因为被普遍认可而被剔除值得讨论。西南地区少数民族众多，西南绝大部分陆地边境和一半沿海边境是少数民族聚居区，正是这种"大杂居，小聚居"的多民族的分布格局，使得各民族之间的相互渗透和融合一直没有间断，随着部分民族自治区的建立，一方面加强了边远地区和核心地区的政治、经济和文化的联系；另一方面也促进了各族群之间的交往，弱化了历史、地理、语言、宗教等因素带来的民族之间的差异，一般来说只有当两个民族的群体的大多数成员在政治、经济、文化、宗教和风俗习惯等各方面达到一致或者一定程度的和谐，族际通婚才可能十分普遍且得到民族地区人民的认可，从这个角度看，只有民族关系融洽和谐才可以带来族际通婚，而族际通婚进一步带来通婚后家庭之间的相互来往，反过来又增进民族之间的交往和友谊，因而成为促进民族关系融洽的原因，所以普遍的族际通婚，以及对于族际通婚的认可是深层次反映民族关系融洽和深层次融合的一个重要方面。有研究表明，历经了民主改革和改革开放两次变革后的凉山彝族自治州的彝族，从旧有的奴隶制度的封闭性到改革开放经济发展的如今，反映到婚姻价值观变化，显著的就是从族内婚姻到对于族际通婚的认可。第五次人口普查统计数据显示，彝族的族际通婚率为 19% 以上，在全国 55 个少数民族中已排在第 37 位[1]。

目前，中国各族群之间的通婚的整体程度高于 20 世纪 70 年代的苏联，更是远远高于同时期的美国[2]。Bratter 和 Zuberi 在统计分析了几十年的资料后认为，族际之间简单的接触并不能增加族际婚姻，以美国的黑人和当地的印第安人表现出多样的婚姻结合为例，族际通婚反映了深层次的族群之间的相互认可和最小化族群的差异[3]。Fu 对夏威夷长达 14 年的研究发现，当地婚姻关系呈现更多的是夫妻双方拥有相同的社会地位，而不是相同的民族[4]。Harris 和 Ono 认为，在今天

---

① 张朴，李豫浔. 从"民族内婚"到"族际通婚"的突破——关于凉山彝族族际通婚的探讨. 贵州民族研究, 2007, 22(1): 94-98.

② 郭志刚，李睿. 从人口普查数据看族际通婚夫妇的婚龄、生育数及其子女的民族选择. 社会学研究, 2008, (5): 89-96.

③ Bratter J, Zuberi T. The demography of difference: Shifting trends of racial diversity and interracial marriage 1960-1990. Race & Society, 2001, 14(4): 133-148.

④ Fu X N. Impact of socioeconomic status on inter-racial mate selection and divorce. The Social Science Journal, 2006, 43: 239-258.

的美国社会，族际通婚已经成为一种被普遍认可的婚姻①。比较国外同期的一些研究②③④，西南少数民族地区对族际通婚的认可程度更高，这已然反映出西南少数民族地区民族关系融洽。事实上，在本章的调查中，约有 60%被试的父母不是同一个民族。

此外，国家的政策也有利于支持族际通婚，我国目前的民族政策和少数民族优惠政策对于族际婚姻中的子女选择民族身份有相当强的诱导性。中华人民共和国成立后我国实行民族平等政策，进行少数民族的民族身份识别工作，实行民族区域自治，鼓励少数民族保留和发展本民族的文化和宗教习俗。具体到族际婚姻中的子女民族选择问题上，这些子女尤其是少数民族聚集区的子女能更好地继承和学习其少数民族父母的民族文化和习俗，从而更倾向于选择少数民族。少数民族优惠政策同时给少数民族身份提供了一种"社会资本"，社会成员可以通过这种政策优惠为本人或他人谋利，也可提升自身的社会经济地位。⑤

如今的西南少数民族地区，农耕已经不再是维持生计的唯一手段，随着经济特别是旅游业的发展，各种信息大量涌入，人们的观念开始转变，逐步摆脱那种靠山吃山、靠海吃海的生活局面，在这种形势下达成社会结构的交融和文化的交融，也包括族际婚姻越来越普遍。

## 第三节　西南少数民族婚育观的价值传承

传承性和变迁性是少数民族文化的最基本和最突出的特征，而婚育价值观是整个婚育文化的核心，也依附于整个文化系统的发展与演进，其形成和维系也都

---

① Harris D R, Ono H. How many interracial marriages would there be if all groups were of equal size in all places? A new look at national estimates of interracial marriage. Social Science Research, 2005, 34(1): 236-251.

② Qian Z C, Lichter D T. Measuring marital assimilation: Intermarriage among natives and immigrants. Social Science Research, 2001, 30: 289-312.

③ Bratter J L, Eschbach K. "What about the couple?" Interracial marriage and psychological distress. Social Science Research, 2006, 35(2): 435-453.

④ Wang H, Kao G, Joyner K. Stability of interracial and intraracial romantic relationships among adolescents. Social Science Research, 2006, 35(2): 435-453.

⑤ 郭志刚, 李睿. 从人口普查数据看族际通婚夫妇的婚龄、生育数及其子女的民族选择. 社会学研究, 2008, (5): 89-96.

有其特定的经济、政治、文化基础，在这个过程中也可以看到婚育价值观传承过程中的一些规律。

第一，传承方向由单向向双向变化。传统的婚育价值观的传承方向包括：①延续型，指孩子承接前辈的价值观；②延展型，指年长者接受孩子们的价值观，而自我并不具备这种价值观；③相互型，指个体接受自己的同辈的价值观。在延续型的价值观的传承中，孩子的价值观是承接长辈并进行内化的过程，这种价值观的传承是保守的、抵制变化的。而如今现有可以查到的文献和调查的数据显示，西南少数民族地区婚育价值观上并没有明显的年龄的差异，年轻人将自己的价值观传递给自己的前辈，这也表明价值观传承的方向由单一向双向的变化。

第二，强化和弱化并存。有些婚育价值观在传承过程中伴随着原有文化的弱化而发生传承中的弱化，另一些价值观伴随着婚育文化的强化而得到强化。历史上，侗族社会有行歌坐夜、以歌为媒的婚姻观念，但是如今歌技的好坏已经不是择偶时需要考虑的，转而成为侗族地区一种文化的标志①；而相应地这种价值观也呈现出弱化的趋势。伴随大歌成为侗族人们文化的骄傲，成为一种符号，一种对于本民族文化的认同的标志，伴随文化的价值观也显现出不可避免的弱化的态势，这种价值观是传承中不可避免的，同时也是一种带有时代特色的、动态的价值观传承。

第三，传统与现代的互动结合。婚育行为在国家政策和生产发展的大环境下，由先前的无节制早婚多育逐渐向有节制的、有选择的优生优育、追求较高生活质量转变，传统婚育观念中不合时宜的、不符合现代社会生活的价值观在逐渐消失，进行过选择、转化与重新解释后，以一种符合时代特征的价值观体现在人们的婚育行为中，这是一种新旧价值观之间的相互协调替代，但是传统价值观中积极的部分仍能够保持原有的生命力，在传承中恒定并继续弘扬。

第四，一致性和个性化并存。西南少数民族多民族的地域格局中，各民族都有强烈的民族意识，传统的婚育价值观追求夫妻之间的一致性，但是婚育价值观在一定时期内呈现一定的稳定性，因而保持它个性化的一面，所以婚育价值观呈现出一致性和个性化并存的传承格局。随着市场经济的发展和完善，大量的外来人员和外来信息的涌入，少数民族的生活方式将会越来越具有现代社会生活方式的特点，呈现出整体发展趋势的一致性，另外，西南少数民族地区生态环境多样，不同民族有各自的生活空间和生存环境，其婚育价值观在大环境一致性的前提下，

---

① 秦秀强. 侗族恋爱习俗中婚姻史的轨迹. 中南民族大学学报(哲学社会科学版), 1992, (2): 39-41.

仍具有各自的特点，且以家庭为单位生活空间，婚姻和生育更多是个体的私事，所以少数民族的婚育价值观传承中呈现一致性与个性化并存的局面。

第五，从非理性到理性的嬗变。一些少数民族中源于少数民族祖先在结婚生育中敬畏非自然的力量，限于当时科学解释的能力，而保有一定的落后的非理性的价值观，包括婚姻生育过程中带有宗教迷信色彩的禁忌和习俗。随着科学解释能力的发展和整个社会经济的发展，人们的认识能力提高，逐渐在理性地对待婚育问题，在择优的婚育价值观传承的氛围下，原有的非理性的价值观逐步退出历史舞台。

第六，婚育价值观传承中见变迁，稳定中见变化。传统的价值观是基于一定社会背景和文化根基的完整的一体，具有相应时代的合理性，而无论是由内部的发展所引起的还是由外部环境的改变所引起的，传承中的变迁都是不可避免的趋势。人们对于婚姻生育所持有的价值观，是经过抽象、提炼、生活化等形成的相对稳定的具有民族时代特征和民族特色的价值观，民族地区的开放和发展对于这种稳定的传承必然产生一定的冲击，冲击下的变迁是不可避免的。

# 第七章

# 西南少数民族的教育价值观及其传承

民族教育是一个民族的经济发展和文化发展的标志与反映，并预示着该民族未来发展的可能性。传统上，西南少数民族对教育的重视相对欠缺，研究西南少数民族的教育价值观，并对现阶段西南民族教育过程中所面临的一些问题进行探讨，将有利于改变这种局面。

## 第一节 西南少数民族教育价值观问卷编制

### 一、教育价值观界定

教育价值观是和教育理论与教育实践活动相伴相随的，一直是理论界尤其是教育学界与哲学界研究的重要课题。截止到现在我国理论界对教育价值观问题进行了多角度、多层次的研究。孙喜亭在《教育研究》发表的《关于教育价值观的研讨》一文，是改革开放以来专门研究教育价值观问题的首篇文章[①]。此后，相关著述陆续出现，并反映在教育哲学、教育原理、教育社会学、课程论、心理学等多学科中。目前关于教育价值观的界定列举如下。王坤庆指出，教育价值观就

---

① 孙喜亭. 关于教育价值观的研讨. 教育研究, 1987, 9(3): 10.

是指人们对教育的价值关系的认识和评价，以及在此基础上所确定的行为取向标准[1]。王汉澜和马平认为，教育价值观是人们对教育价值的看法，即对教育价值的认识、态度、判断、评价等的总称[2]。马凤岐认为，教育价值观是人们关于教育实践的作用、意义，亦即关于教育实践的价值的总观点、总看法[3]。王卫东认为，教育价值观是指教育价值关系在人的意识中的反映，是对教育价值的主观判断、情感体验和意志保证及其意志综合；它实际是人们对教育与人的自身需要的关系的认识[4]。王怀宇认为，教育价值观是人对于教育活动满足自身生存需要的判断在其观念上的反映，它是关于教育问题的最基本的观点，它决定了人们对教育目的的认识、对教育方针的制定、对教育功能的选择和对教育活动的评价[5]。赵玉芳和毕重增强调了从心理学的角度研究教育价值观的重要性和独特性，认为教育价值观的主体有社会、学校和个体三个层次，三个主体相互影响，但各自的影响力和对其他主体的影响方向是不一样的[6]。王冀平认为，教育价值观是人们对于教育实践和教育关系的根本看法，是指导、支配和评价教育行为和教育功效的核心理念[7]。

综上所述，教育价值观是在一定社会历史条件下的主体以自己的需要为基础而形成的对教育价值的认识、判断、评价等的观念系统，是人们对教育功能的认识、对教育的需求、对教育的态度及接受教育的目的等教育行为倾向的综合表征。它是具有情感的，对人们的行为具有导向或调节作用。本章中的教育既包括以少数民族文化为内容的少数民族传统文化传承教育，又包括以现代主流文化为内容的学校教育。

## 二、调查取样

本章调查取样要求同第三章。第一部分为初测问卷，用于探索性因子分析，第二部分为正式问卷，用于验证性因子分析。本章取样的民族构成见表7-1。

---

① 王坤庆. 现代教育价值论探寻. 长沙：湖南教育出版社, 1990.

② 王汉澜, 马平. 浅谈教育的价值. 华东师范大学学报(教育科学版), 1991, (3): 23-24.

③ 马凤岐. 教育价值的理论问题. 北京师范大学学报, 1994, (6): 35-37.

④ 王卫东. 关于教育价值问题的讨论. 教育研究, 1996, (4): 72-73.

⑤ 王怀宇. 生态价值观的兴起与教育的使命——对教育价值观的反思. 当代教育科学, 2003, (9): 16-17.

⑥ 赵玉芳, 毕重增. 教育价值观的心理学思考. 西南师范大学学报(人文社会科学版), 2004, 30(2): 45-48.

⑦ 王冀平. 教育价值观的若干问题. 中共中央党校学报, 2005, 9(3): 122-127.

表 7-1 本章两阶段取样的民族构成

| 项目 | 回族 | 藏族 | 苗族 | 彝族 | 壮族 | 布依族 | 侗族 | 土家族 | 其他 | 合计 |
|------|------|------|------|------|------|--------|------|--------|------|------|
| 初测问卷 | 29 | 22 | 127 | 67 | 126 | 34 | 76 | 18 | 105 | 604 |
| 正式问卷 | 20 | 71 | 40 | 42 | 31 | 12 | 16 | 33 | 126 | 391 |
| 合计 | 49 | 93 | 167 | 109 | 157 | 46 | 92 | 51 | 231 | 995 |

## 三、开放式问卷

自编的一份开放式调查问卷，由 3 个开放式问题组成：①您对现在的教育有什么样的评价？②您对教育有什么样的期望？③当前的就业形势很严峻，很多大学生找不到理想的工作导致有些人产生了"读书没有用"的想法。关于这种现象您是怎么看待的？本问卷主要考察少数民族群众对教育的看法、对教育的期望，以及对当前教育政策的态度和评价等方面。采用入户调查，主要是以访谈的形式进行，调查取样主要来自贵州和云南两地，涉及民族主要包括侗族、苗族、白族等，共有 48 名人员，年龄在 13～57 岁，职业范围包括农民、教师、学生、退休人员、公务员、个体经营者等。

根据回收到的开放式调查问卷的结果，并结合对 15 名少数民族人员进行深入访谈，结果表明：在对教育的看法上，少数民族群众大多数认为教育能让子女成为有用的人，通过接受教育能提高谋生能力；在对教育的期望上，他们期望教育能够与实际生活生产相结合，使教育具有产业的价值，并且期望在学校教育课程内容中能包含本民族的传统课程，使民族文化得以传承和发展；在对当前教育政策的态度和评价上，少数民族群众持一种积极的评价。

## 四、初测问卷的编制

根据开放式调查问卷的内容分析结果，并参照已有的相关文献，同时通过有关专家的审核和修订，最后形成了包含 27 个条目的初测问卷，其中包含 2 对测谎题，用于剔除废卷。同时为了克服施测时被调查者反应定势的影响，问卷中设置了 9 道反向记分题，在统计计分时做相应的分数转换。问卷中所有题项随机排列，问卷采用利克特自评式 5 点量表法，从"完全不同意""不太同意""难以确定""比较同意"到"完全同意"依次记为 1 分、2 分、3 分、4 分、5 分，得分越高表明该种价值取向越明显。

## 五、正式问卷的确定

以问卷题项的鉴别力与区分度为指标，通过计算各个题项的临界比率值，以及题项得分与问卷总分的相关系数进行项目分析。经过项目分析，全部题项符合要求，未予删除。

检验结果表明，KMO 的检验值为 0.810，说明样本大小适合进行因子分析；Bartlett's 球形检验的卡方系数为 2425.191，显著性水平为 0.000，说明变量间存在相关，有共享因子的可能，适宜进行因子分析。用主成分分析法抽取公因子，求得初始负荷矩阵，再用方差极大法旋转求出旋转因子负荷矩阵。确定因子数目及题项的标准同第三章，最后确定了教育效用、家族荣誉、个人发展、光大民族 4 个因子（表 7-2），共解释总方差的 52.66%，在可接受的范围内。这样，经过探索性因子分析对问卷题项的筛选，另加上 2 对测谎题，得到包含 21 个题项的西南少数民族教育价值观正式问卷。

### 表7-2 西南少数民族教育价值观问卷因子分析结果

| 题项 | 共同度 | 因子负荷 |
| --- | --- | --- |
| 因子 1：教育效用（特征值 2.89，贡献率 16.97%） | | |
| 10. 上大学不如趁早出去打工、做生意赚钱 | 0.561 | 0.728 |
| 15. 送孩子去学校读书会丢掉本民族的传统文化 | 0.512 | 0.690 |
| 16. 上大学还不如上技校学门技术有用 | 0.465 | 0.680 |
| 4. 上学能识字、会算数就行了，用不着上大学 | 0.497 | 0.674 |
| 20. 女孩子读书多了没用，反正是要嫁人的 | 0.509 | 0.662 |
| 18. 没有文化照样可以生活得很好 | 0.368 | 0.550 |
| 因子 2：家族荣誉（特征值 2.45，贡献率 14.41%） | | |
| 1. 孩子上学是为了给家人争光 | 0.687 | 0.810 |
| 23. 孩子上学是为了给族人争光 | 0.641 | 0.770 |
| 7. 孩子上学是为了光宗耀祖 | 0.623 | 0.754 |
| 27. 家里出了大学生，会受到族人的尊敬 | 0.357 | 0.458 |
| 因子 3：个人发展（特征值 1.94，贡献率 11.39%） | | |
| 2. 读书能改变命运 | 0.586 | 0.721 |
| 6. 读书能够致富 | 0.514 | 0.698 |
| 19. 孩子上学是为了以后生活得好一些 | 0.489 | 0.576 |
| 13. 孩子上学是为了有份好工作 | 0.485 | 0.505 |
| 因子 4：光大民族（特征值 1.68，贡献率 9.89%） | | |
| 9. 学习民族歌舞、技艺等对民族的发展很重要 | 0.588 | 0.739 |

续表

| 题项 | 共同度 | 因子负荷 |
|---|---|---|
| 24. 作为民族的一员应该要学会本民族的歌舞、技艺等 | 0.536 | 0.699 |
| 5. 学习民族歌舞、技艺等是为了发扬光大民族文化 | 0.535 | 0.696 |

注：10、15、16、4、20、18 为反向题

## 六、问卷的信效度检验

### （一）信度检验

统计检验结果表明，本章问卷各维度及问卷总体的内部一致性系数在 0.59～0.76，分半信度系数在 0.51～0.79。其中光大民族维度的分半信度系数低于 0.60，可能与题项数目较少有关。总体来看，问卷的信度均在较好的可接受范围之内，表明该问卷作为西南少数民族教育价值观的测量工具是比较稳定可信的。

### （二）效度检验

本章问卷的维度构想和题项编拟是基于理论文献综述、开放式问卷调查和个别访谈几方面综合考虑的结果，在问卷初测前后多次请专家进行审查和修订，基本保证了问卷的维度和题项能够涵盖西南少数民族教育价值观各方面的特征，并具有代表性，因而问卷具有较好的内容效度。

本章问卷各维度与问卷总分的相关在 0.51～0.76，有中等程度的相关；各维度之间的相关均在 0.23～0.37，相关适中。这说明各维度之间有一定的独立性且又能反映总问卷所要测查的内容，问卷的结构是合理的。

进一步通过验证性因子分析来确定模型与实际数据的拟合程度，以检验理论结构的正确性。选取的拟合指标同第三章。如表 7-3 和图 7-1 所示，模型拟合程度较好，说明西南少数民族教育价值观问卷的四因子结构模型是可以接受的。

表 7-3　模型的拟合指标

| $\chi^2/df$ | CFI | AGFI | GFI | RMSEA | NFI | PGFI |
|---|---|---|---|---|---|---|
| 3.117 | 0.90 | 0.87 | 0.83 | 0.08 | 0.77 | 0.70 |

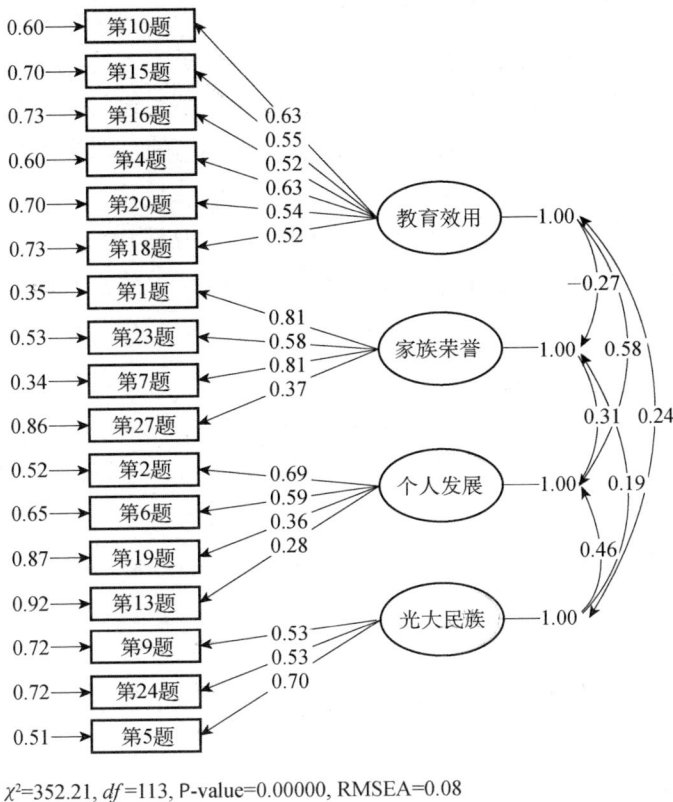

$\chi^2=352.21$, $df=113$, P-value$=0.00000$, RMSEA$=0.08$

图7-1　验证性因子分析拟合图

## 第二节　西南少数民族教育价值观的调查分析

### 一、西南少数民族教育价值观的总体特征

本章研究结果表明，西南少数民族教育价值观上的得分总体上处于中等偏高的水平（3.67±0.46），各维度按重视程度依次为教育效用（3.95±0.70）、光大民族（3.88±0.78）、个人发展（3.86±0.69）、家族荣誉（2.91±0.89）。这表明虽然西南地区少数民族教育整体落后于发达地区，但是人们对教育的价值还是有一定的正向认识的。其中，在教育效用维度上的得分最高，表明西南少数民族对教育的认知

是正确的，认为接受教育是重要的，"读书无用论""上大学不如上技校学门技术有用"的思想并没有普遍存在于人们的观念中。有研究者对四川省阿坝藏族羌族自治州若尔盖县唐克乡藏族牧民家长的调查发现，虽然他们对教育没有多大的期待，同时也认为读书回去以后劳动能力不及没有读书的，但是他们还是认同教育对于下一代适应现代的社会交往有帮助[①]。其次是光大民族维度，即对民族传统技艺的学习持肯定和积极的态度，认为作为本民族的一员应该要学会本民族的歌舞、技艺等，能够认识到学习民族歌舞和技艺对于民族文化的发展和推广有很重要的意义。个人发展维度的平均分大于家族荣誉维度的平均分，说明在西南少数民族的教育价值体系中，相对而言，人们认为教育对个人的生存和发展的重要性要高于教育为家人或族人争光、带来荣誉等外化的形式上的重要性，他们首先考虑的是教育对于自我发展，对于以后的工作、生活的价值。这种结果表明了比起教育尤其是高等教育给家人或族人带来荣誉等这种无形的精神上的满足，少数民族群众更看重教育能为自己的生活、前途带来更实际、更具体的改变，他们求知、求学时更多地是为了提高自己、发展自己，这显示了某种理性的价值选择倾向。

## 二、西南少数民族教育价值观的人口统计学特点

根据本章的需要，选取性别、民族、年龄、文化程度四个基本人口变量进行西南少数民族教育价值观的多因子方差分析，主效应及交互效应分析结果见表 7-4。从中可见，在主效应上，民族在教育效用、光大民族维度和总问卷上主效应显著。文化程度在教育效用和家族荣誉维度上主效应显著。性别和年龄在教育价值观总问卷及其各个维度上的主效应都不显著。在交互作用上，性别和文化程度在教育效用维度上交互作用显著；年龄和文化程度在教育效用和个人发展维度上交互作用显著；民族和文化程度在个人发展维度上有显著的交互作用。

表 7-4　西南少数民族教育价值观多因子方差分析结果（$F$ 值）

| 人口变量 | 教育效用 | 家族荣誉 | 个人发展 | 光大民族 | 总问卷 |
|---|---|---|---|---|---|
| 性别 | 2.193 | 0.934 | 0.325 | 3.531 | 1.294 |
| 年龄 | 0.447 | 0.512 | 0.307 | 0.664 | 0.491 |
| 民族 | 3.090** | 1.078 | 3.210 | 2.441* | 3.539*** |
| 文化程度 | 2.290* | 5.167*** | 1.374 | 0.355 | 0.763 |
| 性别×年龄 | 1.336 | 0.424 | 1.290 | 1.541 | 0.400 |

---

① 卢德生. 关于四川省若尔盖县唐克乡牧民家长教育观念的调查分析及建议. 西南教育论坛, 2004, (1): 35-43.

| 人口变量 | 教育效用 | 家族荣誉 | 个人发展 | 光大民族 | 总问卷 |
|---|---|---|---|---|---|
| 性别×民族 | 0.820 | 1.871 | 0.706 | 0.742 | 0.692 |
| 性别×文化程度 | 3.172** | 1.197 | 0.740 | 0.931 | 1.701 |
| 年龄×民族 | 0.642 | 0.948 | 0.885 | 0.683 | 0.788 |
| 年龄×文化程度 | 1.784* | 1.042 | 1.806* | 1.229 | 1.412 |
| 民族×文化程度 | 0.992 | 1.323 | 1.536* | 1.020 | 1.351 |

## （一）性别差异分析

本章的结果显示，性别在我国西南民族地区少数民族群众的教育价值观上没有显著差异，但其中还受其他变量如文化程度的影响。在教育效用维度上，性别差异主要表现在初中文化水平和本科文化水平这两个不同文化程度上。总的看来，这两个性别差异都是女生的评分高于男生。女生比男生对读书、接受教育有更深刻的认知。在现代社会中，男女平等早就不是理想，但是不可否认的是在一些经济发展较落后的地区，仍然存在着"女孩读书无用论""男孩比女孩读书有用"的迂腐观念。在我们做实地考察过程中也了解到在一些比较贫困的地区，大多数女孩子只接受完义务教育后就不再继续读书了，大都是选择外出打工，然后等到适当年龄相亲结婚的人生道路。在初中文化水平上的女性，在受到一定的教育后，与可以继续上学读书的男生相比，对读书的用处有更深刻的理解，因而会出现在教育效用维度上比男生的评分要高的情况。接受大学本科教育的女生在教育效用维度上的评分高于男生，原因可能是随着学历的提高，接受教育给她们的生活、观念带来的转变，再加上和自己同龄但是没有受到高等教育的女性相比，自己的工作、生活与之存在质的差异，使她们肯定了读书有用的认知。已有研究也得出了与本章相似的结论，如对藏族学生教育需求的研究发现，女生对升学的兴趣比男生高，比男生更看重教育的重要性[1]；对大学生知识价值观的调查发现，女生比男生更加注重知识的社会价值和对个体自我发展的价值[2]。

性别在这两个文化水平上表现出显著的差异，也揭露了在少数民族地区教育中男女受教育不均等的现状。造成这种现象的原因主要是家庭中不平等的受教育观念。由于生产方式的长期固定，以及社会的相对封闭，家庭中一些落后的观念对男生和女生的均等受教育权造成了影响，一旦家庭无力供养子女上学，迫使子女中途退学时，女生往往是第一批"牺牲品"，比男生更容易被剥夺受教育的权利。

① 邓春雪. 倾听与理解：藏族学生教育需求. 西南师范大学硕士学位论文, 2003.

② 王萍, 张宽裕. 大学生知识价值观的实证研究. 心理学探新, 2006, (3): 58-64.

有研究发现，贵州苗族女童长期、普遍存在着入学率低、升学率低、辍学率高、文盲率高的教育现象①。因此，女生相对于男生而言，更珍惜受教育的机会，对教育效用的评价由于其受教育权利时刻面临着被剥夺的可能而持肯定的态度。

### （二）年龄差异分析

本章研究结果表明，西南少数民族教育价值观总体及各个维度上，没有表现出显著的年龄差异，这与预想的研究结果有些差距，这可能是由于样本量不够充分，加之各年龄人数不够均衡，造成年龄效应不够显著。也可能像性别因素一样，受到其他变量如文化背景、受教育程度等的影响，没有体现出显著的年龄差异。

从教育价值观总体来看，中年人得分最高，其他几个年龄组得分相差不大，处于一般平均水平。青少年时期，是他们接受教育、在学校读书的阶段，还没有真正接触到社会，没有直观地受到教育对自己以后生活、工作的直接影响，因而他们对教育的重要性还没有很清晰的认知。壮年时期是热血沸腾的年龄段，凭着一股热情、抱有"行行出状元"的观念，认为就算没有接受教育或者没有很高的学历，仍然可以有一番成就。在实地考察中，也接触到不少怀有这种思想的青壮年人，他们认为现在大学不再实行包分配制度，有些大学毕业生工作后的年收入还不如中学毕业外出打工、做生意的多。随着年龄的增长，个人在价值观上越发表现出现实性倾向，表现在教育价值观上则是更看重教育对实际生活的改变作用。在一些民族方面的文献中也可以了解到，在一些出现外出打工热潮的地区，人们不再把读书作为唯一改变命运的途径，有些还认为上大学还不如趁早外出打工挣钱更实际一些。老年组对教育价值观的评价不是很高，最大的原因是样本量的不足。由于过去少数民族地区大都贫困、落后，经济发展水平整体都比较低下，人们尤其是现在的老年人大都没有受到学校教育。在我们实地考察的地区，几乎所有的老年人都不会讲普通话，他们能听懂普通话，但是不能用普通话与人交流。因此，在我们后续的问卷调查中没有考虑到对老年组做有针对性的调查，只是对仅有的一小部分有文化的老年人做了调查，出现了取样的偏差。还有一部分原因是现代的教育体制、分配体制的变革，上大学不再意味着一定会拥有高官厚禄、飞黄腾达，这种时代文化的变迁，对老一代尤其是深受"学而优则仕"的教育价值观念影响的老年组的价值观念有很大的冲击，也会造成他们对教育的价值持有怀疑的态度。中年组在教育价值观总体上的得分在所有年龄组中最高的原因是，

---

① 翁泽红. 贵州苗族聚居区苗族女童教育普及现状及研究状况. 贵州民族大学学报(哲学社会科学版), 2006, (3): 113-117.

中年时期是人生"四十而不惑"的时期，由于人生阅历丰富，经过了热血沸腾的青壮年时期，亲身经历了社会对不同文化水平的人群的差别对待，对教育的价值有了更深刻、更全面的认识，对接受教育及教育的价值持有积极的态度倾向。

### （三）族别差异分析

本章研究结果表明，各个民族在教育价值观上的总均分，回族的得分最高，壮族、土家族、布依族、侗族和藏族得分相差不大，苗族和彝族相对得分较低。事后比较表明，回族要显著高于壮族、苗族、彝族、布依族、土家族和其他民族；而苗族显著低于藏族和侗族；彝族也显著低于藏族、侗族和其他民族。结果说明，在这几个民族之间比较，回族对教育的重视度、在对教育价值的认识和评价上要高于其他民族。而相对而言，苗族和彝族对教育的重视度要在整体上低于其他民族。因涉及的民族族别较多，在此拟主要讨论回族和苗族这两个与其他民族差异比较显著的民族。

回族是目前中国分布最广的少数民族，也是人口较多的民族之一。回族在长期历史进程中吸收了汉族、蒙古族、维吾尔族等的生活习俗。汉语为回族的通用语言，在日常交往及宗教活动中，回族保留了大量阿拉伯语和波斯语的词汇。回族尊重知识、重视教育，有着许多比较先进的教育观念，如义务教育观、终身教育观、广泛教育观。他们不仅学习伊斯兰文化知识，而且顺应时代的要求，努力学习中国汉文化和其他各少数民族文化，在与东、西方各国的政治、经济、文化、宗教的交流过程中，不断吸取养分而形成自己独特的民族文化。[①]回族在长期教育实践的过程中逐渐认识到培养人才对于传播回族文化的意义，所以十分重视兴办教育、发展教育。回族教育最早可以追溯到唐宋时期穆斯林家庭自发的宗教教育。到了明代中期，回族开创了中世纪阿拉伯国家的清真寺传统教育与中国传统的私塾教育形式相结合而形成的回族经堂教育这一独特的教育形式。这一教育形式符合当时广大回族群众学习伊斯兰文化知识的需求，并始终得到穆斯林群众的支持和资助，客观上也解决了回族群众"大杂居、小聚居"的居住特点给学习求学所带来的不便问题。经堂教育以清真寺为中心，清真寺一般由回族群众自发集资兴建；聘请教师的经费也由回族群众捐助，甚至教材的出版、学员的日常生活，也由本坊的回族群众供给。清真寺向所有的学习者开放，凡是在此求学之人，清真寺免费提供膳食、免交学杂费，造成一种学习光荣的声势。回族在教育实践过程

---

① 马宗保. 试论回族的人文性格. 宁夏大学学报(人文社会科学版), 2000, (3): 35-44.

中也形成了许多优良风俗。最具代表性的是回族的助学行为，上述讲到的经堂教育的长期存在和发展就是回族群众尊师重道、捐资助学的行为。经堂教育之后的伊斯兰学校教育，很大程度上也是依靠社会各界的共同帮助。而且，回族的这一优良传统在今天的回族中仍然发挥着积极的作用。例如，自发的或有组织的声势浩大的助学活动，不仅仅针对中小学生因为经济上的贫困而失学、辍学现象，而且也包括一些高等院校穆斯林大学生的补贴。[①]重视教育的优良传统，注重与外民族的沟通使得回族在少数民族教育价值观整体和多数维度上持一种较高的评价。

苗族是一个历史悠久、人口众多的少数民族，属于山地民族。苗族人口居住的特点是"大杂居、小聚居"，散居区的苗族多数都是居住在半山腰和高坡上，形成立体分布。这种分布格局对苗族的民族文化多样性、民族认同多样性、民族发展差异性、民族关系复杂性等都产生了深刻的影响。苗族发展还有一个最为突出的特点：在漫长的社会历史中，大幅度、远距离、长时期的迁移。这种长时期的迁徙流动在其他民族中是罕见的。[②]苗族在长期的迁徙中，逐渐形成了自己独特的文化体系，苗族有着很多独特的伦理和苗族精神，如敢于反抗、自立自强，勤劳勇敢、艰苦创业，谦虚有礼、强调群体，等等，但是在苗族的传统文化中，也有着一些不利于苗族自身发展、不利于教育发展的因素。苗族有着强烈的民族自识性和同根意识，使苗族在几千年的不断迁徙中形成和传承了自己的民族文化。但是在全球化和信息化的现代社会，如果不能有效地吸纳其他民族的先进文化，固守本民族文化而不求创新，可能逐渐被边缘化。我们在实地考察中发现，有些苗族聚居区很少与外族进行深层次的交流与沟通，仍然保持相对封闭的状态，难以融入到其他民族中去。虽然苗族的家长都会说汉语，但是他们在家庭教育中不用汉语与孩子交流，大多数孩子刚进小学时几乎听不懂汉语，因而不能很好地理解课程内容，导致学习成绩差，留级率和辍学率高。[③]苗族由于长期处于小农经济社会，有着浓厚的血缘观念和地域观念，他们世代生活繁衍在一个比较狭窄的区域里，有着近亲结婚、早婚早育、多生多育的传统观念，苗族群众"多子多福"的思想根深蒂固，认为"儿女和钱财一样不嫌多"。这些传统观念导致的最严重后果是人口出生率高，人多地少，经济负担重，只得让孩子辍学回家。在我国，很多民族都存在重男轻女的思想。苗族群众重男轻女的观念更是典型，认为只有儿子

---

① 沈惠. 回族传统教育观念与西北回族幼儿教育实践. 西北师范大学硕士学位论文, 2002.
② 石朝江. 中国苗学. 贵阳: 贵州人民出版社, 1999.
③ 陈忠勇, 王波. 苗、汉杂居地区苗族学生低学业成就的原因分析——以毕节市观音桥办事处苗族教育为例. 毕节学院学报(综合版), 2006, 24(2): 70-74.

才能传宗接代、延续香火。在生育上，如果前面生的是女孩，想方设法，即使"饥寒交迫"，不生男孩誓不罢休。在教育观念上，认为女孩子读书不重要，"送女读书，不如在家喂猪"。[①]相对封闭性导致其文化素质总体较低。一些传统落后的观念和自身经济发展相对落后的影响，导致了苗族群众对教育的期望值往往偏低，相当多的群众对教育抱有无所谓的态度。

### （四）文化程度的影响

本章的结果显示，在西南民族教育价值观总体上，不同文化水平的个体不存在显著性差异，但是从平均分上看，小学文化及以下、高中和研究生及以上的得分较高，而初中、大专、本科得分相对较低。原因在于本章被试有一大部分是学生群体，可以从不同求学阶段的学生对教育价值的态度不同来解释。高中阶段，是从中学过渡到大学的一个重要阶段。在这一阶段，学生对大学充满着向往，对教育价值的评价是正向的、积极的。处于研究生阶段及以上的群体，由于自身处于社会高学历群体中，社会对他们的赞许度是教育带给他们的，再加上自身在价值观、世界观上已经完善健全，能够全面评价教育的价值，他们对教育的价值评价也是正向的、积极的。初中阶段，生活在少数民族地区的学生，除了受自身学习成绩的好坏与学习兴趣的影响外，还受自身家庭经济状况的影响。初中阶段是义务教育的最后阶段，在这一阶段会出现一个分水岭，一部分学生由于学习成绩优秀、家庭经济状况较好而选择继续求学，而另一部分学生因为学习成绩较差、自身学习兴趣不高再加上家庭的原因而选择了初中毕业后不再继续读书，而是外出打工或者去技校学习技术。在我们的实地考察中，这种现象尤为突出。访谈中群众对此现象的回答是"没有钱交学费，每学期要一百多元""读书没有多大的用处，同时孩子自己也不想读书""学习成绩不好，考不上大学，读书也没有用"等。大专和本科阶段的教育价值观评分较低可能是现在的就业问题造成的。就业困难或者与自身的期望值相差太大，造成了这部分群体对教育价值观的评分普遍较低。

在具体的维度上，不同文化水平的个体在教育效用维度和家族荣誉维度上的评分存在显著差异。其具体表现为，在教育效用维度上，小学及以下文化水平的个体得分最低，初中和本科居中，而高中、大专和硕士及以上文化水平的得分都相对较高，其中大专文化水平的得分最高。多重比较结果表明，在教育效用维度

---

① 陈昱成. 中国苗族文化的民族学研究. 中央民族大学博士学位论文, 2007.

上，小学及以下、初中文化程度的个体得分低于其他学历的个体，其中小学及以下文化水平与高中、大专、本科和硕士及以上文化水平存在显著差异；初中文化水平的得分显著低于大专文化水平。这个结果说明，文化水平越高的个体，越能重视教育价值，在教育价值观上的评分越高。在教育效用维度上，小学及以下和初中文化水平的人对教育价值的评价处于低评价等级，之后随着文化程度的提高，总体趋势是对教育的价值评价也越高，个体对教育的价值有了更多的思考和积极认知。

在家族荣誉维度上，大专和本科文化水平的个体得分相对较低，小学及以下、高中和硕士及以上文化水平的个体得分都相对较高，其中小学及以下文化水平的得分最高。多重比较结果表明，在此维度上，小学及以下文化水平的个体得分显著高于其他文化水平的个体得分；初中和高中文化程度的个体得分显著高于大专和本科；硕士及以上与大专和本科也存在显著差异。这个结果表明，文化程度偏低的个体比较重视教育给家人、族人带来的一些外在的荣誉感。而随着受教育程度的提高，个体随着生活圈的扩大和视野拓宽、认知能力提高，越来越看重教育对自身发展的作用，再加上现在的大学教育是普及性教育，大学生已没有了早些年代的优越感，对求学带给家人、族人的荣誉这一点相对也就比较看淡了一些。而到了硕士及以上的阶段在家族荣誉维度上的评分又有所升高，最大的原因在于研究生教育在我国还属于精英教育，能接受研究生教育的个体，尤其是来自一些经济和教育发展相对落后的少数民族地区的个体自身的自豪感，以及带给家人、族人的荣誉感是强烈的，因而这一阶段在家族荣誉维度上的评分就会比较高。

## 第三节 西南少数民族教育观的价值传承

### 一、教育价值观的传承系统

#### （一）传者

在教育价值观的传承上，父母是第一任传者。人类学的文化传承理论也认为社会的代际文化传承不仅在学校中进行，更多的是在家庭和社区活动中实现。作为孩子的首任教师，他们所创造的家庭氛围，他们的思想观念、价值倾向对孩子的教育价值观的形成具有十分重要的作用。父母对教育所持的态度和情感潜移默化地约定着孩子对教育的价值认可。[①]父母对教育的价值有积极的评价，其孩子对教育价值也具有较强的认可度，相应地，对教育的接受也较为主动。然而，父母作为传者，其劣势也日益显现出来。从整体上看，由于父母自身的文化水平、生活阅历及家庭经济状况不同，其对教育价值的评价也会不同。有研究表明，父母对教育的看法会影响到子女接受教育的种类、等级。

教育价值观最重要的传者是学校教师。其作为传者的优势主要体现在：①教师是专业人员，具有较高的综合素质，经过系统的学习和培训后，可以成为教育价值观的传承者。②教师工作具有明显的组织性、系统性、计划性和指向性。在传承过程中，所选择的内容是成体系的，也最能凸显民族文化中积极向上、充满活力的一面，作为技能和文化的把关者，他们的导向作用是不可忽视的。③学生在入学后，受父母的教育价值观影响相对减弱，与之相反，教师成了主要的传者，教师的教育价值观对学生在教育价值上的评价具有深远的影响力。

## （二）受者

教育价值观的接受主体主要是青少年学生。有研究表明，接受者的"期待视野"对文化的传承起到至关重要的作用[②]。教育价值观实际上是一个由多种潜在价值构成的意义结构，其中含有自我发展、个人能力提高、改变命运、为家人和族人争光等各种价值的可能性。在接受过程中，教育价值观便成为一种价值客体，学生作为接受主体对其进行价值评价、选择，最终由被动接受逐渐能动地根据自我意识进行主动选择。情感作为影响受者接受传者的文化传承中不可缺少的因素，主要功能是强化或抑制主体去接受活动，影响接受意向与选择标准等。

受者的需要、情感、认识等因素不是先天就有的，在很大程度上是在外部因素影响下形成的。通过对教育价值观传者的分析，我们认为，教师是当前最适合促进受者形成正确、积极的教育价值观的群体。教师可以通过自身对教育价值的积极评价、通过给学生分析教育价值让学生对教育价值有全面、客观的认识，可以通过系统的教育教学让学生认识到教育对于他们自身发展的重要性。

## （三）传承媒介

价值观的传承媒介包括具体的物质实体和象征性的载体。具体的物质载体

---

① 郭丛斌，闵维方. 家庭经济和文化资本对子女教育机会获得的影响. 高等教育研究, 2006, (11): 24-31.
② 钟志勇. 蒙古族民族传统体育传承的教育人类学研究. 中央民族大学博士学位论文, 2007.

如遗迹遗物、名胜古迹、建筑物、民族工艺品等，语言、文字、节日为象征性
载体①。教育价值观的传承媒介主要有三类：家庭教育、民族风俗和民间文学艺术、
学校教育。

　　家庭教育是影响教育价值观传承最初的也是一直具有影响作用的传承媒介，
在文化传承中具有启蒙性和终身性。家庭不仅是生命繁衍、经济生活的基本单位，
同时也是文化传递的基本单位。家庭教育是孩子接受社会化的最初媒介。父母通
过家庭教育传递给孩子社会的价值观和传统的行为方式。在教育价值观的传承上，
家庭教育在培养孩子对教育价值的判断，形成何种教育价值观上具有重要作用，
并且父母的受教育程度、职业、教育价值观，以及家庭的经济水平等对教育价值
观的传承影响存在差异。

　　源于宗教信仰、生活方式等多种因素的民族风俗往往是展示和传承本民族文
化的最直接、最具体的形态。少数民族形形色色的民族风俗既有宗教信仰的内涵，
又有现实生活的痕迹，既有民族历史的深厚传统，又有生存环境与社会变迁的烙
印。它们通常被作为本民族群体内部认同和对外界昭示本民族所独有的民族性的
主要方式，他们所酿就的浓重而热烈的特定氛围，往往会使置身于其中的本民族
成员自觉遵从和沿袭风俗的种种规范，并且形成特定的民族心理与民族情结，本
民族的风俗在遵从和沿袭的过程中自觉成为民族文化的传承载体。例如，回族、
重视教育的传统风俗一直沿袭至今。民间文学艺术主要是指在人民群众中流传的
各种民间故事和本民族的歌舞技艺等。在民间流传着许多关于通过读书改变命运
的历史故事，也有通过各种形式的歌舞来演绎教育的重要性等，如壮族的山歌文
化反映了壮族人民勤劳、智慧、团结、正义的价值观，以及他们的审美观、道德
观、宗教信仰和风俗习惯，它比枯燥的说教、空洞的政治口号、僵化的道德规范
和脱离实际的行为准则更具有说服力，更能从情感上打动青少年，引导他们去做
什么和不去做什么，激发他们的进取精神和求知欲望，对青少年形成正确的价值
观有着特殊的意义。②

　　学校教育作为一种有目的、有计划、有组织地对教育者施加影响，以培养一
定社会（或阶级）所需要的人的活动③，既是人类社会发展到一定阶段的产物，同
时也意味着人的文化自觉意识的觉醒，人不再仅仅满足于自身生命存在的简单维
持，而是力图通过对下一代的培养，更好地解决现实的文化问题，以有效地促进

　① 祁庆富. 试论中国少数民族传统文化的价值结构. 中央民族大学学报(哲学社会科学版), 2000, 27(1): 20-29.
　② 沈赛玲. 壮族山歌文化与青少年价值观教育策略研究. 首都师范大学硕士学位论文, 2007.
　③ 叶澜. 试论当代中国教育价值取向之偏差. 教育研究, 1989, (8): 57-59.

自身生命存在状况的不断改善①。学校不仅可以教给学生知识，而且培养他们对教育价值的认知、评价。学校可以通过教育教学，以及不断适应和满足社会对教育的需求，对学生的教育价值观进行修正，以促使学生形成正确的价值观念。

教育价值观的传承过程中，传者、受者和传承媒介对教育价值观的形成具有共同的导向作用，它们形成了传承的合力，构成了教育价值观的传承系统。

## 二、西南少数民族教育观的价值传承规律

当代西南少数民族地区的社会文化变迁，经历了从"强制变迁""计划变迁"到"自愿变迁""自然变迁"的过程，民族文化变迁日益朝着多元化与自觉性的方向发展（何颖，2006）。在这样一种文化变迁的模式中，西南少数民族教育价值观表现出了与之相适应的传承规律。

### （一）传承意识由群体世俗被动沿袭为主转变为个体自愿、自然为主

民族的发展历史在某种程度上是一部教育发展的历史。不同的民族在民族历史变迁中，形成了本民族共同的习俗、共同的宗族观念。共同的习俗和宗族观念所酿就的浓重而热烈的特定氛围，往往会使置身于其中的本民族成员自觉遵从和沿袭风俗的种种规范，并且形成特定的民族心理与民族情结②。西南少数民族地区由于自然条件的限制，再加上有一定的狭隘乡土意识，价值观传承意识表现为人们在价值观传承中的世俗沿袭性。随着社会经济的快速发展，西南少数民族地区开始逐步脱离自我封闭的经济体系，摆脱了自然经济的束缚，民族间、区域间、国家间的交流比以往更加频繁，在此过程中，人们的价值观在接受本民族文化熏陶的基础上，也受到了外民族的文化价值的冲击和影响。因此，社会、经济的发展，以及文化变迁促使价值观的传承受世俗沿袭的影响减弱，具有个体差异和主观自觉性。

### （二）传承方式和媒介由单一到多种渠道相结合

西南少数民族教育价值观的传承方式和媒介是受社会经济状况和民族发展变迁影响的。在西南少数民族地区，早期的教育价值观传承方式是单一的，主要是由族内承担教育职责的人们负责。这类负责人可能是一个个体也可能是一个群体，

---

① 胡玉萍. 教育文化与学校教育. 中央民族大学博士学位论文, 2005.
② 袁定基, 张原. 苗族传统文化的保存、传承和利用. 西南民族大学学报(人文社会科学版), 2004, (4): 17-23.

传承的方式主要是代际的言传身教。他们主要是通过一些祖训、民族风俗艺术等形式影响人们的教育价值观。像上述讲到的人们传承教育价值观的意识一样，随着社会的发展，受到外来文化的冲击和学校教育的兴起，以及通信设施的完善，人们传承教育价值观的方式和媒介也逐渐发生变化，学校在传承教育价值观上越来越凸显出其重要性，它和家族教育、民族风俗节日、传统工艺歌舞共同构成了教育价值观的传承媒介。

### （三）传承动力正在出现由外化向内化的转变

对西南少数民族教育价值观传承的重要性的认识，以前更多是为了光宗耀祖、获得赞许、荣誉等外化的作用，现在越来越多地是为了促进民族发展、为了个体自身发展等内化的作用。中国自古为礼仪之邦，特别是儒家文化占据统治地位，重农轻商、重义轻利、舍生取义的思想在人们的头脑中长期占据首要地位。随着改革开放的深入发展、社会主义市场经济体制的确立，"重义轻利"的思想观念正在接受挑战①。西南少数民族地区群众在现代社会的文化变迁中已经逐渐摒弃了"学而优则仕""读书为了光宗耀祖"的传统观念，他们相对而言更加看重教育价值观在培养个体的综合素质、在传承民族传统文化上的作用。

总之，研究西南少数民族的教育价值观，探讨西南少数民族教育价值观的传承规律，不仅是对西南少数民族的关注，而且是对其核心价值观的归纳总结和未来设想，更是对那些与西南少数民族历史文化进程相似的少数民族的具体设想。研究西南少数民族，其意义却超越了西南少数民族范畴。

---

① 徐淑凤，陈桂英，伊炎. 文化变迁与现代教育价值观的理性选择. 理论月刊, 2004, (9): 102-104.

# 第八章

# 西南少数民族的经济价值观及其传承

经过历史沉淀下来的西南各少数民族价值观对于民族经济活动的影响不容忽视，这种影响有有利的一面，也有不利的一面，对西南少数民族经济价值观的研究将有利于弘扬其长处，克服其弱点。

## 第一节 西南少数民族经济价值观问卷编制

### 一、经济价值观界定

经济价值观作为价值观的一个重要组成部分，以往的研究多集中在哲学、社会学、心理学领域。例如，西方主流经济学主张个人主义经济价值观，主张经济价值观中的效率原则与个人的自我实现；而国内学者在对经济价值观进行定义的时候，主要从经济价值观这一概念的含义出发，并从多角度进行分析，从而对这一概念有不同的理解。宫敬才认为，经济价值观是经济行为和经济意识中内含的与经济行为和经济意识有必然联系的价值判断[①]。吴红认为，经济价值观是人们对经济生活中的善恶、真假、美丑问题的基本观点和判断标准，它主导着人的经济

---

① 宫敬才. 论经济价值观. 学海, 2001, (1): 45-50.

行为，它的形成除了价值认知以外，更有赖于实践过程中人们对经济生活的体验[①]。林媛红认为，经济价值观就是关于经济问题的价值观念体系，它是人们对经济制度、经济关系、经济行为及其结果，以及相关经济意识的价值的总的看法和根本态度，是人们对经济生活中善与恶、利与害等价值问题的基本观点和判断标准[②]。这些定义都认为经济价值观源自人的经济生活领域，但有的来自宏观领域，有的来自微观领域；有的认为经济价值观是一种观念体系，有的认为经济价值观是一种价值判断或价值评价。

综合已有文献，经济价值观的内涵主要包括以下几个方面：第一，对象是经济生活领域中的一些事物和所从事的经济行为及其结果；第二，是一种经济观念、价值判断及价值评价；第三，是与经济相关的一种意识观念体系。经济价值观就是主体以自身需要为基础，对经济生活领域中的收入、分配、消费等经济事务和经济行为、结果进行评判和取舍的标准，它具有导向性的作用。

## 二、调查取样

本章调查取样要求同第三章。第一部分为初测问卷，用于探索性因子分析，第二部分为正式问卷，用于验证性因子分析。本章取样的民族构成见表8-1。

表8-1 本章两阶段取样的民族构成

| 项目 | 壮族 | 回族 | 苗族 | 土家族 | 彝族 | 藏族 | 侗族 | 白族 | 其他 | 合计 |
|------|------|------|------|--------|------|------|------|------|------|------|
| 初测问卷 | 39 | 41 | 54 | 48 | 55 | 86 | 17 | 44 | 132 | 516 |
| 正式问卷 | 34 | 36 | 27 | 14 | 47 | 17 | 42 | 27 | 54 | 298 |
| 合计 | 73 | 77 | 81 | 62 | 102 | 103 | 59 | 71 | 186 | 814 |

## 三、开放式问卷

问题1：您最希望的获取收入的方式有哪些？对这个问题的回答，牵涉到的方面比较多，大都是一些具体的谋生途径，如做生意、捕鱼、做小买卖等，值得注意的是，很大一部分被试都提到了外出打工，表示比起在家乡赚钱，更愿意去大城市打工挣钱。

问题2：您喜欢把自己的收入用于哪些方面？请列举五个方面。这个问题牵涉

---

① 吴红. 苏南农村经济转型中的青年经济价值观变迁. 江南论坛, 2003, (4): 20-21.
② 林缓红. 建构与社会主义市场经济相适应的经济价值观. 理论学刊, 2003, (3): 27-30.

到的方面比较多，大致可以分为三类：一是表示一般会把收入用于购买吃穿用品和娱乐；二是表示一般会把收入用来孝敬父母、人情往来或者改善自己和家人的生活环境等；三是更倾向于把收入所得花在本民族的一些宗教活动或者集体活动上，如祭祀、族里的建筑维修、购买民族物品等。

问题3：您有存钱的习惯吗？存钱的原因是什么？对这个问题的回答大致归为两类：一类是喜欢把钱存起来，这样可以供以后有急用的时候开销，如子女上学、生病住院、养老、孝敬父母等；另一类表示不喜欢储蓄，宁愿把钱用来投资，如做生意、买股票或者买一些农耕、捕鱼工具等。

问题4：如果条件可以，您愿意外出打工吗？对于喜欢外出打工的被试来说，大致有两个方面的理由：一是可以赚到比在本地打工和在家务农更多的钱；二是表示可以去大城市见见世面，见识许多新鲜的事物。而对于不愿意外出打工的被试来说，大致有三个方面的原因：一是表示外面的人因为自己的民族身份会看不起自己；二是表示在外面打工是干体力活，而且离家又远，感觉很辛苦；三是表示自己要照顾家人，所以不愿意外出打工。

问题5：您对于开发本地旅游业的态度怎么样？您是否愿意为游客服务来获得收入？为什么？对这一问题的回答大致有两类：一类是非常希望开发当地的旅游资源，表示自己可以通过为游客提供导游、餐饮、住宿和表演民族节目等方式来获得收入；另一类则表示不喜欢开发本地的旅游资源，这样可能会破坏本地原有的生活方式。

## 四、初测问卷的编制

将通过开放式问卷调查和个别访谈收集到的条目加以分析后，选择有代表性和普遍性的条目，同时参看一些相关调查表，拟定出西南少数民族经济价值观量表的原始题项。为了使问卷结构合理、通俗易懂，先请专家对量表题项进行审定和修改，然后再请一些被试对题项做修订，找出表述不清、难以理解或有其他疑问的题项，加以修改或删除。最后形成26个题项的西南少数民族经济价值观初测问卷（包括了2对测谎题）。问卷中所有题项随机排列，问卷采用利克特自评式5点量表法，从"完全不同意""不太同意""难以确定""比较同意"到"完全同意"依次记为1分、2分、3分、4分、5分，得分越高表明该种价值取向越明显。

## 五、正式问卷的确定

以问卷题项的鉴别力与区分度为指标，通过计算各个题项的临界比率值，以及题项得分与问卷总分的相关系数进行项目分析。检验结果表明，KMO 值为 0.74，表明适合进行因子分析；Bartlett's 球形检验的卡方系数为 1859.30，显著性水平为 0.000，达到极显著的水平，说明总体相关矩阵间有共同因子存在，也说明适合做因子分析。用主成分分析法抽取公因子，求得初始因子负荷矩阵，再用方差极大法旋转求出旋转因子负荷矩阵。确定因子数目及题项的标准同第三章，最后确定了族际公益消费、现代消费收入、金钱储蓄、民族资源收入、传统消费收入、外出打工、人际消费 7 个因子（表 8-2），共解释总方差的 54.14%，在可接受的范围内。这样，经过探索性因子分析对问卷题项的筛选，另加上 2 对测谎题，得到包含 28 个题项的西南少数民族经济价值观正式问卷。

表 8-2　西南少数民族经济价值观问卷因子分析结果

| 题项 | 共同度 | 因子负荷 |
| --- | --- | --- |
| 因子 1：族际公益消费（特征值 3.57，贡献率 14.88%） | | |
| 23. 如果族里要修什么建筑，我很乐于捐钱 | 0.619 | 0.750 |
| 25. 我会在经济方面帮助遇到困难的族人 | 0.554 | 0.718 |
| 7. 如果族里有集体活动或节日，我愿意提供财物 | 0.595 | 0.712 |
| 因子 2：现代消费收入（特征值 2.50，贡献率 10.43%） | | |
| 5. 我喜欢在穿着上花钱 | 0.545 | 0.700 |
| 14. 我喜欢在玩乐上花钱 | 0.598 | 0.663 |
| 20. 我喜欢在吃方面花钱 | 0.439 | 0.605 |
| 13. 我愿意去大城市打工挣更多钱 | 0.458 | 0.552 |
| 22. 我宁愿把钱用来投资赚更多钱 | 0.432 | 0.452 |
| 因子 3：金钱储蓄（特征值 1.97，贡献率 8.22%） | | |
| 6. 我喜欢把钱存起来做大事 | 0.595 | 0.672 |
| 10. 我希望多存点钱以备将来急用 | 0.491 | 0.620 |
| 26. 我宁愿现在节俭点，以后能过得好些 | 0.602 | 0.749 |
| 因子 4：民族资源收入（特征值 1.54，贡献率 6.43%） | | |
| 9. 我希望利用我们的民族特色产品赚钱 | 0.545 | 0.641 |
| 21. 我希望给游客提供服务来挣钱 | 0.670 | 0.781 |
| 24. 我愿意靠表演民族节目来挣钱 | 0.633 | 0.669 |
| 因子 5：传统消费收入（特征值 1.28，贡献率 5.32%） | | |
| 17. 我常去寺庙捐钱祈福 | 0.540 | 0.663 |

| 题项 | 共同度 | 因子负荷 |
|---|---|---|
| 18. 我喜欢在民族饰品上花钱 | 0.568 | 0.588 |
| 19. 如果有机会，我更愿意在本地打工挣钱 | 0.487 | 0.545 |
| 11. 我希望能开发我们当地的资源 | 0.492 | 0.432 |
| 因子6：外出打工（特征值 1.08，贡献率 4.51%） | | |
| 2. 外面的人可能瞧不起我，所以我不想外出打工 | 0.542 | 0.715 |
| 8. 我不想去外面打工，因为太辛苦了 | 0.546 | 0.696 |
| 16. 我宁愿把在家务农作为主要的收入来源 | 0.473 | 0.582 |
| 因子7：人际消费（特征值 1.04，贡献率 4.35%） | | |
| 3. 我要把钱用来改善自己的居住条件 | 0.591 | 0.732 |
| 4. 我愿意在孝敬父母上花钱 | 0.529 | 0.492 |
| 1. 我愿意在人情往来上花钱 | 0.445 | 0.485 |

## 六、问卷的信度与效度检验

### （一）信度检验

统计检验结果表明，本章问卷各维度及问卷总体的内部一致性系数在 0.57～0.70，分半信度系数在 0.53～0.69。其中有的维度的分半信度系数低于 0.60，可能与题项数目较少有关。总体来看，问卷的信度均在较好的可接受范围之内，表明该问卷作为西南少数民族经济价值观的测量工具是比较稳定可信的。

### （二）效度检验

本章问卷的维度构想和题项编拟是基于理论文献综述、开放式问卷调查和个别访谈几方面综合考虑的结果，在问卷初测前后多次请心理学专家进行审查和修订，基本保证了问卷的维度和题项能够涵盖西南少数民族经济价值观各方面的特征，并具有代表性，因而问卷具有较好的内容效度。

本章问卷各维度与问卷总分相关在 0.53～0.61，有中等程度的相关；各维度之间的相关均在 0.10～0.35，相关适中。说明各维度间有一定的独立性且又能反映总问卷所要测查的内容。因此，问卷的结构是合理的。

进一步通过验证性因子分析来确定模型与实际数据的拟合程度，以检验理论结构的正确性。选取的拟合指标同第三章。如表 8-3 和图 8-1 所示，模型拟合程度较好，说明西南少数民族经济价值观问卷的七因子结构模型是可以接受的。

表 8-3　模型的拟合指标

| $\chi^2/df$ | GFI | AGFI | CFI | RMSEA |
| --- | --- | --- | --- | --- |
| 2.63 | 0.86 | 0.84 | 0.80 | 0.07 |

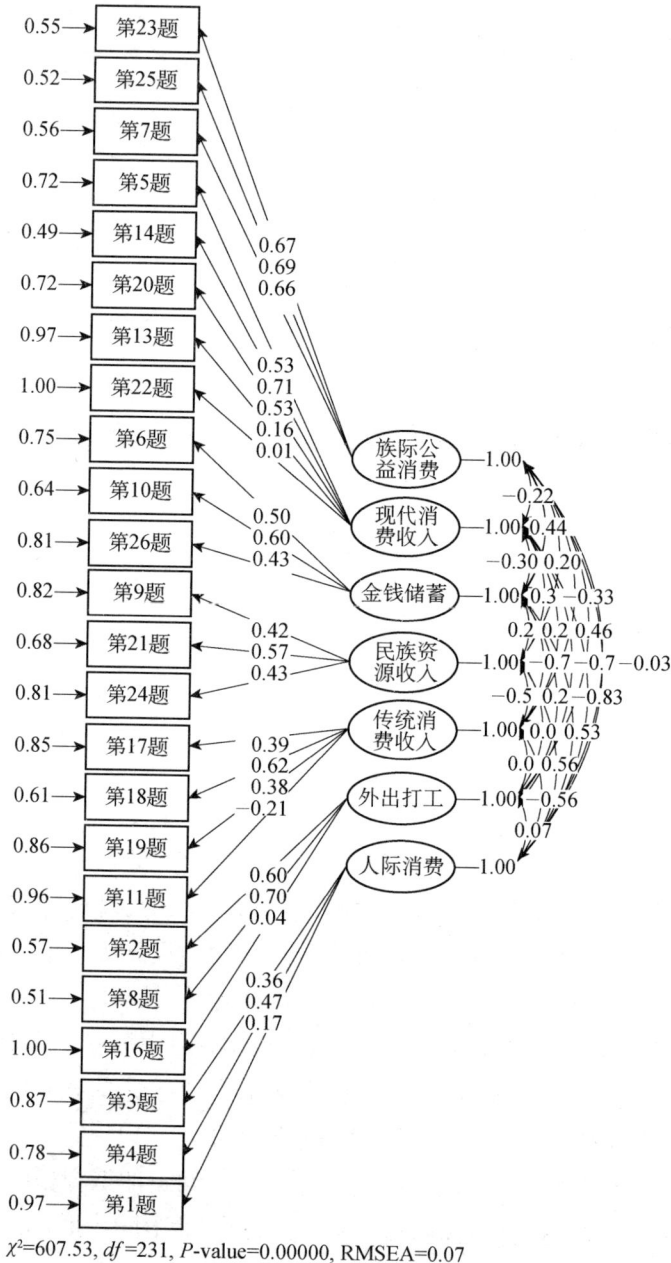

$\chi^2$=607.53, $df$=231, $P$-value=0.00000, RMSEA=0.07

图 8-1　验证性因子分析拟合图

## 第二节　西南少数民族经济价值观的调查分析

### 一、西南少数民族经济价值观的总体特征

本章研究结果表明，西南少数民族经济价值观上的得分总体处于中等偏高的水平（3.63±0.32），各维度按重视程度依次为金钱储蓄（3.98±0.71）、族际公益消费（3.97±0.68）、外出打工（3.91±0.70）、人际消费（3.85±0.64）、传统消费收入（3.43±0.63）、民族资源收入（3.41±0.74）、现代消费收入（3.24±0.63）。这表明西南少数民族群众的经济价值观总的说来呈现正向的趋势，但对各个维度的重视程度不同，金钱储蓄是最受重视的一个维度，这与实际经验及一些研究发现一致。例如，已有研究发现，撒拉族和云南彝族的传统经济价值观都表现为提倡节约消费、重视积蓄的特点[①]。还有研究探讨了藏族的经济价值观，也认为是重节约积蓄、反贪知足的[②]。存储是中华民族传统的消费习惯之一，但是在现代社会，受商品经济观念和一些刺激经济政策的鼓励，人们的存储观念逐渐变得淡薄，而更愿意把富余的收入用来享乐或投资。在西南少数民族地区，少数民族群众依然更倾向于把富余的钱存储起来以备将来使用，这可能与一些少数民族地区生产力水平比较低下，物资比较缺乏，以及西南少数民族地区群众的收入相对较低，剩余收入更少有关，还可能与西南少数民族人民受传统经济价值观影响较深，而接受现代商品经济观念和一些投资诱惑相对较少有关。现代消费收入是西南少数民族经济价值观中得分最低的一个维度，说明西南少数民族相对而言不注重在享乐上、投资上的消费，这除了与西南少数民族重视节约积蓄的经济价值观和相对贫乏的物质条件有关外，还可能与其经济价值观中普遍存在的反贪知足、轻商贱利和平均主义的传统经济观念有关。

### 二、西南少数民族经济价值观的人口统计学特点

根据本章的需要，选取性别、年龄、民族、文化程度、汉区生活年限五个基

---

① 王路平. 试论彝族传统的经济价值观. 西南民族大学学报(人文社会科学版), 1992, (4): 47-51.

② 乔根锁. 论藏民族在宗教影响下的传统价值观. 西藏民族大学学报(哲学社会科学版), 1995, (2): 41-49.

本人口变量进行西南少数民族经济价值观的多因子方差分析，主效应及交互效应分析结果见表8-4。从中可见，性别在外出打工维度上主效应显著；年龄在人际消费维度上主效应显著；民族在现代消费收入、金钱储蓄、传统消费收入、外出打工维度上主效应显著；文化程度在金钱储蓄、外出打工维度上主效应显著；汉区生活年限在金钱储蓄、人际消费维度上主效应显著；此外还存在一些交互作用。

表8-4　西南少数民族经济价值观多因子方差分析结果（$F$ 值）

| 人口变量 | 族际公益消费 | 现代消费收入 | 金钱储蓄 | 民族资源收入 | 传统消费收入 | 外出打工 | 人际消费 | 总分 |
|---|---|---|---|---|---|---|---|---|
| 性别（A） | 0.382 | 0.024 | 0.278 | 3.173 | 0.328 | 4.603* | 0.695 | 0.013 |
| 年龄（B） | 0.562 | 1.380 | 0.618 | 0.817 | 0.965 | 1.937 | 2.742* | 1.484 |
| 民族（C） | 1.769 | 2.268* | 2.355** | 0.630 | 2.191* | 2.142* | 1.236 | 1.646 |
| 文化程度（D） | 1.413 | 1.461 | 2.145* | 0.582 | 0.691 | 2.730* | 0.295 | 1.453 |
| 汉区生活年限（E） | 0.429 | 0.159 | 2.769* | 0.922 | 0.196 | 1.779 | 5.530** | 1.629 |
| A×B | 1.750 | 0.745 | 1.097 | 1.209 | 0.711 | 1.199 | 4.682** | 2.279 |
| A×C | 1.378 | 0.413 | 1.878* | 0.330 | 1.954* | 1.146 | 0.655 | 1.585 |
| A×D | 0.606 | 0.802 | 1.209 | 0.556 | 2.574* | 0.452 | 0.103 | 0.266 |
| A×E | 2.942* | 0.376 | 0.834 | 0.532 | 0.278 | 1.598 | 1.102 | 1.780 |
| B×C | 1.051 | 0.803 | 0.942 | 0.858 | 2.269** | 1.818* | 1.526 | 1.148 |
| B×D | 1.475 | 0.939 | 0.899 | 0.560 | 0.992 | 1.140 | 0.851 | 1.363 |
| B×E | 0.819 | 0.605 | 2.041 | 0.328 | 0.788 | 1.433 | 0.669 | 0.669 |
| C×D | 1.341 | 1.051 | 1.371 | 1.099 | 1.685** | 1.510* | 1.295 | 1.311 |
| C×E | 0.831 | 0.694 | 1.079 | 0.851 | 1.398 | 1.369 | 1.267 | 1.161 |
| D×E | 0.810 | 0.351 | 0.717 | 1.411 | 1.094 | 1.513 | 0.304 | 0.856 |
| A×B×D | 2.126 | 0.132 | 4.624* | 1.877 | 0.657 | 0.195 | 0.515 | 1.746 |
| A×B×C×E | 0.730 | 0.572 | 4.963** | 0.252 | 1.269 | 1.969 | 0.681 | 0.676 |

注：对于三阶和四阶交互，表中只列出了有显著交互作用的交互

## （一）性别差异分析

本章研究结果表明，西南少数民族男性和女性在经济价值观总分上没有显著差异，仅在外出打工维度上，女性得分要显著高于男性，说明女性对这个维度的重视程度更高。这与米正国对于彝族女性经济价值观的研究结论是一致的[①]。这可能与以下几个方面的因素有关。第一，西南少数民族女性更愿意通过外出打工的方式来摆脱传统价值观对女性社会角色的束缚。**Phinney** 的研究表明，在主流社会

---

① 米正国. 当代彝族女性价值观与社会角色的变迁. 西南民族大学学报(人文社会科学版), 2000, 21(3): 149-153.

文化中，男性更容易在主流文化中找到工作，而女性更可能留在家里从事非生产性劳动①。西南很多少数民族的女性受传统角色的束缚，大都困守家中，充当家庭主妇的角色和从事枯燥的非生产性劳动。而改革开放以后，随着打工潮的兴起，更多的女性找到了摆脱传统女性固有生活方式、更好地实现自身价值、改变自己命运的机会，所以比起男性，她们更热衷于外出务工。第二，西南少数民族男性受传统经济价值观和家庭观念的影响，更倾向于在家务工或者先外出务工几年再回家谋生的生活方式。在西南少数民族地区，重农轻商、以商为耻的传统经济价值观使得男子经商者很少，而且传统的观念认为，男人是一家之主，应该担负起在家孝敬父母、传宗接代的重任，所以大多数少数民族男子内心更倾向于在家从事非商业性生产活动，就算是已经外出打工，过几年还会回到家乡担负起奉养父母和传宗接代的任务。第三，在一些西南少数民族中，女性担负着维持家庭生计的担子，是家庭收入的主要来源，为了获得更加丰厚的经济收入，女性更愿意外出打工。②

## （二）年龄差异分析

本章研究结果表明，西南少数民族群众在经济价值观总体发展趋势上，没有显著的年龄差异，但是在人际消费维度上，存在显著的年龄差异，老年人得分最高，中年人其次，而青少年得分较低。由此可见，西南少数民族对社会性消费的态度为先上升后略微下降又上升的发展趋势，说明老年人对人际消费最为重视，青少年对人际消费重视程度最低。产生这种差异的原因可能是：第一，不同的年龄阶段，心态有很大的差异。对于老年人来说，这一现象的心理学基础是老年人有追忆往事、特别重视人际感情的心理特征，老年人因为子女已成人独立，具有经济负担相对减轻、生活性支出减少、健康状况下降等特点，而且老年人随着年龄的增长，社会活动减少，会越来越觉得寂寞和孤独，更加重视亲情和友情，所以更愿意在人情往来和人际交往上支出金钱；而且，老年人尤其疼爱子孙，希望在经济上多帮助儿女，所以更倾向于在亲人身上消费。而与老年人相反，年轻人有追求前卫、创新和从众性消费等特点，他们更加注重流行消费和消费行为带来的物质享受，而很少意识到人际消费的重要性。人到中年，才逐步认识到人际关系的重要性。第二，不同年龄阶段的人成长的自然环境、社会环境不同，身上也体现了不同的时代烙印。老年人成长于经济发展水平比较低的年代，受现代经济

---

① Phinney J S. Ethnic identity in adolescents and adults. Psychological Bulletin, 1990, 108(3): 499-514.
② 李姝. 云南少数民族女性文化的兴起与发展. 昆明理工大学学报(社会科学版), 2006, 6(2): 101-104.

观念冲击较少，生活圈子相对狭小，所以更加注重家族和民族的消费。而青少年成长于改革开放以后，这个时期，我国西南少数民族地区的社会、经济、文化事业有了一定发展，电视、电脑等一些大众传播媒体深入到少数民族地区，在现代商品经济观念熏陶下成长起来的青少年，在消费观念上，更加注重物质享乐和自我满意程度，其行为方式和观念与年长者有所差异，是可以理解的。

### （三）族别差异分析

由于生存发展环境不同，西南各少数民族被试在经济价值观有些维度上表现出显著的民族差异，这与预想的结果是一致的。其中在现代消费收入维度上，布依族得分明显低于藏族、土家族和其他民族，纳西族得分明显低于回族、藏族、苗族、彝族、壮族、侗族、白族、土家族、傣族和其他民族；在金钱储蓄维度上，回族得分显著高于彝族、壮族和土家族；在传统消费收入维度上，回族得分明显低于苗族、布依族、白族、土家族和其他民族，藏族得分明显低于苗族、布依族、白族、土家族和其他民族，布依族得分显著高于彝族；在外出打工维度上，白族得分显著高于回族、苗族、彝族、壮族、土家族、傣族等民族。因涉及民族族别较多，在此主要讨论两个与其他民族差异比较显著的民族。

本章研究结果表明，回族在金钱储蓄维度上得分显著高于其他民族，说明回族对这个维度的重视程度显著高于其他民族；在传统消费收入维度上，回族得分又显著低于其他民族。西南的一些回族村寨，总体发展水平处在西南少数民族地区村寨经济发展水平的前列，其商品经济的发展比较完善。例如，云南少数民族村寨中，16%是商品经济占主导地位的村寨，33%是小商品经济占主导地位的村寨，49%是自然经济占主导地位的村寨，2%是原始经济占主导地位的村寨，而在商品经济占主导地位的村寨中，回民村寨占了很大的比例，其他是傣族、白族、纳西族等民族的村寨。[①]西南地区的回族与西南其他民族相比，具有以下几个特点。第一，西南回民半农半商、亦工亦商、工商兼顾的经济形态。按照学术界关于经济文化类型学说的一般观点，其均认为到近代时，西南的经济文化类型主要有农耕型，如傣族、壮族、布依族等；畜牧型，如藏北高原及阿坝草地的藏族；刀耕火种型，如滇西的若干民族及部分苗瑶[②]。但是，历史上西南回民经济形态的主要特征是半农半商、亦工亦农、工商兼顾，西南回民的这种经济形态显然与上述三种经济文化类型都不一样，是很有典型性和特殊性的，是伊斯兰教的影响和当地自

---

① 姚顺增. 云南少数民族经济观念的现状分析. 民族工作, 1997, (9): 36-39.
② 史继忠. 西南民族社会形态与经济文化类型. 昆明: 云南教育出版社, 1997.

然环境相互作用的产物。马丽娟认为，西南回族经济特征的形成有其深刻的宗教、历史渊源。回族的先民，即元代随忽必烈征伐云南及随赛典赤治滇而来的商人、艺人、画师、宗教人士、牧民等，而鲜有农民，在西南境内定居后，并不擅长从事农业活动，更重要的是，中国传统的农耕经济中地主是以地租形式，而不是以贸易方式获得财富，这明显与伊斯兰教中禁止通过高利贷和不正当方法获取钱财的教义相违背，回族先民面对纯农业经济不适合自己，但又不可能回到原来的传统生产方式的双重困境，最终还是找到一条最适合自己生存的经济生活方式，即半农半商、亦工亦商、工商兼顾。[①]第二，回族在伊斯兰教教义的内在推动下，有崇尚经商、提倡节约、反对浪费的经济观和消费观。回族全民信仰伊斯兰教，伊斯兰教的一些教义、教规成为回族穆斯林从事商业活动的内在推动力，伊斯兰教鼓励经商，使多数回族穆斯林纷纷走上经商道路。由于伊斯兰教经典和宗教人士都支持和鼓励经商，虔诚的穆斯林逐渐形成崇尚商业的价值观念。同时，伊斯兰教还制定和阐发了一系列商业道德思想和道德规范，提倡节约，反对浪费和贪污等，并对回族通过商业活动获得的利益也有一定的教义规定，这些都极大地影响了回族居民的经济观和消费观。回族有经商的传统，经济发展情况较好，所以受现代市场经济文化的冲击相对较小，而且西南回民信仰伊斯兰教，严格遵守伊斯兰教教规，比较统一地保持传统文化与传统的经济思想。[②]正是回族特有的重商的经济价值观和提倡节约的消费观，使得回族在金钱储蓄维度上得分显著高于其他民族，却又在传统消费收入维度上得分显著低于其他民族。

本章研究结果显示，在外出打工维度上，白族得分显著高于回族、苗族、彝族、壮族、土家族、傣族等西南地区其他民族，说明白族对这个维度的认可程度较高，这也可以从白族的民族特点中去寻求解释。白族是我国西南边疆一个具有悠久历史和文化的少数民族，而且与其他民族相比，白族的经济文化具有两个方面的特点，就是崇尚汉文化和重视商业、手工业。可能正是这两个方面的特点，决定了白族在这个维度上的态度和其他民族的不同。第一，白族长期以来有崇尚汉文化、尊崇儒学的特点，所以白族居民对汉族文化的接受度较高，更愿意融入汉族的经济生活。白族地区长期以来具有崇尚汉文化的传统，但在明代之前，汉、白文化之间的交流还只是局部性的，明代大规模的移民则

---

① 马丽娟. 历史上云南回民的经济特征. 民族研究, 2000, (5): 89-96.

② 姚顺增. 滇南回族村寨社会发展的传统文化分析. 云南民族大学学报(哲学社会科学版), 2003, 20(4): 102-104.

使汉文化开始全方位输入云南地区。[①]这些承载着中原汉文化的汉族人口，不仅带来了先进的生产技术、文化思想，而且与白族人民交错杂居，共同生产生活，相互影响，形成汉文化在大理白族地区生根发芽、不断发展的局面。白族地区以儒家教育为宗旨的学校蓬勃兴起，儒家思想、儒家文化、儒家道德规范成为教育核心，成为人们的理想追求和道德取向，推动了儒家文化的大发展。[②]所以，正是儒家思想的深入造就了大理白族地区浓厚的汉文化氛围，影响了白族人民社会生活的方方面面。正是白族这种崇尚汉文化、尊崇儒家文化的特点，使白族文化很早就与汉文化发生了融合，所以白族群众对汉族文化较认同，对于到汉区打工这样的谋生方式和现代消费方式接受度高。第二，与西南其他少数民族不同，从南诏国时期开始，白族地区就有重视手工业和贸易的传统。其和中原相比，至少在整个社会意识上，对手工业和农业没有中原农耕社会的那种重农轻商、轻工的趋向。南诏的手工业主要表现在冶金工艺、纺织工艺、建筑工艺等方面；在南诏的官府中，也专门有一个"禾爽"来管理贸易，说明了贸易在南诏经济中的地位是相当重要的。[③]可能正是白族这种独特的重视手工业和商业的传统，使得白族群众对于到汉区经商打工这样的谋生方式和现代消费方式的态度比其他民族更加积极。

### （四）文化程度的影响

本章研究结果显示，西南少数民族被试在经济价值观金钱储蓄和外出打工两个维度上，表现出显著的文化水平差异，说明文化水平影响着西南少数民族群众的经济价值观，这与预想的研究结果相符。在金钱储蓄上，高中、初中、小学及以下文化水平的人得分要显著高于本科文化水平的人，这说明文化水平越低的个体，越重视金钱的储蓄，这可能与个体生活环境和收入水平有关。文化水平较低的个体，经济生活相对贫困，从业简单，生活交际圈相对狭窄，受传统储蓄观念的影响较深，而受外界文化影响较少，所以更倾向于重节约、重储蓄的传统经济价值观；而文化水平较高的个体，收入相对较高，富余金钱较多，同时又受现代消费投资观念的影响比较大，从而更愿意而且也更可能把金钱用在储蓄之外的其他方面。

---

① 董秀团. 论明清时期白族文化的转型. 云南民族大学学报(哲学社会科学版), 2004, 21(4): 99-102.

② 张丽剑. 明代汉文化在大理白族地区的影响. 云南师范大学学报(哲学社会科学版), 2000, 32(3): 37-40.

③ 杨莉. 论西部民族特色经济形成及对经济增长的作用. 云南民族大学学报(哲学社会科学版), 2009, 26(2): 115-118.

在外出打工维度上，高中、大专、本科、研究生及以上文化水平的人，得分显著高于小学及以下文化水平的人，同时，大专和本科文化水平的人，得分要显著高于初中文化水平的人，总体趋势是个体文化水平越高对外出打工的态度就越认同。这与以往的研究结论一致。对少数民族打工者文化水平现状的调查发现，高中、大专及以上文化水平的打工者已占到全部打工者的75%[①]。对壮族打工者文化程度的调查也发现，外出务工者一般都有相对较高的文化程度[②]。这可能是因为文化水平较低的个体，受少数民族传统观念的影响较深，本土思想比较浓重，而且由于学历较低，对自我评价偏低，对外界社会的认知可能比较片面和消极，从而更倾向于在本民族地区生活。而受教育程度较高的个体，与汉族文化融合较多，个体表现出的自我实现和对大城市生活的向往也就越强烈，而且学历越高，自我评价也会越积极，个体的自信心也会更强，从而更赞同通过去大城市打工的方式来改善自己的生活条件和实现自身价值。

（五）汉区生活年限的影响

本章研究结果表明，不同汉区生活年限的西南民族个体在金钱储蓄和人际消费维度上有显著差异。具体而言，金钱储蓄维度上，未在汉区生活过的被试得分显著高于在汉区生活1～5年的被试。这与预想的研究结果一致，分析原因，大概是由于储蓄是中华民族的传统消费习惯之一，西南少数民族传统经济价值观中重储蓄的观念对未在汉区生活过的被试影响深远，而且这些个体没有在汉区生活过，受到现代社会商品经济观念和政府刺激消费政策的影响较少，所以还是恪守传统的消费习惯，把剩余的收入存储起来。而在汉区生活1～5年的被试，在汉区生活一段时间后，受汉族主流经济文化的冲击，又受到一些刺激消费政策的影响，消费观念发生了较大的转变，从而导致其储蓄习惯的变化。

在人际消费维度上，在汉区生活11年以上的被试，得分显著高于在汉区生活6～10年的被试和1～5年的被试。这说明对有汉区生活经历的人来说，在汉区生活的时间越长，受汉文化习俗的影响越深，包括注重房产、孝敬父母等，也越容易卷入人情世故之中。

---

① 田敏, 沈再新. 论少数民族劳动力打工的原因及其影响——以鄂西南革勒车乡桐麻村为例. 广西民族大学学报(哲学社会科学版), 2005, 27(5): 70-73.

② 李富强. "打工族"与壮族文化变迁——以田林那善屯为例. 广西民族大学学报(哲学社会科学版), 2003, 25(2): 87-91.

## 第三节 西南少数民族经济观的价值传承

### 一、经济观的价值传承方式与载体

根据访谈、实地考察和文献分析等方法，以西南几个人数相对较多的少数民族（苗族、土家族、彝族、藏族、布依族、侗族、白族等）为研究对象，可总结出西南少数民族经济价值观的传承载体和方式包括具体的物质实体（如民族服饰、建筑物、祠堂、民居、生产生活传承物等）和非物质载体（习俗、传统节日、传统信仰、图腾、语言文字等）。

#### （一）物质载体

第一，民族服饰。服饰是人类重要的物质资料，它不可缺少的实用价值和日益增长的欣赏价值，使其成为民族文化的重要载体，也是经济价值观传承的重要载体。民族服饰在经济价值观上的传承作用主要表现在：首先，展现了民族传统的经济文化类型和经济价值观念。苗族是一个历史悠久的民族，他们的先民在先秦时期就生活在长江中游地区。他们的历史可上溯至尧、舜、禹时代。由于长期迁移和不断分散，苗家人遍布西南地区，形成了不同地域的苗族。而不同支系、不同县、不同山寨的苗族都根据自己的农耕文化、经济条件和历史发展形成地域特有的约定俗成的生活方式和道德习俗，也形成了独具特色的服饰文化。以麻塘革家寨为例，由于其以打猎为主的生产生活方式，所以在苗族多个分支的服饰中，革家的服饰是最适合活动和运动的，但是又不缺乏装饰意义[①]。其次，体现了天人合一的生态经济观念，如昆明附近的彝族巫师西波在行祭祀之业时所戴的鹰爪帽、昆明西郊玉案山北段的核桃箐族聚居村神龛上供奉的鹰爪。鹰为神物，一般都是借鹰爪装饰揭示出人神合一、人天合一的生态经济观[②]。

第二，民族建筑物。由于经济文化类型不同，少数民族的建筑物也各不相同，

---

① 蒋丽芹. 少数民族村寨旅游资源开发与可持续发展战略研究. 江南大学学报(人文社会科学版), 2005, 4(4): 66-69.

② 谢青松. 少数民族服饰文化中蕴含的价值观念. 保山师专学报, 2005, 24(6): 79-82.

许多民族的建筑物都有自己独特的风格，如四川阿坝藏族羌族自治州羌族的"羌寨"等，这些建筑物是为了适应当地少数民族的经济生活而建造的，因而代表着少数民族的经济价值观，具有一定的传承价值；又如，彝族的火塘文化就与彝族的经济生态观联系密切[①]。鼓楼是南侗地区侗族村寨的标志性建筑物[②]。例如，在我们考察中的高增村和占里村等村寨，每个村寨都有专属于自己的鼓楼，古朴、雄伟的鼓楼修建在寨子的中心地带，它既是侗族胞民借以展示村寨建筑技术、财富实力、审美情趣、人文环境和蓬勃向上之朝气的媒介，又是寨民聚会议事、举办节日庆典、婚丧嫁娶、休闲娱乐的场所。它集诸多社会功能于一身，有其独特的文化内涵[③]。可以说，侗族几乎所有的文化活动都离不开鼓楼，它辐射式地多方面与侗族人民的物质生活和精神生活广泛发生联系。由此也可看出，鼓楼在侗族本土价值观传承中起着极其重要的作用。侗族鼓楼的装饰内容十分丰富，鼓楼梁枋上的各种雕饰、彩画，多是反映侗族历史、人物，以及表现侗族人民生产生活内容的，如斗牛、打猎、捕鱼、娱乐活动等。例如，这次考察的高增村和占里村等村寨，当地木材丰富，所以在历史上，以出口木材和农耕为主要经济生活方式，在鼓楼东南面的彩绘图案上，亦有关于侗族居民砍伐木材、收割麦子的彩绘图案，反映出侗族传统的经济生活方式和经济价值观。这些装饰和彩画形象直观，栩栩如生，实际上起到了直观的教育作用，通过这种潜移默化的方式，将侗族的经济价值观一代代传承下来。

第三，寺庙祠堂。本主崇拜是云南白族地区特有的一种宗教信仰形式，所谓"本主"，意为本境之主，或本境保护神。崇拜对象十分特别而又复杂，有历史上的忠臣义士、民间的志士仁人、唐军阵亡的将士；有传说中的神灵，有儒、释、道三教中的人物和神祇；有从原始图腾崇拜脱胎而来的动物、植物、自然风物等[④]。有的一个自然村就有一位本主，有的则几个村甚至更大一点的地域共同拥有一个本主。我们在对大理喜洲镇金河村的实地考察中发现，对于白族居民来说，除了重大节日和婚丧嫁娶以外，祈求本主，还有"保丰收，本乐业，身安然，龄增寿，泽添延，冰雹息，水周旋，家清吉，户安康""为士者，程高万里；为农者，粟积千钟；为工者，巧筑百般；为商者，交通四海"等与经济生活密切相关的功能。而且，一种祭拜都按照一定的仪式。这套仪式是约定俗成的，已经基本固定且世

① 马军. 论彝族文化习俗中的生态经济观. 生态经济, 2001, (8): 79-81.
② 王俊. 侗族鼓楼的社会功能和美学内涵. 云梦学刊, 2007, 28(6): 110-112.
③ 吴军. 论侗族鼓楼的文化教育功能. 贵州民族大学学报(哲学社会科学版), 2005, (3): 88-90.
④ 李爱萍. 试论白族本主崇拜的辅助教育功能. 大理学院学报, 2006, 5(5): 8-9.

代传承，正是这种经济功能和祭拜仪式的世代传承，使本主祠成为经济价值观传承的物质载体。同时，本主崇拜本身也会带来经济功能，因为一般而言，大型本主庙会由于参与的人数众多，食宿用等需求问题比较突出，往往就会促成相应的商业行为的产生，久而久之，起先偶然性的商业行为就会发展成定期的集市贸易，甚至会使本主庙会的性质从宗教活动向商品交易活动蜕变。[①]这也从客观上促进了白族地区重商经济价值观的兴起与传承。

第四，传统民居。传统民居是白族建筑文化的一大景观，我们在对大理喜洲镇白族的实地考察中发现，喜洲白族传统民居从内部结构、整体组合到外观造型都有鲜明的民族特色，材料以土木或砖木为主，同时大量运用石材，内部结构均一楼一底，组合形式有"一正两耳""两房一耳""三坊一照壁""四合五天井""六合同春""走马转角楼"，其中，"三坊一照壁"的建筑形式，充分体现了白族人民大方、开朗、兼容的总体经济价值观[②]。又如，"四合五天井"，它规模较大，与汉族四合院有相似之处，但是又有别于汉族建筑，表现了白族居民天人合一，与自然和谐相处的生态经济观。

### （二）非物质载体

第一，习俗。习俗是指人们在群体生活中逐渐形成并共同遵守的习惯和风俗，是人类生活中产生最早的一种社会行为规范。习俗是一个涵盖多方面的文化体系，如生产习俗、婚姻习俗、分配习俗、消费习俗、生活习俗等。何明在对云南少数民族饮酒习俗所表现出来的价值观的研究中发现，云南少数民族饮酒习俗中所表现的价值观，有对自然崇拜的自然价值观，有平等共享的经济价值观，有团结坦诚的人际关系价值观，也有沉溺眼前，不看将来的人生价值观[③]。对哈萨克族生产习俗的研究表明，哈萨克族游牧生产习俗主要包括生产经营习俗、畜牧业加工习俗、流通习俗、草场使用习俗和生产投入习俗等，每一部分习俗都对哈萨克族人民的经济生活有重要的意义[④]。

第二，传统节日。传统节日最能体现本民族的经济和文化。例如，仡佬族的"祭山""吃新"、瑶族的"祭盘王"、侗族的"祭萨"、水族的"过端""过卯"、彝族的"火把节"、布依族的"三月三""六月六"，苗族的"吃牯脏""吃鱼节""踩

---

① 杨志明. 白族本主崇拜的功能初探. 云南民族大学学报(哲学社会科学版), 2000, 17(5): 35-38.

② 张汝梅. 白族居民建筑的文化意蕴. 边疆经济与文化, 2007, (8): 83-84.

③ 何明. 云南少数民族饮酒习俗所表现的价值观. 云南民族大学学报(哲学社会科学版), 1998, (3): 105-110.

④ 周亚成. 哈萨克游牧民族生产习俗的变迁与经济发展. 民族研究, 2000, (3): 54-62.

花山""四月四"等民族节日。民族的节日文化是与少数民族的经济心理与价值观紧密相连的，其与民族经济发展是相辅相成的关系，通过民族节日，扩大了民族对外贸易交流，弘扬了民族经济文化；吸收了外界的经济信息，也向外界传递了本民族的经济信息；活跃了商品经济，打破了民族地区小农经济的模式，并实现了经济价值观的世代传承[①]。

第三，传统信仰。少数民族多居住在边远的山区或边远的牧区，由于生产力水平相对落后，少数民族受到原始宗教的影响颇深，少数民族居民一般都崇拜自然，相信万物有灵，拥有天人合一的经济价值观。所以，传统信仰对少数民族的经济价值观影响深远，在民族经济价值观的传承上，起着十分重要的作用。在彝族的传统信仰中，很早就有自然崇拜，如对石头、花草、树木、森林和水的崇拜，几乎每一个自然村都有被视为本村保护神的"神树"，当地居民每年都要对神树进行祭祀，祈求神树保佑大地的丰收；同时，彝族还有着原始的祖先崇拜，严格按照传统习俗进行"阴桶"仪式，这些都体现了彝族人民天人合一的自然生态观[②]。回族居民对伊斯兰教的崇拜对他们的经济价值观影响深远，如伊斯兰教的教义对回族商业传统的内在推动、《古兰经》对商业活动的引导，这些都是回族居民商业价值观形成的基础。而且，伊斯兰教的教义还对商人的商业道德做出了规范，在此基础上，回族居民形成了传统的商业道德价值观，并延续至今。

第四，图腾。图腾文化是一种古老、奇特的文化现象，各个民族都有自己的图腾。在中国广阔的少数民族地区，以不同经济类型区分开来的各民族所信仰、崇拜的图腾，都与本民族的经济结构和随之形成的经济价值观有着密不可分的关联性。图腾是每一个民族传统经济价值观的具体体现，具有历史的传承性，同时也是经济文化深层结构的组成部分，它对人们的情感趋向具有强大的潜在支配作用。例如，赫哲族的经济结构以传统捕渔业为主，以鱼皮制衣的特色产业为辅，近年来还兴起了捕鱼观光旅游业，而赫哲族最具代表性的图腾图案上是一只天鹅和两条从水里跃起的鱼，说明了赫哲族图腾与经济价值观的密切关系；有些地方回族的图腾图案是一座清真寺庙，也是回族特色的伊斯兰教宗教经济价值观的体现；门巴族的图腾图案是一个精致的木碗，门巴族的生产力发展缓慢，在生产方式上，主要以农耕和手工制作为主，木制品深受当地居民喜爱，把木碗作为图腾，也是门巴族复杂经济价值观的外在表现。[③]

① 杨涛声. 民族文化节日与民族经济的发展. 贵州民族研究, 1994, (2): 60-62.
② 马军. 论彝族文化习俗中的生态经济观. 生态经济, 2001, (8): 79-81.
③ 余操. 论中国少数民族图腾文化与经济结构的关联性. 经济研究导刊, 2008, (3): 180-181.

第五，生产生活经验。西南少数民族在改造自然环境、改善生活条件的过程中，积累了很多生产生活方面的经验，正是这些经验指导西南各少数民族在长期的生产生活中不断改造自然、利用自然，创造出丰富多彩的物质生活。生活经验主要是指"人类在生存过程中认识自然，改造自然，并且巧妙与自然和谐共处的经验体系"；生产经验主要是指"人类在生产实践中积累起来的生产知识和生产技能的总和，包括农业生产、牧业生产、渔猎生产及其他行业生产经验各个方面"[①]。

第六，民族歌曲和舞蹈。民族歌曲和舞蹈是通过表演和学习而传承的载体形式，其特点是通过说、唱、肢体语言等方式来表现自己民族的传统观念和道德思想。比如，本章实地考察的贵州从江县高增村和小黄村，一个是侗歌之乡，一个是侗戏之乡，侗歌和侗戏内容丰富多样，有表现叙述历史的叙事类、表现传统经济价值观的劳动类、与神灵沟通的巫师类和人际沟通的礼歌与情歌类等。侗歌和侗戏在侗族地区源远流长，侗族居民从小时候开始就学习侗歌和侗戏，接受本民族传统经济价值观的教育，所以，侗歌和侗戏也是一种自然的非物质价值观传承载体。

## 二、西南少数民族经济观的价值传承规律

西南地区是我国少数民族分布最为集中的区域，居住着全国 2/3 以上的少数民族。由于民族众多，各民族生活的自然和人文环境不尽相同，所以形成了各具特色的经济价值观，呈现出丰富多彩的经济文化类型，并一代代传承下来，延续至今。改革开放以来，受到现代商品经济观念的影响，西南少数民族的经济价值观发生了一些转变，但是这些转变依然是以各民族传统的经济价值观为基础的转变，是在传承基础上的转变。根据已有研究和本章研究结果，西南少数民族经济价值观的传承表现出以下规律。

### （一）以各民族传统的经济价值观为传承的基础

西南民族处于我国地势一级、二级阶梯之间，海拔落差大，气候类型和生物资源呈现多样性分布，差异十分明显。在此基础上，不同的少数民族在长期的生产和生活中，形成了具有自己独特地域性的传统经济价值观。同时，西南地区多有大山阻隔，交通不便，信息相对闭塞，使其在长期的发展中保持一种相对原生态的经济环境。正是这种独特的自然环境和原生态的经济环境孕育了西南少数民

---

① 卢德生. 民族文化传承中的社会教育运行机制研究. 西南大学博士学位论文, 2008.

族的传统经济价值观并使其一代代传承下去。改革开放以后，由于现代商品经济观念的冲击，西南少数民族的价值观发生了一定的转变，但是这种转变和传承并不矛盾，而是相辅相成的，传承是转变的基础，转变是传承的必然结果，新时期西南少数民族的经济价值观依然保留着传统经济价值观的精髓，所以，西南少数民族现代经济价值观的传承是以传统经济价值观为基础的传承。

### （二）以本民族的经济发展状况为背景，传承方式多样

自改革开放和国家西部大开发战略实施以来，西南少数民族地区的经济状况正在发生前所未有的改变，这种变化必然反映到人们的经济价值观上，并且以各种传承方式得到体现。除了物质载体如民族服饰、建筑物、宗教寺庙之外，非物质载体如习俗、生产生活经验等也都或多或少地发生相应的改变。

### （三）以促进本民族经济发展，改善人民生活条件为传承目标

西南民族地处偏僻，很多民族地区历史上经济发展缓慢，长期处于贫困落后的状态，各民族的传统经济价值观正是在各民族经济发展基础上形成的在变迁中不断沉淀的一种观念体系，体现了一个民族特有的生产、生活、消费等经济行为方式，是一个民族经济生活的真实写照，是民族心理、民族精神、民族价值观的集中反映，体现了少数民族人民渴望经济发展、摆脱贫困落后状态、改善生活条件的强烈愿望。

### （四）以学校教育作为经济价值观传承的新形式

西南地区民族种类的多样性，决定了其民族经济价值观的多样性。而不同民族地区的学校教育应该是体现民族文化特色的教育，民族地区学校的培养目标应该是要培养各少数民族自己的接班人，培养少数民族文化的传承人，培养属于本民族自己的人才，这是与汉族地区学校培养目标根本不同的标志。正是在这样的目标的指导下，根据各个民族各自的文化体系，少数民族地区的学校教育通过潜移默化的方式，完成了少数民族地区经济价值观通过各自的载体的传承。

# 第九章

# 民族文化价值传承的心理结构

　　"传承"一词不但在文化的研究中早已被人们广泛使用，而且常与文化连用组成"文化传承"一词。文化传承是指文化在民族共同体内的社会成员中做接力棒似的纵向交接的过程。这个过程因受生存环境和文化背景的制约而具有强制性和模式化要求，最终形成文化的传承机制，使文化在历史发展中具有稳定性、完整性、延续性等特征。也就是说，文化传承是文化具有民族性的基本机制，也是文化维系民族共同体的内在动因。社会成员正是通过习得和传承共同的民族文化而结成一个稳定的共同体的，这在原始的或社会发展相对滞后的民族中更为明显。[①]因此，从一定程度上讲，文化传承本身就是对人类进行教育和再教育的过程，使文化能够不断地延续下来，使人类一代代按照文化的价值取向、共同理想和行为准则，接受、继承和认同本民族文化，使每个社会都有一些合作的人保证整个社会或群体的生存和幸福[②]。关于民族文化传承的本质，赵世林认为：第一，文化传承是一种文化的再生产，与人类的两种再生产共同构成社会的再生产；第二，这种文化再生产不是单个人的自我行为，而是民族群体的自我完善；第三，文化传承是权利和义务的传递，具有社会强制性和不可选择性；第四，文化传承是民族意识的深层次积累，构成民族认同感和内聚感的核心；第五，文化传承是一种纵

---

　　① 冉光荣. 应当重视民族文化传承的研究——《云南少数民族文化传承论纲》序. 云南民族大学学报, 2003, (1): 33-35.

　　② 普丽春. 少数民族非物质文化遗产的教育传承——基于对云南彝族烟盒舞等的调查. 中央民族大学博士学位论文, 2009.

向的"文化基因"复制，具有模式和"血型"的基本特质[1]。

　　目前国内还缺乏民族文化价值传承的心理结构的研究工具，本章拟通过开放式调查与内容分析，编制具有较高信效度的民族文化价值传承问卷，考察西南少数民族文化价值传承的心理结构特点，为西南少数民族文化的保护和传承提供心理依据。此过程中参考了下列国外量表：Sungnok-Choi 等编制的文化世界观（Cultural Worldview，CW）量表，该量表考察人们对文化的态度和信念，包括四个维度，即连锁、文化价值的认可、传统和习俗的保护、文化丧失[2]。Dunlap 等的新环境范式（New Environmental Paradigm，NEP）量表也有很好的借鉴作用[3]。虽然必须考虑到环境和文化的不同，但因为该量表反映了人类开发环境资源与过度开发带来的环境破坏的风险之间的紧张关系，这正与民族文化的保护和发展的现状比较吻合，如文化传统的丧失、过度追求经济利益、破坏了自然的平衡、对民族文化的认同危机、文化传统的意义等。另外，在问卷的编制过程中还借鉴了Donohue 等的民族文化治疗半结构式访谈量表（Semistructured Interview for Consideration of Ethnic Culture in Therapy Scale，SICECTS），特别是其中的民族文化重要性因子的项目[4]。

## 第一节　开放式调查与内容分析

### 一、对象与问题

　　访谈和开放式问卷调查对象共 220 人，涉及 26 个民族及穿青人：汉族 50 人，彝族 30 人，苗族 25 人，土家族 13 人，壮族 12 人，蒙古族 10 人，藏族 10 人，回族 9 人，白族 7 人，满族 5 人，傣族 5 人，纳西族 4 人，黎族 4 人，侗族 4 人，哈尼族 4 人，羌族 3 人，维吾尔族 3 人，布依族 3 人，瑶族 3 人，仡佬族 2 人，

---

① 赵世林. 论民族文化传承的本质. 北京大学学报(哲学社会科学版), 2002, (3): 10-16.

② Sungnok-Choi A, Papandrea F, Bennett J. Valuing australian cultural institutions: Developing a cultural worldview scale. Paper for presentation at 14th International Conference on Cultural Economics, Vienna, Austria, 2006.

③ Dunlap R E, Van Liere K D, Mertig A G, et al. Measuring endorsement of the new ecological paradigm: A revised NEP scale. Journal of Social Issues, 2000, 3: 425-442.

④ Donohue B, Strada M J, Rosales R, et al. The semistructured interview for consideration of ethnic culture in therapy scale: Initial psychometric and outcome support. Behavior Modification, 2006, 30(6): 867-891.

傈僳族 2 人，穿青人 2 人，拉祜族 2 人，佤族 2 人，布朗族 2 人，景颇族 2 人，水族 2 人。

根据民族文化价值传承的研究目的，自编结构化访谈提纲和开放式问卷的题目，其题目如下：

（1）一提到民族文化，您会想起什么？

（2）您喜欢本民族文化吗？为什么？

（3）请谈谈您对民族文化的看法。

## 二、内容分析程序

（1）分析单元。用有独立含义的离开文本背景也能读懂的一段文字作为分析单元，它可以是句子、短语和词汇。

（2）编码类目。根据文献综述、前期研究、专家意见，初步拟定类目。然后，结合访谈和开放式问卷调查的内容，依据清晰度、普遍性和简洁性的标准对访谈和开放式问卷调查内容进行整理，初步制定类目。具体而言，访谈和调查问卷中出现的不同含义的分析单元作为小类目。然后，根据含义将得到的这些小类目进行归类，获得大类目。接着，随机抽取 40 份问卷，采用持续比较法反复修订类目。最后，对最后确定的每个类目进行明确界定，并给出示例。

（3）编码方法。以频数作为统计指标，根据句子的含义进行统计，有些句子可能有多种含义，则相应地按其含义分别统计。

最后，先请两位研究生按照编制的类目同时对随机抽取的 40 份问卷进行评定，根据内容分析信度公式计算得到的编码信度系数为 0.86。

## 三、内容分析结果

对被试的开放式问卷调查的反应进行分析，可以明确归类分析的有 2225 个反应项目，平均每人 10.11 个（表 9-1）。内容分析结果表明："民族文化自觉意识"主要描述了人们对民族文化的保护、发展和变化的看法与认识，包括对本民族优秀文化的继承和发扬，也包括对外来文化的精华的吸取和学习，等等；"民族文化认同感"主要描述了人们对民族文化为个体和社会所带来的意义和帮助的承认和悦纳，如精神上的依托、带来乐趣、充实和丰富自己、鼓舞民族士气、有助于民族的兴旺等；"民族文化自豪感"主要描述了人们因为自己的民族文化的丰富、悠久、多彩、独特等而油然产生的积极情感，如民族文化历史悠久、独一无二、享誉世界等；"民族文化忧患意识"主要描述了人们对民族文化在保护、发展和变化中出现的状况的担忧，如民族文化流失、遭到外来文化的冲击、被其他文化同化、人为破坏等担忧和想法；"民族文化归属感"主要描述了人们对属于某个民族所隶属的文化的一员的自我认定，如民族文化是养育自己的养分、喜欢本民族文化、不能忘本等；"民族文化责任感"主要描述了人们对因属于某一民族文化而衍生的对于民族文化的继承和发扬、保护和发展的责任感和义务感，如有责任和义务继承和发展自己的民族文化等。"民族文化自尊感"主要描述了人们对民族文化的尊重，包括尊重所隶属的民族文化，也包括互相尊重，尊重他人的民族文化等。

表9-1　内容分析表（仅呈现频次大于3的）

| 大类目 | 小类目 |
| --- | --- |
| 民族文化自觉意识<br>（693，31.15%） | 民族文化的发展（54）；继承并发扬本民族文化（50）；保持民族文化特色和习俗（40）；了解、学习并体会本民族的文化（32）；符合时代和社会发展的趋势（25）；保护和发扬民族文化传统（23）；民族文化特色（23）；保护和传承民族文化精髓和遗产（22）；随社会和时代的发展而发展（18）；让更多的人了解本民族文化（18）；56个民族的文化（18）；民族文化融合（18）；了解并继承本民族文化的精华（17）；变化是必然和必需的（17）；吸收他族文化和文明（16）；保持民族文化多样和多元（13）；保护、维护本民族的文化（19）；民族文化的变化（13）；与时俱进（13）；取精华去糟粕（13）；改变传统文化的弊端和局限（13）；了解、学习并接受其他文化（13）；及时更新、变通和创造民族文化（12）；随经济和社会的发展而变化（8）；吸收、借鉴其他民族文化的精华（8）；保护并完善好的东西（7）；传承给后代（7）；对外展示和开放本民族文化（7）；只有变化才能发展（7）；以发展的眼光明智看待和对待民族文化的变化（7）；宣传本民族文化的大型活动增多（6）；各民族（文化）之间互相学习和交流（6）；取长补短（6）；保护是必需的（6）；本民族文化走出本地区、本国，面向国际（6）；在本民族文化的基础上，适应时代和环境的需要而发展（6）；变化使之更有生命力、更容易被接受（6）；发展特色民族经济，如旅游业（5）；各民族文化共同发展（5）；民族文化自身有其变化规律（5）；经济、社会和文化等发展的结果（5）；接受新文化（5）；有选择地接受其他文化和继承本民族文化（5）；很多方面不同于汉族文化（5）；给民族文化注入新活力和生机（5）；优点或长处和缺点（4）；顺其自然（4）；民族文化变化是好事（4）；丰富和提升本民族文化（4）；兼容并包（4）；对本民族文化的变化很伤心（3）；民族文化的现代化（3）；促进其他民族了解本民族特色（3）；使本民族文化深入人心（3）；各民族的融合（3）；弘扬民族精神（3）；在历史发展过程中创造和发展的（3）；在发展中形成新文化（3）；不改变本民族根本的东西（3） |
| 民族文化认同感<br>（488，21.93%） | 丰富中国以至人类的文化（26）；为文化多样性做贡献（24）；民族或国家（存在）的标志、象征和历史依据（22）；利于我们更好/更深刻地了解并记住自己民族的一切（21）；祖先留下的智慧结晶和精神积累（21）；宝贵的文化遗产和财富（20）；培养并传承了民族精神（16）；提高族群生活水平及改善族群生活环境（16）；民族的精髓、精华和灵魂、动力来源（16）；有利于民族文化传承、持续发展和更加强大、丰富（15）；对地区和国家的发展意义重大（14）；推动民族和社会的进步与发展（14）；有利于促进民族团结（14）；精神上的依托、食粮和精神支柱（13）；对一个民族及个人的发展很有意义（13）；利于培养和提升全民文 |

| 大类目 | 小类目 |
|---|---|
| 民族文化认同感<br>（488，21.93%） | 化素质（11）；对本民族民众生活有帮助（11）；民族的历史经验和智慧结晶（10）；民族生存和发展的基础与土壤（10）；丰富和提升个人的精神境界和精神世界（10）；传承意义（10）；利于本民族的生存、兴旺和发展（10）；对本民族及后人有一定的影响力（9）；丰富我们的日常生活（8）；可以充实、丰富和完善自己（7）；开阔思维和增长见识（7）；给我们的生活带来乐趣、快乐（7）；有利于实现中华民族的伟大复兴（7）；见证民族发展的历史（6）；增强民族意识（6）；培养爱国思想（6）；体现本民族的文化涵养及内涵（5）；一个民族长久以来形成的非物质文化遗产（7）；可以塑造民族性格（5）；满足本民族的需求（5）；利于彰显自己的与众不同（5）；弘扬和丰富中华民族大家庭（4）；一种自我认定和价值（4）；可供观赏（3）；有利于国家安定和统一（3）；提高各民族的知名度（2）；促进各民族的和谐（3）；有助于民族融合和各民族的交流（3）；民族成员间联系的纽带（1）；有助于形成良好的人生观、价值观、世界观（3）；历史研究作用（3）；增强我们的荣誉感（3） |
| 民族文化自豪感<br>（424，19.06%） | 历史悠久（46）；丰富多彩（43）；独特性（33）；富有民族特色（28）；博大精深（20）；各具特色（17）；丰富（15）；内涵和意蕴丰富（13）；源远流长（11）；民族自豪感（10）；民族文化是我们的骄傲（10）；文化内涵深厚（8）；独特的民族语言和文字（8）；服饰漂亮（7）；多样性（7）；独特的文化传统（7）；民族文化让我感到自豪（6）；多元化（6）；美好（6）；灿烂的（6）；我因本民族而自豪（5）；与众不同（5）；富有吸引力（5）；独特的民族节日（5）；独特的民族风情（5）；歌舞举世闻名（4）；富有神秘的传奇色彩（4）；服饰独特（4）；多姿多彩（4）；民族风俗丰富、多样（4）；丰富的文化遗产（4）；国家和地区重视（4）；辉煌的文化（4）；有趣（3）；能歌善舞（3）；令人惊叹（3）；古老（3）；本民族风景美（3）；远扬海外（3）；独一无二（3） |
| 民族文化忧患意识<br>（327，14.70%） | 日趋汉化（28）；民族文化丧失和流失（22）；民族语言和文字流失严重（16）；遗忘（15）；本民族独具特色的东西逐渐减少（14）；被其他文化侵占和冲击（14）；没人重视和关心本民族文化（11）；有些民族文化已经或正在消亡（9）；不了解本民族文化的变化（8）；本民族文化发生了变化（6）；逐渐被他族文化同化（6）；人们对其了解越来越少（6）；民族会消失（5）；城市化导致民族消失（5）；失传和失去传人（5）；本民族文化逐渐退化（5）；服饰被汉化（4）；丢掉传统（4）；变得过于一体化（4）；盲目取缔和吸收（4）；人为的或无意的破坏（4）；民族文化掺杂更多的西方元素（3）；很少接触本民族文化（3）；部分民族文化传统被外国盗窃（3）；不遵照本民族的风俗习惯了（3）；放弃历史沉淀下的精华（3）；无感觉（3） |
| 民族文化归属感<br>（225，10.11%） | 我是本民族的一员（47）；不能忘本（26）；喜欢本民族文化（22）；热爱本民族（18）；爱家、爱国（14）；组成中华民族文化的一部分（13）；民族的才是世界的（11）；我们都是中国人（11）；自己的根（8）；本民族是中国56个民族之一（5）；在本民族文化氛围下长大（5）；从小就受本民族文化的影响（4）；属于自己（民族）的文化（4）；对自己的民族和民族文化有亲切感（4）；忠于本民族（3）；我是一个少数民族（3）；族群的代表（3）；人的本能（3）；归属感（2）；喜欢本民族服饰（3） |
| 民族文化责任感<br>（34，1.53%） | 自己的义务和责任（12）；传承和发扬优秀的民族传统文化是每个人的责任（3）；有义务及责任保持本民族文化（3）；保护和发展本民族文化是每个人的义务和责任（3）；保护民族文化是应尽的责任（3） |
| 民族文化自尊感<br>（34，1.53%） | 尊重自己的民族文化（6）；民族文化应该得到每一个人的尊重（3） |

从整体性的角度来看，民族文化价值传承的心理结构具备了知、情、意等多种成分。如民族文化自觉意识是民众的认知反应，民族文化自豪感则更多反映了民众对民族文化的情感。民族文化价值传承的各个部分并不是孤立存在的，而是密切成为一个有机的整体。从独特性的角度来分析，民族文化价值传承的各个组成部分之间，既相互联系，又相互区分，个体或不同民族的个体在民族文化价值的结构组合上会各有偏重。例如，有的民众可能民族文化自觉意识低，但依然有很高的民族文化自豪感；有的民众可能民族文化忧患意识低，但有很强的民族文化归属感。从社会性的角度看，民族文化价值的形成是人类社会化进程中不断学习的结果。从原始落后的远古发展到文明发达的今天，民族文化一直处于逐步积累、日渐丰富的过程中。民族文化蕴含着几千年来先辈遗留下来的宝贵财富，各个民族也一直在用这种财富去认识、改造自然和社会，为自己的生活服务。可以说，人类社会发展的历史就是民族文化不断积累、更新的历史。在民族文化的继承和发展过程中，人们对民族文化的价值传承的认识也在逐渐提升，也在不断继承和发展。

## 第二节　民族文化价值传承问卷的编制

在深度访谈和开放式问卷调查的基础上，结合文献和专家意见，收集、编制初试问卷的项目，建构问卷的理论维度。最后通过对初试问卷进行因子分析和信效度分析，最终确定民族文化价值传承的正式问卷，为后续研究提供有效的测量工具。

### 一、对象与工具

被调查者主要是来自西南大学西南民族教育与心理研究中心在西南地区设置的八个据点。按照社会分层抽样法选择被试，根据西南地区各省份少数民族的比例确定各省份施测人数。选择调查对象的标准为：①西南少数民族地区的普通群众；②年龄在 12 周岁及以上；③性别比例接近对半；④兼顾不同文化程度、职业和汉区生活年限等。问卷共发放 1300 份，回收有效问卷 998 份，回收有效率为76.8%。其中，499 名参与探索性因子分析，而另外 499 名参与验证性因子分析。被试具体构成情况见表 9-2。

表 9-2　被试构成情况

| 变量 | 类别 | 人数/人 | 百分比/% |
|---|---|---|---|
| 性别 | 男 | 523 | 52.4 |
| | 女 | 475 | 47.6 |
| 年龄 | 12～17 岁 | 135 | 13.5 |
| | 18～24 岁 | 410 | 41.1 |
| | 25～34 岁 | 186 | 18.6 |
| | 35～44 岁 | 125 | 12.5 |
| | 45～54 岁 | 80 | 8.0 |
| | 55 岁及以上 | 61 | 6.1 |
| | 缺失 | 1 | 0.1 |
| 民族 | 汉族 | 172 | 17.2 |
| | 壮族 | 259 | 26.0 |
| | 回族 | 34 | 3.4 |
| | 苗族 | 79 | 7.9 |
| | 土家族 | 70 | 7.0 |
| | 彝族 | 41 | 4.1 |
| | 藏族 | 63 | 6.3 |
| | 布依族 | 86 | 8.6 |
| | 侗族 | 74 | 7.4 |
| | 白族 | 33 | 3.3 |
| | 纳西族 | 34 | 3.4 |
| | 其他* | 53 | 5.3 |
| 文化程度 | 小学及以下 | 123 | 12.3 |
| | 初中 | 308 | 30.9 |
| | 高中或中专 | 327 | 32.8 |
| | 大专和大学本科 | 223 | 22.3 |
| | 研究生及以上 | 7 | 0.7 |
| | 缺失 | 10 | 1.0 |

　　*"其他"包括所有被试人数少于 30 人的民族，共计 53 人，包括瑶族（15 人）、羌族（4 人）、仫佬族（5 人）、基诺族（11 人）、哈尼族（1 人）、傣族（17 人）

　　根据文献研究、开放式调查及访谈结果，自编"民族文化价值传承"问卷，预试问卷包含 43 个项目，所有项目随机编排，采用利克特自评式 5 点量表计分，1 代表完全不符合，2 代表不太符合，3 代表不确定，4 代表比较符合，5 代表完全符合。其中包括测谎题 2 对，反向题目 2 个。本研究严格按照心理学编制问卷的方法，通过预测—试测—修订条目—正式施测等程序，编制具有较高信效度的民族文化价值传承问卷。

## 二、程序

第一步，根据文献综述、开放式问卷调查和访谈，以及其他相关量表的项目，共编制了 100 个项目。

第二步，将这 100 个项目编制成问卷，分别请 2 名心理学博士生和 5 名心理学硕士生（包含汉族和少数民族学生）进行项目评价，根据他们的意见修改和增删项目，确定了 84 个项目。

第三步，将这 84 个项目编制成问卷，分别请 2 名专家（1 名心理学专家和 1 名民族学专家）对其进行评价。然后根据他们的意见再次修改和增删项目，初步确定了 43 个项目。

第四步，将剩下的项目组成的问卷大范围地试测于西南地区的民众。然后采用 SPSS17.0 对初测问卷进行结构探析和验证，形成正式问卷。

## 三、结果和分析

### （一）项目分析

项目分析的目的是筛选项目。项目分析的常见方法有两种。第一种方法是考察题项的临界比率的显著性。此种方法指问卷得分中前 27% 的高分组和后 27% 的低分组进行两者每题得分平均数的差异显著性检验。如果某题项的临界比率没有达到显著性水平，说明该题项缺乏对不同被试反应程度的鉴别力，应予以删除。第二种方法是考察题项与量表总分相关系数的大小。此种方法采用被试在某题项上的得分与问卷总分求相关，如果该题项得分与问卷总分的相关系数小于 0.2，也该删除。第一种方法一般适合于达标测试，本章采用第二种方法来实施项目分析。分析结果表明，有 4 个项目与问卷总分的相关系数低于 0.2，予以删除。

### （二）探索性因子分析

对经过项目分析删除后的项目进行因子分析。在进行因子分析前需要检验此问卷是否适合进行因子分析。对问卷进行检验的结果表明，KMO 检验值为 0.878，Bartlett's 球形检验值为 3365.445，显著性水平为 0.000。KMO 检验值和 Bartlett's 球形检验值都表明了此问卷适合进行探索性因子分析。本章使用主成分分析法，先用斜交旋转，结果发现各因子大部分不相关，因而使用正交旋转。具体来说，主要的剔除原则是：因子特征值小于 1；因子负荷小于 0.33 或项目在两个或两个以上因子上负荷同时大于 0.33，因子所包含的项目数不足三个。同时，还根据碎石图拐点来判断因子数目。按照此标准，经过反复多次筛选，最后的因子分析结果见表 9-3。从中可见，在民族文化价值传承问卷中，5 个因子可解释全部变量的47.19%。项目的因子负荷范围为 0.754~0.437。然后遵循两个原则对每个因子进行命名：第一，参照先前的理论构想来命名，即把各因子包括的项目与先前按照理论构想所编制的预试问卷所包括的项目相对照来命名各维度；第二，参照因子分析的负荷值来命名。通常来说，根据各因子所含的最高负荷值的那个项目所蕴含的意义来命名。因此，各维度分别命名为民族文化归属感、民族文化忧患意识、民族文化自豪感、民族文化认同感、民族文化自觉意识。

表 9-3  民族文化价值传承问卷的探索性因子分析（旋转后）

| 题项 | 因子负荷 | 共同度 |
| --- | --- | --- |
| 因子 1：民族文化归属感（特征值 2.21，贡献率 11.61%） | | |
| 37. 我常认为应该尊重民族的宗教和信仰 | 0.693 | 0.509 |
| 27. 我尊重民族的历史和祖先 | 0.656 | 0.444 |
| 32. 民族文化是中华民族的一部分 | 0.654 | 0.453 |
| 22. 我觉得通过民族文化可以学习到祖先留下来的经验和知识 | 0.525 | 0.376 |
| 12. 我很喜欢民族文化 | 0.453 | 0.327 |
| 因子 2：民族文化忧患意识（特征值 1.84，贡献率 9.68%） | | |
| 40. 我觉得民族的特色文化正在逐渐减少 | 0.688 | 0.502 |
| 14. 我觉得年轻人忘记或丢掉了一些民族文化（如语言、服饰等） | 0.628 | 0.411 |
| 8. 我认为民族文化被外面传来的不好的东西污染了 | 0.612 | 0.472 |
| 29. 我感觉许多优秀的民族文化传统失传了 | 0.598 | 0.482 |
| 因子 3：民族文化自豪感（特征值 1.77，贡献率 9.32%） | | |
| 31. 民族文化很受欢迎 | 0.746 | 0.598 |
| 34. 我觉得民族文化可以帮助民众更好地适应社会 | 0.684 | 0.570 |
| 42. 我觉得政府很重视民族文化的保护 | 0.601 | 0.456 |
| 因子 4：民族文化认同感（特征值 1.75，贡献率 9.19%） | | |
| 23. 我认为不管是不是破坏民族文化，能赚钱就行 | 0.722 | 0.538 |
| 33. 我感觉民族文化与我没有什么关系 | 0.700 | 0.547 |
| 16. 我觉得通过民族文化可以更好地了解这个民族 | 0.558 | 0.478 |
| 5. 我觉得民众与民族文化之间的联系是割断不了的 | 0.437 | 0.326 |

续表

| 题项 | 因子负荷 | 共同度 |
|---|---|---|
| 因子 5：民族文化自觉意识（特征值 1.40，贡献率 7.39%） | | |
| 28. 我觉得民族文化有变化是好事情 | 0.754 | 0.627 |
| 39. 我认为应该继承优秀的民族文化，丢掉不好的民族文化 | 0.605 | 0.464 |
| 15. 我觉得应该有选择地接受其他民族的文化 | 0.523 | 0.383 |

## 四、信度与效度检验

### （一）信度

采用内部一致性系数来检验民族文化价值传承问卷的信度。总问卷的 Cronbach's $\alpha$ 系数为 0.73，各维度在 0.65～0.75，信度系数达到测量学的要求。

### （二）内容效度

民族文化价值传承问卷的编制是基于众多研究文献、开放式问卷调查、深度访谈等多种方法而得出的结果，后又经过民族学和心理学专家的评定与研究小组对问卷项目的多次检查编制而成，因此具有较好的内容效度。

### （三）结构效度

从表 9-4 中可见，各因子之间基本呈中等程度的相关，其相关程度介于 0.152～0.385，且低于因子与总分之间的相关 0.507～0.738。这表明民族文化价值传承问卷具有较好的结构效度。

表 9-4　民族文化价值传承问卷各因子之间及与总分的相关矩阵

| 因子 | 民族文化归属感 | 民族文化忧患意识 | 民族文化自豪感 | 民族文化价值感 | 民族文化自觉意识 | 总分 |
|---|---|---|---|---|---|---|
| 民族文化归属感 | 1.000 | | | | | |
| 民族文化忧患意识 | 0.256 | 1.000 | | | | |
| 民族文化自豪感 | 0.269 | 0.152 | 1.000 | | | |
| 民族文化认同感 | 0.385 | 0.193 | 0.227 | 1.000 | | |
| 民族文化自觉意识 | 0.237 | 0.221 | 0.211 | 0.236 | 1.000 | |
| 总分 | 0.738 | 0.560 | 0.507 | 0.639 | 0.557 | 1.000 |

进一步，本章从初试问卷调查的 998 名少数民族被试中随机选取 499 名，采用软件 Amos17.0 对调查数据进行验证性因子分析，以确定理论模型对实际数据的拟合程度，检验模型是否具有好的效度。第一次模型拟合，发现有几个项目（第 8、34、23、28 题）因子负荷太低，予以删除，后对模型进行修正，进一步提高了拟合指标，最后模型的拟合指标见表 9-5。可见 $\chi^2/df$ 接近 2，小于 5，RMSEA 小于 0.05，GFI、AGFI、CFI 达到模型拟合良好的指标。这说明本章的结果在公认的可接受范围内，表明该模型对数据的拟合较好。标准化路径系数见图 9-1。

表 9-5　模型的拟合指标

| 项目 | $\chi^2/df$ | GFI | AGFI | CFI | RMSEA |
|---|---|---|---|---|---|
| 民族文化价值传承问卷 | 1.923 | 0.95 | 0.93 | 0.85 | 0.04 |

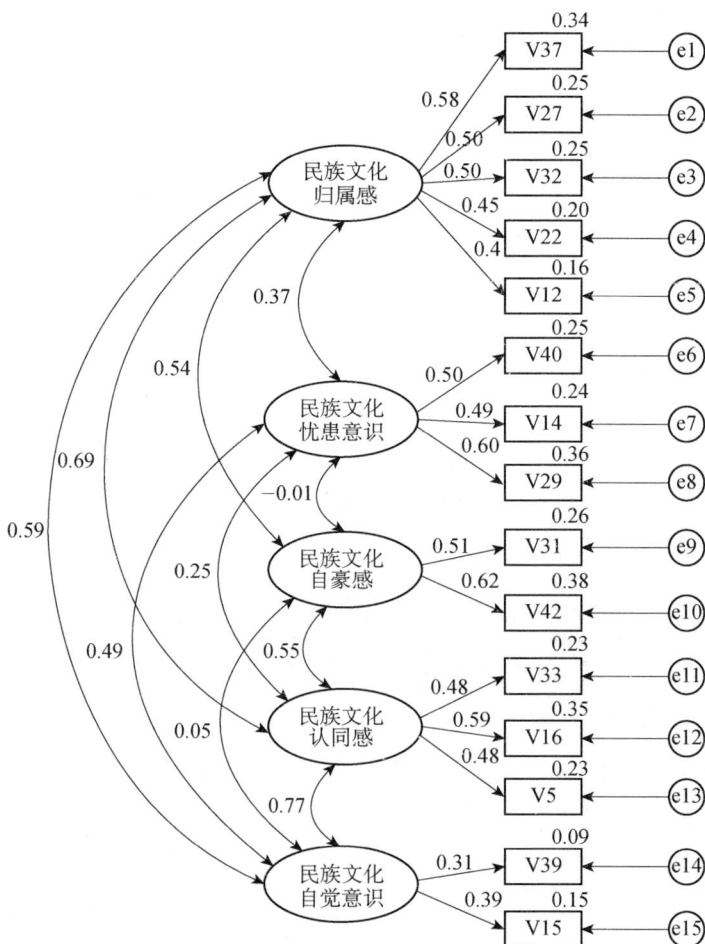

图 9-1　民族文化价值传承问卷的标准化路径系数

## 第三节　西南民族文化价值传承的心理结构特点

### 一、对象与工具

研究对象采取大样本取样，选取被试的标准同本章第二节。共发放问卷 2000 份，回收有效问卷 1587 份，回收有效率为 79.4%，被试的基本情况见表 9-6。调查工具是自编的"民族文化价值传承"问卷。具体实施方法主要是委托西南地区少数民族大学生利用寒暑假返乡的机会，对其家乡所在地的群众进行施测。这些大学生首先在研究人员的指导下每人完成一份问卷，然后接受研究人员的培训，确保理解问卷要求、理解问卷题目的含义、明白作为主试的责任，确保达到主试的要求。再者，利用田野考察时间，研究者亲自深入少数民族居民家中施测。

表 9-6　被试的基本情况

| 变量 | 类别 | 人数/人 | 百分比/% |
|------|------|---------|----------|
| 性别 | 男 | 802 | 50.5 |
| | 女 | 783 | 49.3 |
| | 缺失 | 2 | 0.1 |
| 年龄 | 12～17 岁 | 231 | 14.6 |
| | 18～24 岁 | 644 | 40.6 |
| | 25～34 岁 | 289 | 18.2 |
| | 35～44 岁 | 195 | 12.3 |
| | 45～54 岁 | 122 | 7.7 |
| | 55 岁及以上 | 102 | 6.4 |
| | 缺失 | 4 | 0.3 |
| 民族 | 汉族 | 284 | 17.9 |
| | 壮族 | 358 | 22.6 |
| | 回族 | 61 | 3.8 |
| | 苗族 | 118 | 7.4 |
| | 土家族 | 88 | 5.5 |
| | 彝族 | 79 | 5.0 |
| | 藏族 | 113 | 7.1 |
| | 布依族 | 104 | 6.6 |
| | 侗族 | 75 | 4.7 |

续表

| 变量 | 类别 | 人数/人 | 百分比/% |
|---|---|---|---|
| 民族 | 白族 | 73 | 4.6 |
| | 哈尼族 | 33 | 2.1 |
| | 傣族 | 67 | 4.2 |
| | 仡佬族 | 30 | 1.9 |
| | 纳西族 | 34 | 2.1 |
| | 其他* | 69 | 4.3 |
| | 缺失 | 1 | 0.1 |
| 婚姻状况 | 未婚 | 920 | 58.0 |
| | 已婚 | 651 | 41.0 |
| | 其他** | 16 | 1.0 |
| 职业 | 国家机关、企事业单位负责人 | 72 | 4.5 |
| | 专业技术人员 | 141 | 8.9 |
| | 商业、服务业人员 | 117 | 7.4 |
| | 工人 | 77 | 4.9 |
| | 办事人员和有关人员 | 44 | 2.8 |
| | 农业劳动者 | 255 | 16.1 |
| | 其他 | 138 | 8.7 |
| | 学生 | 668 | 42.1 |
| | 老师 | 48 | 3.0 |
| | 无 | 19 | 1.2 |
| | 缺失 | 8 | 0.5 |
| 在汉区学习、工作时间 | 0年*** | 167 | 10.5 |
| | 1～5年 | 343 | 21.6 |
| | 6～10年 | 221 | 13.9 |
| | 11～20年 | 350 | 22.1 |
| | 21年以上 | 167 | 10.5 |
| | 汉族待在少数民族聚居地**** | 114 | 7.2 |
| | 汉族待在汉族聚居地 | 150 | 9.5 |
| | 缺失 | 75 | 4.7 |
| 接触少数民族文化的程度 | 少 | 278 | 17.5 |
| | 一般 | 171 | 10.8 |
| | 多 | 1108 | 69.8 |
| | 缺失 | 30 | 1.9 |
| 汉语程度 | 好 | 755 | 47.6 |
| | 一般 | 403 | 25.4 |
| | 差 | 149 | 9.4 |
| | 缺失 | 280 | 17.6 |

续表

| 变量 | 类别 | 人数/人 | 百分比/% |
|---|---|---|---|
| 民族语程度 | 好 | 760 | 47.9 |
| | 一般 | 334 | 21.0 |
| | 差 | 213 | 13.4 |
| | 缺失 | 280 | 17.6 |
| 文化程度 | 小学及以下 | 191 | 12.0 |
| | 初中 | 488 | 30.7 |
| | 高中或中专 | 490 | 30.9 |
| | 大专和大学本科 | 394 | 24.8 |
| | 研究生及以上 | 8 | 0.5 |
| | 缺失 | 16 | 1.0 |
| 月收入 | 500 元以下 | 622 | 39.2 |
| | 500~1000 元 | 342 | 21.6 |
| | 1000~2000 元 | 329 | 20.7 |
| | 2000~5000 元 | 147 | 9.3 |
| | 5000 元以上 | 14 | 0.9 |
| | 缺失 | 133 | 8.4 |
| 政府重视民族文化的程度 | 重视 | 670 | 42.2 |
| | 一般 | 662 | 41.7 |
| | 不重视 | 207 | 13.0 |
| | 缺失 | 48 | 3.0 |
| 居住地的当地居民构成情况 | 汉族聚居地 | 313 | 19.7 |
| | 少数民族聚居地，但本民族人数最多 | 773 | 48.7 |
| | 少数民族聚居地，但其他民族人数最多 | 223 | 14.1 |
| | 民族杂居地，各个民族人数差不多 | 241 | 15.2 |
| | 缺失 | 37 | 2.3 |

*其他包括所有被试人数少于 30 人的民族，共计 69 人，包括瑶族（17 人）、拉祜族（25 人）、水族（10 人）、羌族（2 人）、仫佬族（5 人）、基诺族（10 人）；**在婚姻状况上，其中"离婚"和"寡居"人数非常少，共计 5 人，所以这两类合并为"其他"；***五个类别（0 年、1~5 年、6~10 年、11~20 年、21 年以上）是对于少数民族被试而言；****两个类别（汉族待在少数民族聚居地、汉族待在汉族聚居地）是对于汉族被试而言

## 二、结果和分析

### （一）总体特征

本章研究结果表明，西南各民族民众对民族文化价值传承持有相当积极的态度。其中，民众在民族文化归属感（4.34±0.53）和民族文化认同感（4.31±0.58）

维度上的得分很高，民族文化自觉意识（3.67±0.68）、民族文化自豪感（3.62±0.74）和民族文化忧患意识（3.54±0.68）也都较高。

根据本章需要，同时考虑到多因子方差分析中不适宜采用过多变量，人口统计变量的某些类别人数较少等因素，本章选择部分人口统计学变量（性别、年龄、文化程度、汉区生活年限）为自变量，进行民族文化价值传承总分及各维度的多因子方差分析，结果见表9-7。从中可见，性别的主效应均不显著；年龄在民族文化归属感、民族文化自觉意识上主效应显著；文化程度在民族文化认同感、民族文化价值传承总分上主效应显著；汉区生活年限在民族文化忧患意识、民族文化认同感上主效应显著；年龄和文化程度在民族文化自豪感上交互效应显著；年龄和汉区生活年限在民族文化忧患意识、民族文化自觉意识上交互效应显著；性别、年龄和文化程度在民族文化归属感上交互效应显著。

表9-7　民族文化价值传承的多因子方差分析结果（F值）

| 人口变量 | 民族文化归属感 | 民族文化忧患意识 | 民族文化自豪感 | 民族文化认同感 | 民族文化自觉意识 | 总分 |
|---|---|---|---|---|---|---|
| 性别（A） | 0.468 | 0.002 | 0.735 | 2.859 | 1.724 | 0.061 |
| 年龄（B） | 2.581* | 1.068 | 1.363 | 0.402 | 4.085** | 1.782 |
| 文化程度（C） | 1.196 | 0.704 | 1.056 | 4.165** | 1.414 | 2.644* |
| 汉区生活年限（D） | 1.821 | 3.650** | 1.263 | 2.392* | 1.237 | 2.733 |
| A×B | 1.435 | 0.610 | 0.953 | 2.096 | 1.044 | 1.678 |
| A×C | 0.633 | 0.291 | 0.448 | 0.583 | 1.611 | 0.361 |
| A×D | 1.135 | 0.606 | 0.716 | 0.462 | 1.184 | 0.247 |
| B×C | 0.873 | 1.396 | 1.955* | 1.073 | 1.297 | 1.494 |
| B×D | 0.978 | 1.610* | 0.771 | 0.837 | 1.868** | 1.319 |
| C×D | 0.540 | 0.951 | 1.029 | 0.462 | 0.886 | 0.873 |
| A×B×C | 1.908* | 1.425 | 0.710 | 0.931 | 1.259 | 1.351 |

注：虽然多因子方差分析表明，在民族文化归属感上，性别、年龄和文化程度存在三阶交互作用，但是由于三阶交互分组下的民众人数很少，达不到统计学分析的要求，因此，不再进行三阶交互效应的进一步分析

## （二）人口统计学特点

分析表明，在民族文化价值传承总分及各维度上，性别差异均不显著。

年龄差异分析表明：在民族文化归属感和民族文化忧患意识上，从总体上看，均分呈上升趋势。具体来讲，在民族文化归属感和民族文化忧患意识上，得分最低的年龄群为12～17岁，得分最高的年龄群为55岁及以上；在民族文化自豪感、

民族文化认同感、民族文化自觉意识、民族文化价值传承总分上，均分呈不规则变化。具体来讲，在民族文化自豪感上，得分最低的年龄群为25～34岁，得分最高的年龄群为55岁及以上；在民族文化认同感上，得分最低的年龄群为25～34岁，得分最高的年龄群为18～24岁；在民族文化自觉意识上，得分最低的年龄群为45～54岁，得分最高的年龄群为25～34岁；在民族文化价值传承总分上，得分最低的年龄群为12～17岁，得分最高的年龄群为55岁及以上。由于表9-7的多因子方差分析表明民族文化归属感和民族文化自觉意识的年龄主效应显著，其他维度上主效应不显著，所以对有显著效应的因子进行深入分析，结果表明，12～17岁、18～24岁年龄群的民众的民族文化归属感要远远小于55岁及以上年龄群，表明年龄小的民众的民族文化归属感比较低（表9-8）。

表9-8 不同年龄组的西南民族文化价值传承得分的多重比较

| 年龄组（I） | 年龄组（J） | I-J（平均数差异） | |
|---|---|---|---|
| | | 民族文化归属感 | 民族文化自觉意识 |
| 12～17岁 | 18～24岁 | −0.086 | −0.003 |
| | 25～34岁 | −0.098 | −0.033 |
| | 35～44岁 | −0.095 | −0.038 |
| | 45～54岁 | −0.167 | 0.104 |
| | 55岁及以上 | −0.279** | 0.046 |
| 18～24岁 | 25～34岁 | −0.012 | −0.030 |
| | 35～44岁 | −0.009 | −0.035 |
| | 45～54岁 | −0.081 | 0.106 |
| | 55岁及以上 | −0.193* | 0.048 |
| 25～34岁 | 35～44岁 | 0.003 | −0.006 |
| | 45～54岁 | −0.068 | 0.136 |
| | 55岁及以上 | −0.181 | 0.078 |
| 35～44岁 | 45～54岁 | −0.072 | 0.142 |
| | 55岁及以上 | −0.184 | 0.084 |
| 45～54岁 | 55岁及以上 | −0.112 | −0.058 |

文化程度差异分析表明：在民族文化归属感和民族文化忧患意识上，得分高低有起伏。具体来讲，在民族文化归属感上，得分最低的为初中文化的民众，得分最高的为大专及大学本科的民众；在民族文化忧患意识上，得分最低的民众也是初中文化的民众，得分最高的为研究生及以上民众；在民族文化自豪感上，民众的民族文化自豪感随着文化水平的增高而呈上升趋势；在民族文化认同感上，

民众的得分呈现不规则变化，高低起伏不定，得分最低的民众为初中文化的民众，得分最高的为研究生及以上学历的民众；在民族文化自觉意识上，总体而言，除了初中文化的民众的民族文化自觉意识比较低外，民众的民族文化自觉意识随着文化水平的提高而上升，具体来说，得分最高的是研究生及以上学历的民众，而得分最低的为初中文化的民众；同样，在民族文化价值传承总分上，民众的得分与在民族文化自觉意识上的得分呈现相同趋势，即总体上随着文化水平的提升而呈现上升趋势，得分最低的为初中文化的民众，得分最高的为研究生及以上学历的民众。总体上看，在民族文化价值传承及维度的得分上，得分最低的为初中文化的民众，而得分最高的为研究生及以上学历的民众，说明得分随着文化水平提升而提升，但有微小的起伏变化。由于表 9-7 的多因子方差分析表明民族文化认同感和民族文化价值传承总分的文化程度主效应显著，其他维度上主效应不显著，所以对有显著效应的因子进行深入分析，结果表明，小学及以下、初中学历的民众的民族文化认同感得分要显著低于高中及中专、大专及大学本科学历的民众；初中文化的民众的民族文化价值传承总分要显著低于高中及中专、大专及大学本科学历的民众（表 9-9）。

表 9-9　不同文化程度的西南民族文化价值传承得分的多重比较

| 文化（I） | 文化（J） | I–J（平均数差异） | |
|---|---|---|---|
| | | 民族文化认同感 | 民族文化价值传承总分 |
| 小学及以下 | 初中 | 0.016 | 0.248 |
| | 高中或中专 | −0.201** | −0.122 |
| | 大专及大学本科 | −0.179* | −0.478 |
| | 研究生及以上 | −0.228 | −1.109 |
| 初中 | 高中或中专 | −0.217*** | −0.371* |
| | 大专及大学本科 | −0.195*** | −0.726*** |
| | 研究生及以上 | −0.244 | −1.358 |
| 高中或中专 | 大专及大学本科 | 0.022 | −0.356 |
| | 研究生及以上 | −0.027 | −0.987 |
| 大专及大学本科 | 研究生及以上 | −0.049 | −0.631 |

汉区生活年限差异分析表明：在民族文化归属感和民族文化忧患意识上，对于少数民族民众而言，民族文化归属感和民族文化忧患意识的得分随着在汉区生活年限的增加而增加，在民族文化归属感和民族文化忧患意识上，得分最低的为在汉区生活年限为 0 年的民众，而得分最高的为在汉区生活 21 年以上的民众。而对于汉族民众而言，在民族文化归属感上，待在汉区聚居地的汉区群众的民族文

化归属感要高于待在少数民族聚居地的汉族民众，而在民族文化忧患意识上则呈现相反趋势；在民族文化自豪感、民族文化认同感、民族文化自觉意识、民族文化价值传承总分上，民众的得分随着在汉区生活年限的变化而呈现高低起伏的变化。由于表 9-7 的多因子方差分析表明民族文化忧患意识和民族文化认同感的汉区生活年限主效应显著，其他维度上主效应不显著，所以对有显著效应的因子进行深入分析，结果表明，汉区生活年限为 0 年、1～5 年、6～10 年的民众的民族文化忧患意识要显著低于在汉区生活 21 年以上的民众；在汉区生活 11～20 年的民众的民族文化忧患意识要显著高于待在汉族聚居地的汉族民众；在汉区生活 21 年以上的民众的民族文化忧患意识要显著高于待在少数民族聚居地的汉族民众、待在汉族聚居地的汉族民众；在汉区生活年限为 0 年、1～5 年、6～10 年、11～20 年的民众的民族文化认同感要显著低于待在汉族聚居地的汉族民众（表 9-10）。

表 9-10　不同汉区生活年限的西南民族文化价值传承得分的多重比较

| 汉区生活年限（I） | 汉区生活年限（J） | I–J（平均数差异） | |
|---|---|---|---|
| | | 民族文化忧患意识 | 民族文化认同感 |
| 0 年 | 1～5 年 | −0.098 | −0.075 |
| | 6～10 年 | −0.117 | −0.045 |
| | 11～20 年 | −0.177 | −0.122 |
| | 21 年以上 | −0.362*** | −0.211 |
| | 汉族待在民族聚居地 | −0.052 | −0.133 |
| | 汉族待在汉族聚居地 | 0.112 | −0.326*** |
| 1～5 年 | 6～10 年 | −0.019 | 0.030 |
| | 11～20 年 | −0.079 | −0.047 |
| | 21 年以上 | −0.265** | −0.136 |
| | 汉族待在民族聚居地 | 0.046 | −0.058 |
| | 汉族待在汉族聚居地 | 0.210 | −0.250** |
| 6～10 年 | 11～20 年 | −0.060 | −0.077 |
| | 21 年以上 | −0.246* | −0.166 |
| | 汉族待在民族聚居地 | 0.065 | −0.088 |
| | 汉族待在汉族聚居地 | 0.229 | −0.280** |
| 11～20 年 | 21 年以上 | −0.185 | −0.089 |
| | 汉族待在民族聚居地 | 0.125 | −0.010 |
| | 汉族待在汉族聚居地 | 0.289** | −0.203* |
| 21 年以上 | 汉族待在民族聚居地 | 0.310* | 0.078 |
| | 汉族待在汉族聚居地 | 0.474*** | −0.114 |

## 三、讨论

本章研究结果表明，西南各民族民众在民族文化价值传承各维度上的得分高低依次为民族文化归属感、民族文化认同感、民族文化自觉意识、民族文化自豪感、民族文化忧患意识。其中，民族文化归属感和民族文化认同感的得分显著高于其他三个因素。由此可见西南民族对于民族文化的深深依恋和认可，比较关注民族文化与自己的关系。这反映了民族群众对于民族文化的一种与生俱来的归属、依附和认同感，民众与民族文化之间的息息相关的关系。民族文化自觉意识、民族文化忧患意识、民族文化自豪感相对于民族文化归属感和民族文化认同感得分稍低，这也是必然的。因为，如果说民族文化归属感和民族文化认同感反映的是民众对民族文化的本能的态度、情感和认知，那么民族文化自觉意识、民族文化自豪感和民族文化忧患意识反映的则是在归属感和认同感基础上的一种自我觉醒和诉求，它衍生于前两个因素，又超越前两个因素，反映了民众对民族文化的更深层次的认知、情感和态度。换句话说，如果从个体的需要的各个层次来讲，民族文化归属感和认同感是基础需要，在此需要满足后，人们会衍生出对民族文化的现状和未来的思索，这就是深层次的需要了。那么不难理解，为何后三个因素的得分显著低于前两个因素了，因为受诸多因素的影响，个体都会具有对民族文化的普遍的认知、情感和态度，而只有部分民众才会具有对民族文化的自我觉醒和诉求。总之，我们可以从民族文化价值传承问卷中探查出西南民族对待民族文化的态度和此民族文化价值传承所蕴含的意义：①理性地对待传统文化和外来文化，兼收并蓄，兼容并包；②对民族文化现状和未来的忧虑、担忧与对未来的期望并存；③保护和发展，继承和更新是人们的呼声；④民族文化自觉意识正在增强。

本章表明，男女两性在民族文化价值传承上没有显著差异，但都表现出较高的民族文化价值传承得分。男女两性构建世界观的方式不同，同时，他们对同一价值观的重视程度不同，这就决定了他们有着不同的价值观偏向[1]。然而，也有研究认为，男女之间在价值观上不存在显著的性别差异[2]。研究结论的矛盾性可能解释为与研究的领域有关，例如，在民族价值观之城乡交往、精神快乐、事业成就、

---

[1] Rohan M J, Zanna M P. Value transmission in families//Seligman C, Olson J M, Zanna M P. The Psychology of Values: The Ontario Symposium. Hillsdale: Erlbaum, 1996: 253-276.

[2] Struch N, Schwartz S H, van der Kloot W A. Meanings of basic values for women and men: A cross-cultural analysis. Personality and Social Psychology Bulletin, 2002, 28: 16-28.

家庭上，男女有明显的差异，而在民族文化传承、爱国奉献、金钱权力上没有显著差异①。此外，在西南民族的教育价值观、婚育价值观和祖国价值观上，均没有发现性别差异。

年龄是影响价值观的一个因素，本章表明，在各个年龄段，西南民众都有比较高的民族文化价值传承得分。不过具体到各个年龄段，在具体民族文化价值维度上，还是存在差异的。在民族文化归属感和民族文化自觉意识上，存在显著的差异。具体而言，12～17 岁、18～24 岁的民族文化归属感得分与 55 岁及以上得分有显著差异，其他年龄段没有显著差异，且总体而言，随着年龄的增长，得分增加。这表明，在青少年阶段，个体的归属感还不完善，对民族文化的感情还不深厚，所以得分比较低，而随着年龄的增长，随着对民族文化了解、认知的加深，其归属感会更加明显。而在民族文化自觉意识上，25～34 岁是得分的最高年龄段，这表明了中青年对民族文化的未来和现状的关注和重视，同时也表现了民族文化的光明未来，这也可能与此年龄段的人群的教育程度有关。在民族文化忧患意识上，得分也是随着年龄增长而增加，这表明随着年龄的增长，人们对民族文化的了解和深入思索，表现出对民族文化的前景的担忧。个体的认知持续一生，且随着年龄的增长，认知水平越来越高。②

教育促进国家认同，有利于社会变革③。受教育程度较低的个体受限于思考、判断、认识能力，所以对民族文化的认知能力相对较低，而随着受教育年限的增长，民众对民族文化有了更多的思考和探索，对民族文化的认知会更加深入。就本章而言，在民族文化价值传承上，也呈现出随着受教育水平的提升，个体的得分增加，尤其突出的是在民族文化认同感和民族文化价值传承总分上，小学、初中文化程度的民众得分显著低于高中或中专、大专及大学本科，在其他民族文化价值传承维度上，都表现为随文化程度提高而得分增加的趋势，即个体的受教育程度越高，个体对民族文化的认知、情感越深入，就表现出越来越高的归属感、认同感、自豪感、自觉意识和忧患意识。对于民族文化的保护和发展来说，这些都是至关重要的，同时也使我们对民族文化的未来充满希望。

异地经历对个体有显著的影响，且此影响的程度受在异地所居时间长短的影响④。

---

① 侯阿冰. 少数民族价值观的结构、特征及变迁研究. 西南大学博士学位论文, 2008.

② 张春兴. 教育心理学. 台北: 东华书局, 1994.

③ Hayes B C, McAllister I, Dowds L. Integrated education, intergroup relations, and political identities in Northern Ireland. Social Problems, 2007, 4: 454-482.

④ Shaftel J, Shaftel T, Ahluwalia R. International educational experience and intercultural competence. International Journal of Business & Economics, 2007, 6(1): 25-34.

就本次调查而言，在民族文化忧患意识和民族文化认同感上，汉区生活年限的影响显著，表现为随着汉区生活年限的增加，此两维度得分显著增加，在其他维度上，没有显著差异。生活在主流文化环境中，广泛地接触主流文化及受主流文化的影响，可能自然地衍生出对本民族文化前景的忧虑。另外，深处主流文化的压力中，感受到本民族文化与主流文化的抵触，可能滋生对本民族文化的眷念。

# 第十章
# 民族文化价值的代际传承

　　民族文化价值传承一直为祖祖辈辈所关注。每个民族都希望自己的民族文化得到继承和发展。而民族文化价值观对民族文化的继承和发展有着重要影响，民族文化价值观如何传承也同样影响着民族文化的继承和发展。父辈的民族文化价值观是否影响子辈的民族文化价值观，或者说父辈的民族文化价值观如何传递给子辈，有什么因素会促进此传递过程，有什么因素会阻碍此传递过程呢？这些问题涉及民族文化价值观传承的机制问题。近年来，父母行为的代际传递问题是父母行为与儿童发展研究领域出现的一个新的研究课题[①]。这类研究的目的是考察儿童成长过程中哪些行为或者这些行为在多大程度上是通过父母习得的。老一辈总是关注年轻一代是否遵循他们认为重要的理想、价值观和行为，这是社会延续的根基。本章主要考察在家庭这个小的社会组织中，父母的民族文化价值观是如何传递给子女的。图 10-1 是本章的研究构想图。

## 第一节　个体变量的影响

　　跨文化研究表明，家庭内的价值观传承过程受社会分层的影响[②]。他们的研究

---

① 方晓义. 家庭与儿童发展：一个充满生命力的研究领域. 心理科学进展, 2005, 13(3): 257-259.

② Kohn M L, Slomczynski K M. Social structure and self-direction: A comparative analysis of the United States and Poland. Oxford：Basil Blackwell, 1990.

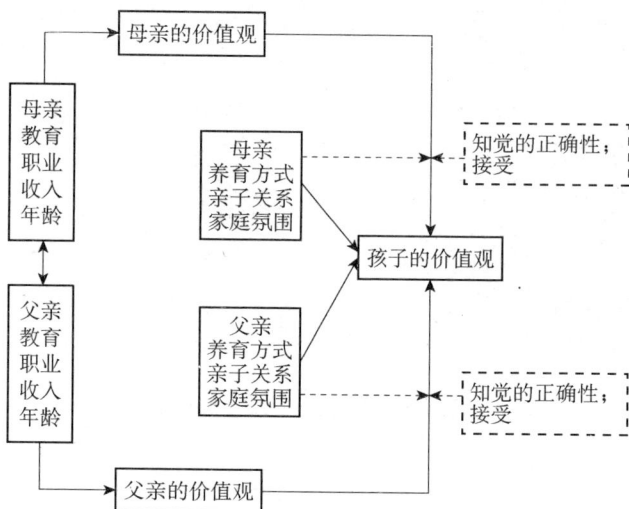

图 10-1　民族文化价值的代际传承机制构想

表明，父母对子女的价值观的影响不仅与文化环境有关，而且受社会阶层的影响。在美国，父亲的影响似乎比母亲的影响更重要，而在波兰，母亲发挥的影响力更大。在德国，在低中等家庭中，父亲的影响要大些，而在中等以上家庭，父母的影响是相等程度的[①]。有许多社会文化背景影响家庭内的价值观传承[②]。本节尝试探索一些社会人口变量，如民族语等，对亲子民族文化价值观传承的影响。

## 一、对象与工具

本节选取云南丽江古城纳西族家庭，作为民族文化价值代际传承的研究对象。丽江市古城区是以纳西族为主体民族的少数民族地区，纳西族人口占 60.2%。早在 1998 年，丽江市教育局对大研镇纳西族语言使用状况进行的调查表明，以地域来划分，以大研镇为中心向外辐射，离中心距离越近，会讲纳西语的人越少；如以年龄来分，年纪越小的人群会说纳西语的人数越少。因此，其语言文字正濒临灭绝，仅靠祖辈们的心传口授已无力担起传承弘扬纳西文化的重任。自从丽江古城

---

① Hadjar A, Baier D. Familiale vererbung von dominanzideologien in verschiedenen sozio-ökonomischen kontexten. Zeitschrift für Politische Psychologie, 2002, 10: 303-320.

② Goodnow J J. Parenting and the transmission and internalization of values: From social-cultural perspectives to within-family analyses//Grusec J E, Kuczynski L. Parenting and Children's Internalization of Values: A Handbook of Contemporary Theory. New York: Wiley, 1997: 333-361.

区成功申报为世界文化遗产，走向世界后，丽江民众以开放、包容的心态接纳来自周围的多种文化，从而形成了纳西族的"和而不同"的文化特色。可以说，丽江古城是民族文化保存和发展比较好的一个范例[①]。近年来，纳西族已经吸引了一些西方学者的注意[②]。

　　研究者亲自深入少数民族居民家中施测。家庭成员（父亲、母亲、子女）分别单独填写基于"民族文化价值传承问卷"（见第九章）设计的父亲卷、母亲卷和子女卷。同时填写个人的一些基本资料。每个家庭给予一定报酬。共发放问卷150 份，回收 150 份，有效问卷 134 份。被试的基本情况见表 10-1。

表 10-1　被试的基本情况

| 类别 | | 父亲 | 母亲 | 子女 |
|---|---|---|---|---|
| 性别 | 男 | 134（100%） | — | 56（41.8%） |
| | 女 | — | 134（100%） | 78（58.2%） |
| 年龄 | 12～15 岁 | — | — | 44（32.8%） |
| | 16～18 岁 | — | — | 48（35.8%） |
| | 19～26 岁 | — | — | 40（29.9%） |
| | 35～39 岁 | 25（18.7%） | 44（32.8%） | — |
| | 40～49 岁 | 94（70.1%） | 81（60.4%） | — |
| | 50 岁及以上 | 14（10.4%） | 8（6.0%） | — |
| | 缺失 | 1（0.7%） | 1（0.7%） | 2（1.5%） |
| 民族 | 纳西族 | 94（70.1%） | 94（70.1%） | 94（70.1%） |
| | 白族 | 31（23.1%） | 34（25.4%） | 32（23.9%） |
| | 汉族 | 6（4.5%） | 5（3.7%） | 5（3.7%） |
| | 其他 | 2（1.5%） | 1（0.7%） | 2（1.5%） |
| | 缺失 | 1（0.7%） | — | 1（0.7%） |
| 汉区学习、工作时间 | 0 年 | 44（32.8%） | 47（35.1%） | 42（31.3%） |
| | 1～10 年 | 21（15.7%） | 19（14.2%） | 36（26.9%） |
| | 11 年及以上 | 25（18.7%） | 23（17.2%） | 9（6.7%） |
| | 缺失 | 44（32.8%） | 45（33.6%） | 47（35.1） |
| 职业 | 国家机关、企事业单位负责人 | 6（4.5%） | 2（1.5%） | — |
| | 专业技术人员 | 9（6.7%） | 5（3.7%） | 7（5.2%） |
| | 商业、服务人员 | 7（5.2%） | 14（10.4%） | 3（2.2%） |

---

① 于洪. 丽江古城形成发展与纳西族文化变迁. 中央民族大学博士学位论文, 2007.

② 甘雪春. 西方学者与纳西族的文化人类学研究. 思想战线, 2001, 3: 82-87.

续表

| 类别 | | 父亲 | 母亲 | 子女 |
|---|---|---|---|---|
| 职业 | 工人 | 9（6.7%） | 5（3.7%） | 1（0.7%） |
| | 办事人员和有关人员 | 5（3.7%） | 1（0.7%） | 1（0.7%） |
| | 农业劳动者 | 67（50.0%） | 82（61.2%） | 1（0.7%） |
| | 其他 | 23（17.2%） | 19（14.2%） | 5（3.7%） |
| | 学生 | 1（0.7%） | — | 107（79.9%） |
| | 缺失 | 7（5.2%） | 6（4.5%） | 9（6.7%） |
| 民族语程度 | 熟练 | 95（70.9%） | 91（67.9%） | 94（70.1%） |
| | 不熟练 | 35（26.1%） | 40（29.9%） | 40（29.9%） |
| | 缺失 | 4（3.0%） | 3（2.2%） | — |
| 家庭经济状况 | 差 | 24（17.9%） | 23（17.2%） | 21（15.7%） |
| | 一般 | 100（74.6%） | 102（76.1%） | 107（79.9%） |
| | 好 | 4（3.0%） | 5（3.7%） | 4（3.0%） |
| | 缺失 | 6（4.5%） | 4（3.0%） | 2（1.5%） |
| 文化程度 | 小学及以下 | 22（16.4%） | 30（22.4%） | 30（22.4%） |
| | 初中 | 73（54.5%） | 68（50.7%） | 14（10.4%） |
| | 高中及中专 | 18（13.4%） | 16（11.9%） | 55（41.0%） |
| | 大专、本科及以上 | 13（9.7%） | 11（8.2%） | 33（24.6%） |
| | 缺失 | 8（6.0%） | 9（6.7%） | 2（1.5%） |
| 月收入 | 500 元以下 | 12（9.0%） | 20（14.9%） | 72（53.7%） |
| | 501~1000 元 | 44（32.8%） | 58（43.3%） | 18（13.4%） |
| | 1001~2000 元 | 58（43.3%） | 39（29.1%） | 19（14.2%） |
| | 2000 元以上 | 15（11.2%） | 9（6.7%） | 4（3.0%） |
| | 缺失 | 5（3.7%） | 8（6.0%） | 21（15.7%） |
| 政府重视程度 | 重视 | 78（58.2%） | 73（54.5%） | 80（59.7%） |
| | 不重视 | 49（36.6%） | 58（43.3%） | 51（38.1%） |
| | 缺失 | 7（5.2%） | 3（2.2%） | 3（2.2%） |

## 二、结果与分析

先进行方差分析，以便简化影响亲子民族文化价值观传承的个体变量。分别以父母的人口统计学变量为自变量，子女的民族文化价值观及各维度为因变量进行方差分析，结果表明：父亲的民族语对文化认同感和文化价值观，对政府重视民族文化的程度的评价对民族文化归属感、民族文化自豪感、民族文化认同感、民族文化价值观有显著影响；母亲的民族语对民族文化忧患意识、民族文化认同感、民族文化价值观，月收入对民族文化认同感，对政府重视民族文化的程度的评价对民族文化自豪感、民族文化价值观有显著影响。据此，着重分析父母的民族语、对政府重视民族文化的程度的评价对亲子民族文化价值观传承的影响。

### （一）民族语对亲子民族文化价值观传承的影响

#### 1. 父子的传承特征

由表 10-2 可见，父亲民族语熟练、不熟练两个群体对亲子民族文化价值观传承的具体影响特征表现如下：第一，总体上，民族文化价值观（父）对子女的民族文化价值观的效应上，民族语熟练群体的效应值（$\beta = 0.509$）>民族语不熟练群体（$\beta = 0.450$）；第二，在具体分量表上，民族语熟练群体的得分都明显高于民族语不熟练群体。这充分说明了民族语对民族文化价值观传承的重要影响。

表 10-2　不同民族语水平的父亲在亲子的民族文化价值观一致性上的效应值（$\beta$）特点

| 熟练程度 | 民族文化价值观（父）的直接效应 | 民族文化价值观（父）的间接效应 | | | | |
| --- | --- | --- | --- | --- | --- | --- |
| | 民族文化价值观（孩） | 民族文化归属感（孩） | 民族文化忧患意识（孩） | 民族文化自豪感（孩） | 民族文化认同感（孩） | 民族文化自觉意识（孩） |
| 不熟练 | 0.450 | 0.379 | 0.007 | 0.113 | 0.142 | 0.096 |
| 熟练 | 0.509 | 0.387 | 0.151 | 0.247 | 0.409 | 0.264 |

注：由于民族文化价值观（父）对孩子的具体的民族文化价值观维度没有直接效应，同时本节不关注孩子的民族文化价值观对各分量表的效应、民族文化价值观（父）对父亲的具体的民族文化价值观维度的效应，所以表中不显示这两部分。而民族文化价值观（父）对孩子的民族文化价值观维度的间接效应是本节关注的焦点，所以表格显示这部分结果。下同

#### 2. 母子的传承特征

母亲民族语熟练、不熟练对亲子的民族文化价值观传承的影响见表 10-3。与父子之间的民族文化价值观传承中民族语发挥的效应一致，在母子的民族文化价值观传承中，母亲民族语熟练群体的效应值（$\beta = 0.593$）>民族语不熟练群体（$\beta = 0.526$）。另外，在其他民族文化价值观维度上，也表现了相同的趋势，再次表明语言对亲子民族文化价值观传承的影响。

表 10-3 不同民族语水平的母亲在亲子的民族文化价值观传承上的效应值（β）特点

| 熟练程度 | 民族文化价值观（母）的直接效应 | 民族文化价值观（母）的间接效应 | | | | |
|---|---|---|---|---|---|---|
| | 民族文化价值观（孩） | 民族文化归属感（孩） | 民族文化忧患意识（孩） | 民族文化自豪感（孩） | 民族文化认同感（孩） | 民族文化自觉意识（孩） |
| 熟练 | 0.593 | 0.389 | 0.005 | 0.177 | 0.260 | 0.127 |
| 不熟练 | 0.526 | 0.437 | 0.164 | 0.194 | 0.382 | 0.318 |

## （二）亲子民族文化价值观模型的政府重视程度评价特征

### 1. 父子的传承特征

由表 10-4 可见，父亲的评价（重视和不重视）对亲子民族文化价值观传承的具体影响特征表现如下：总体上，评价为重视的群体的效应值（$\beta = 0.69$）>不重视（$\beta = 0.50$）。同时，在各具体分量表上，也表现出了相同的趋势。

表 10-4 关于政府重视程度不同评价群体（父）在亲子的民族文化价值观传承上的效应值（β）特点

| 政府重视程度 | 民族文化价值观（父）的直接效应 | 民族文化价值观（父）的间接效应 | | | | |
|---|---|---|---|---|---|---|
| | 民族文化价值观（孩） | 民族文化归属感（孩） | 民族文化忧患意识（孩） | 民族文化自豪感（孩） | 民族文化认同感（孩） | 民族文化自觉意识(孩) |
| 不重视 | 0.495 | 0.287 | 0.075 | 0.148 | 0.218 | 0.186 |
| 重视 | 0.689 | 0.552 | 0.206 | 0.149 | 0.511 | 0.193 |

### 2. 母子的传承特征

母亲对政府重视程度的评价对亲子的民族文化价值观传承的影响见表 10-5。与父子模型的结果一致，总体上，认为重视群体的效应值（$\beta = 0.68$）>认为不重视群体（$\beta = 0.49$）。同时，在各分量表上，也表现为相同趋势。

表 10-5 关于政府重视程度不同评价群体（母）在亲子的民族文化价值观传承上的效应值（β）特点

| 政府重视程度 | 民族文化价值观（母）的直接效应 | 民族文化价值观（母）的间接效应 | | | | |
|---|---|---|---|---|---|---|
| | 民族文化价值观（孩） | 民族文化归属感（孩） | 民族文化忧患意识（孩） | 民族文化自豪感（孩） | 民族文化认同感（孩） | 民族文化自觉意识(孩) |
| 不重视 | 0.493 | 0.403 | 0.131 | 0.166 | 0.187 | 0.123 |
| 重视 | 0.678 | 0.494 | 0.167 | 0.226 | 0.459 | 0.230 |

## 三、讨论

父辈的社会实践强调把价值观传承给子女，除了态度和价值观的直接传承外，父母也传承社会身份和社会环境给他们的子女[1]。因此，从某种程度上讲，父母和子女之间的态度相似性也可能是来自社会身份相关的教育和社会背景所导致的相似。从这一视角上看，代际传承被看作是社会地位（社会身份）的继承[2]。有研究也表明，子女的年龄、家庭收入、父母的教育水平、青少年的年龄和兄弟姐妹排序等对亲子的价值观传承有影响[3][4]。

语言是文化的表征形式之一，对语言的熟练程度必然负载着对某种文化的了解。在丽江古城，随着外来人群的渗入，汉语成为交流的主要语言之一。在日常生活中，纳西语和汉语同时使用。在一个家庭中，父辈的民族语水平可能决定着家庭内交流使用的主要语言。而民族语作为民族文化表达的一种，蕴含着一定的文化意义。因此，不难理解父亲和母亲的民族语熟练程度对亲子民族文化价值观传承的重要影响。本节证实了父辈的民族语熟练程度对亲子民族文化价值观传承的影响，未来还需要进一步验证此种情况，并结合父辈的汉语熟练程度来同时考察语言对亲子民族文化价值观传承的影响。

政府对民族文化所实行的政策和措施不仅影响居民对民族文化价值的认知，也影响居民对民族文化所采取的行为。政府对民族文化的重视会提升居民的文化认同感和自豪感，这种文化认同感和自豪感会诱使父辈在言传身教中对民族文化所采取的态度和行为，而这种态度和行为会传递给子女，促使孩子意识到民族文化的价值，从而重视对民族文化的传承，关注民族文化的发展。

---

① Rosenthal M K, Roer-Strier D. Cultural differences in mothers' developmental goals and ethnotheories. International Journal of Psychology, 2001, 36(1): 20-31.

② Moen P, Erickson M A, Dempster-McClain D. Their mother's daughters? The intergenerational transmission of gender attitudes in a world of changing views. Journal of Marriage and the Family, 1997, 59: 281-293.

③ Schönpflug U. Intergenerational transmission of values: The role of transmission belts. Journal of Cross-Cultural Psychology, 2001, 32: 174-185.

④ Özdikmenli-Demir G, Sayıl M. Individualism-collectivism and conceptualizations of interpersonal relationships among Turkish children and their mothers. Journal of Social and Personal Relationships, 2009, 26(4): 371-387.

## 第二节 家庭变量的影响

对态度的代际传承的研究表明，父母的态度能显著预测子女的态度[1]。代与代之间的态度的相似性被看作是信念和价值观的成功地社会化的结果。有研究表明，家庭或社会环境也影响家庭成员在价值观、观念、思想方面的相似性和差异性[2]。家庭氛围、养育方式、亲子关系、家庭的完整与否都影响亲子价值观的传承。具体而言，完整的家庭、温暖的养育方式、亲密的亲子关系和良好的家庭氛围对亲子价值观之间的代际传承有重要影响[3][4][5][6][7]。特别需要提及的是，家庭的完整与否直接影响家庭氛围、养育方式和亲子关系，因此也影响价值观的传承[8]。有研究发现，在父母离婚后，亲子关系和养育方式都会恶化，且代际传承的力度变小[9]。在离婚家庭里，代际传承的力度要小得多，为什么？因为离婚伴随着亲子关系的恶化和家庭养育方式的改变，这种变化必然影响亲子价值观的传承。同时，在离婚家庭里，子女感知的父母的态度和价值观的正确性也会降低，这也可能导致价值观和态度的传承力量的削弱。[10]同时，离婚家庭的代际传承的弱化也可能是由不良

---

① Glass J, Bengtson V L, Dunham C C. Attitude similarity in threegeneration families: Socialization, status inheritance, or reciprocal influence? American Sociological Review, 1986, 51: 685-698.

② Mills T L, Wilmoth J M. Intergenerational differences and similarities in life-sustaining treatment attitudes and decision factors. Family Relations, 2002, 51: 46-54.

③ van der Valk I, Spruijt E, de Goede M, et al. Family traditionalism and family structure: Attitudes and intergenerational transmission of parents and adolescents. European Psychologist, 2008, 13(2): 83-95.

④ Risch S C, Jodl K M, Eccles J S. Role of the fatheradolescent relationship in shaping adolescents' attitudes toward divorce. Journal of Marriage and Family, 2004, 66: 46-58.

⑤ Hoge D R, Petrillo G H, Smith E I. Transmission of religious and social values from parents to teenage children. Journal of Marriage and Family, 1982, 44(3): 569-580.

⑥ Roest A, Dubas J S, Gerris J R. Value transmissions between fathers, mothers, and adolescent and emerging adult children: The role of the family climate. Journal of Family Psycholgogy, 2009, 23(2): 146-155.

⑦ Hadjar A, Baier D, Boehnke K. The socialization of hierarchic self-interest. Young, 2008, 16(3): 279-301.

⑧ Max D A, Brokaw B F, McQueen W M. The effects of marital disruption on the intergenerational transmission of religious values. Journal of Psychology and Theology, 1997, 25(2): 199-207.

⑨ van der Valk I, Spruijt E, De Goede M, et al. Marital status, marital process, and parental resources in predicting adolescents' emotional adjustment: A multilevel analysis. Journal of Family Issues, 25(3): 291-317.

⑩ Knafo A, Schwartz S H. Parenting and adolescents'accuracy in perceiving parental values. Child Development, 2003, 74: 595-611.

的父母关系或持续的父母冲突所致[1]。本节主要探索影响民族文化价值观传承的家庭变量，具体而言，即探索亲子关系、养育方式、家庭氛围对亲子价值观传承的影响。

## 一、对象与工具

研究对象同上。研究工具除了"民族文化价值传承"问卷的父亲卷、母亲卷和子女卷，还包括子女填答以下三个问卷。

（1）亲子关系问卷。自编问卷，用于评估子女与母亲或父亲的关系密切程度。对于父亲和母亲，分别测量，各自7个题目，五级计分，1代表完全不同意，2代表不太同意，3代表不确定，4代表比较同意，5代表完全同意，得分越高，表示与父亲或母亲的关系越亲密。例如，我感到父亲/母亲很喜欢我，我经常告诉父亲/母亲我的想法或做法。内部一致性系数为0.85。

（2）家庭氛围问卷。量表由Olson等编制，该量表为自评量表，包括30个题目，有两个维度：一为亲密度，即评价家庭成员之间的情感联系；二为适应性，即家庭体系随家庭处境和家庭不同发展阶段出现的问题而相应改变的能力。本节根据研究目的选取了其中的亲密度维度来考察家庭氛围，量表五级计分，不是计分为1，偶尔计分为2，有时计分为3，经常计分为4，总是计分为5，得分越高，表明家庭氛围越紧密。此量表在中国版译本的内部一致性系数为0.85。本次研究中，该量表的内部一致性系数为0.83。

（3）养育方式问卷[2]。量表由Perris等编制，用以评价父母养育态度和行为的问卷。原问卷分为15种养育行为，本节选取其中的情感温暖作为养育方式的测试。情感温暖指对子女充满感情，对子女的需要敏感地回应，支持、鼓励子女。量表为四级计分，1代表从不，2代表偶尔，3代表经常，4代表总是，得分越高，表明父母对待子女采取越温暖的方式。中国版本的父亲的情感温暖内部一致性系数为0.85，母亲的情感温暖内部一致性系数为0.88。在本节的研究中，内部一致性系数父亲为0.79，母亲为0.84。

---

[1] Dennis R P, Koerner S S. Postdivorce interparental conflict and adolescents' attitudes about marriage: The influence of maternal disclosures and adolescent gender. Journal of Divorce and Remarriage, 2006, 45: 31-49.

[2] 汪向东, 王希林, 马弘. 心理卫生评定量表手册(增定版). 北京: 中国心理卫生杂志社, 1999.

## 二、结果与分析

针对不同变量之间的交互作用效果，分别具有不同的检验方法①。在本节中，因为分析的变量都为连续变量，所以因子分析法是比较适宜的一种方法。为了避免多元共线性的发生与交互作用结构参数的偏估，首先评估测量模型及计算两个潜在变量下各被试的因子分数，接着计算各被试在两个潜在变量下的因子分数成绩的交互作用因子的分数，最后进行三个变量的结构方程模型分析。结合本节的目的，以及研究的适宜性条件，采用因子分析法来分析变量之间的关系。

### （一）家庭氛围的影响

1. 父子

如图 10-2 所示，整体测量模型是有效的（$\chi^2 = 112.08$，$df = 42$，$P = 0.000$，CFI = 0.93，RMSEA = 0.06）。因此，可继续使用潜在变量的因子分数进行交互作用效果

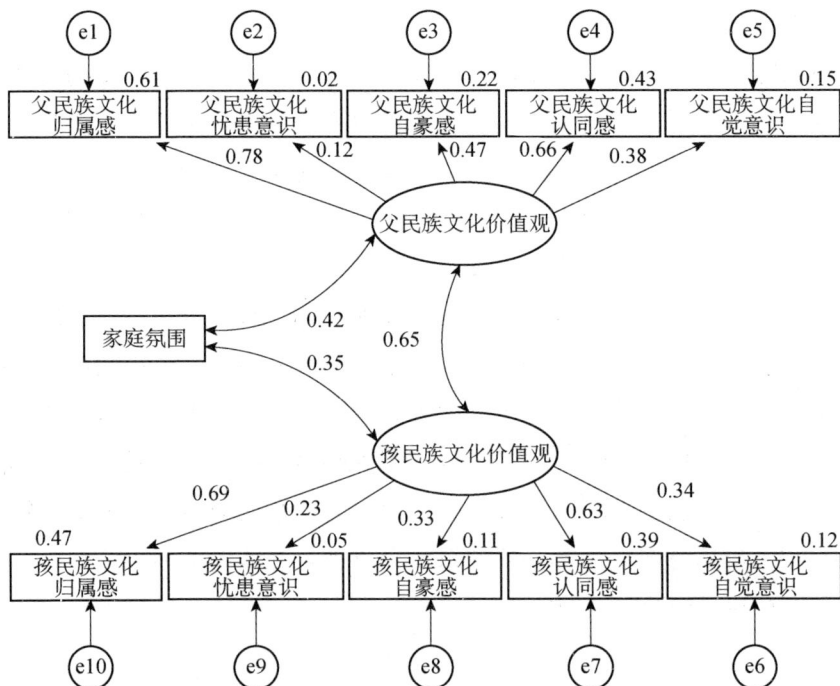

图 10-2　父民族文化价值观、家庭氛围与孩民族文化价值观的整体测量模型的检验

---

① 李茂能. 图解 AMOS 在学术研究中的应用. 重庆: 重庆大学出版社, 2011.

的分析。交互作用项是父民族文化价值观因子与家庭氛围因子，Amos 的分析结果表明，交互作用不显著（$CR = 0.53$，$P = 0.594$），但父民族文化价值观对孩民族文化价值观的影响显著（$CR = 4.29$，$P < 0.001$）。

2. 母子

如图 10-3 所示，整体测量模型是有效的（$\chi^2 = 109.83$，$df = 42$，$P = 0.000$，CFI = 0.90，RMSEA = 0.05）。交互作用项是母民族文化价值观因子与家庭氛围因子，Amos 的分析结果表明，交互作用显著（$CR = 1.98$，$P = 0.047$）；母民族文化价值观对孩民族文化价值观影响显著（$CR = 5.19$，$P < 0.001$），家庭氛围对孩民族文化价值观的影响显著。

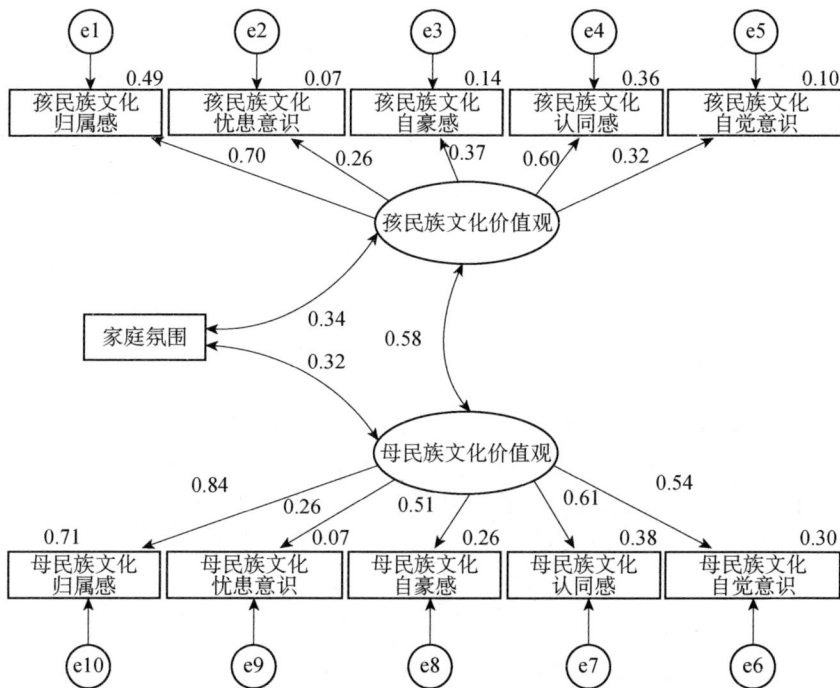

图 10-3　母民族文化价值观、家庭氛围与孩民族文化价值观的整体测量模型的检验

## （二）亲子关系的影响

1. 父子

如图 10-4 所示，整体测量模型是有效的（$\chi^2 = 110.60$，$df = 42$，$P = 0.000$，CFI = 0.91，RMSEA = 0.05）。交互作用项是父民族文化价值观因子与父子关系因子，Amos 的分析结果表明，交互作用不显著（$CR = -0.77$，$P = 0.439$）。

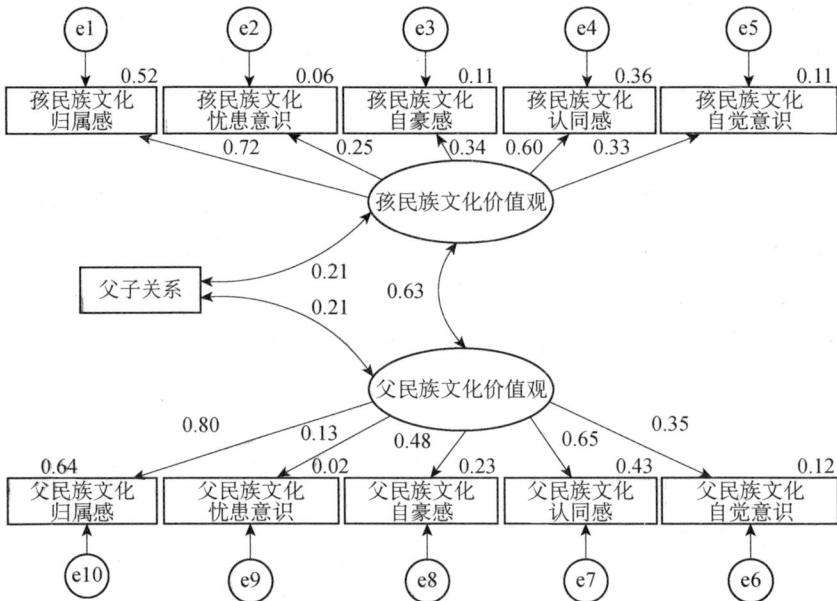

图 10-4　父民族文化价值观、父子关系与孩民族文化价值观的整体测量模型的检验

## 2. 母子

如图 10-5 所示，整体测量模型是有效的（$\chi^2 = 140.8$，$df = 42$，$P = 0.000$，CFI = 0.93，RMSEA = 0.03）。交互作用项是母民族文化价值观因子与母子关系因子，Amos

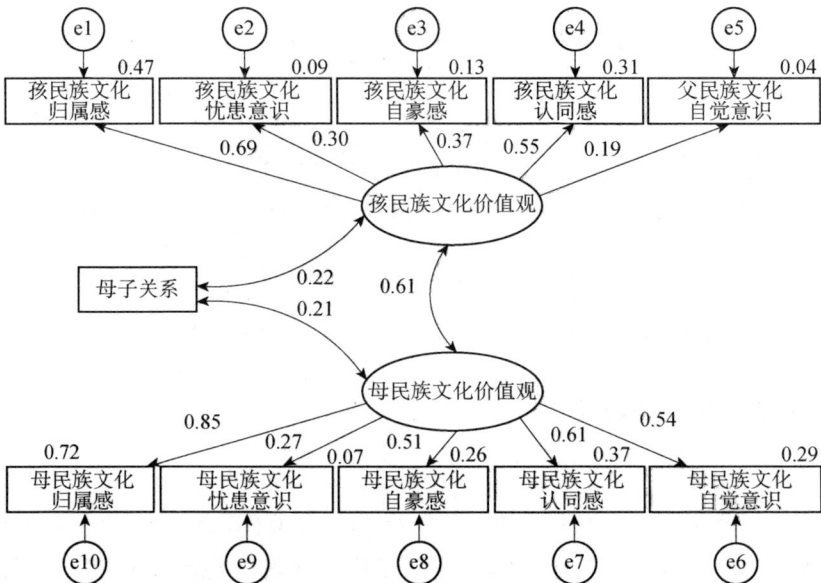

图 10-5　母民族文化价值观、母子关系与孩民族文化价值观的整体测量模型的检验

的分析结果表明，交互作用显著（$CR = 2.64$，$P = 0.008$）。

### （三）养育方式的影响

#### 1. 父子

如图 10-6 所示，整体测量模型是有效的（$\chi^2 = 104.72$，$df = 42$，$P = 0.000$，CFI = 0.90，RMSEA = 0.06）。交互作用项是父民族文化价值观因子与父情感温暖因子，Amos 的分析结果表明，交互作用不显著（$CR = 0.24$，$P = 0.81$）。

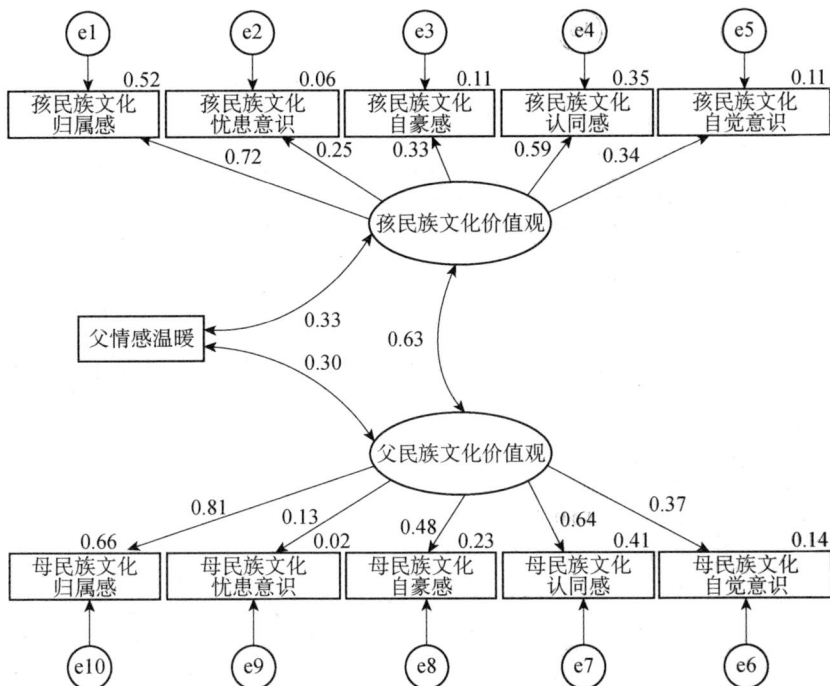

图 10-6 父民族文化价值观、父情感温暖与孩民族文化价值观的整体测量模型的检验

#### 2. 母子

如图 10-7 所示，整体测量模型是有效的（$\chi^2 = 108.58$，$df = 42$，$P = 0.000$，CFI = 0.93，RMSEA = 0.05）。交互作用项是利用母民族文化价值观因子与母情感温暖因子，Amos 的分析结果表明，交互作用不显著（$CR = 1.59$，$P = 0.112$）。

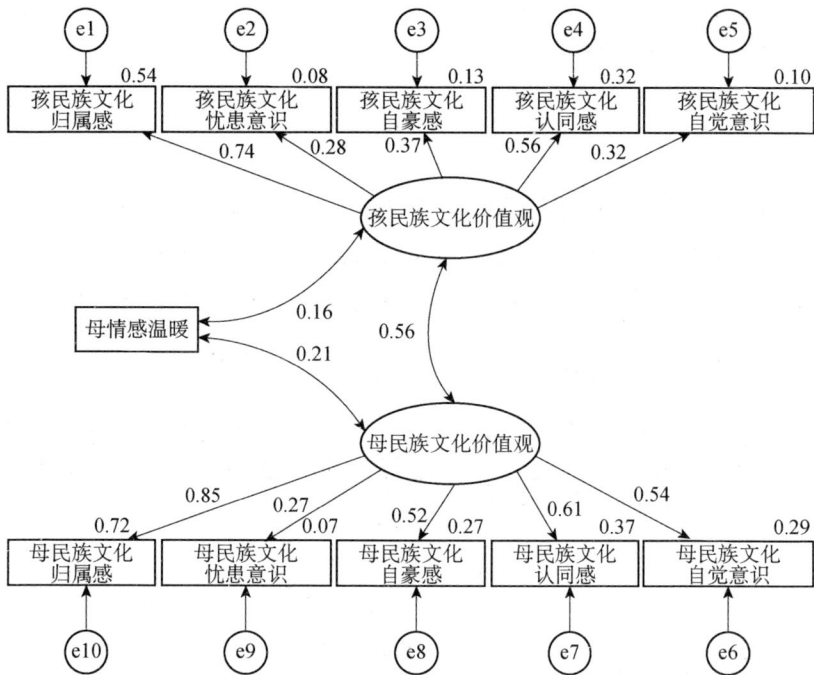

图 10-7　母民族文化价值观、母情感温暖与孩民族文化价值观的整体测量模型的检验

## 三、讨论

对于母亲而言，家庭氛围、亲子关系、养育方式在母子之间的民族文化价值观传承上可以发挥促进作用，即良好的家庭氛围、亲密的亲子关系、温暖的养育方式有助于母子之间的民族文化价值观的传承，这与先前对价值观的研究结果一致[1][2][3]。而对于父子而言，家庭氛围、亲子关系、养育方式在亲子之间的民族文化价值观传承上发挥的作用不显著。在民族文化价值观传承上，家庭变量对于父亲和母亲分别发挥着不同作用，这是由什么原因造成的？其一，可能与中国的文化环境有关。文化是人与社会环境相互影响而塑造的。[4]在中国的大部分地区，传统

---

[1] Grusec J E, Goodnow J J, Kuczynski L. New directions in analyses of parenting contributions to children's acquisition of values. Child Development, 2000, 71: 205-211.

[2] Schönpflug U. Intergenerational transmission of values: The role of transmission belts. Journal of Cross-Cultural Psychology, 2001, 32(2): 174-185.

[3] Taris T W, Semin G R. Passing on the faith: How parent-child communication influences transmission of values. Journal of Moral Education, 1997, 26: 211-221.

[4] Cavalli-Sforza L L, Feldman M W. Cultural Transmission and Evolution: A Quantitative Approach. Princeton: Princeton University Press, 1981.

的"男主外，女主内"的家庭角色分工依然普及，家庭的成年男性负责挣钱养家，而女性负责照顾老人和养育孩子。在子女成年前，母亲担负着教化的大部分任务，因此母亲对子女的影响是最大的，所以家庭变量对于母亲而言是最适合的影响要素。其二，价值观传承受父母目标的影响，父母对子女的目标随着各自关注方面的不同而不同。文化传承不是要求文化全部复制给后代。[1]在家庭中，父亲和母亲对子女的期望是不同的，这种期望目标的不同，也会影响价值观的传承。同时，父母对子女的期望各有侧重，例如，在"工作是一种义务/责任"的价值观上，不管家庭系统水平如何，父亲都会传承给子女。[2]是否父母在民族文化价值观上对子女寄予的目标不同而决定着家庭变量发挥不同的作用，这需要进一步的验证。其三，从价值观传承的社会进化视角来看，价值观传承具有选择性，并不是所有的价值观都会被传承，且不可能所有的价值观都是以相似的程度得以传承。Campbell 提出了选择性传承的观点，例如，因为对于群体生存的适应性价值，利他主义作为一种继承的道德信念被传承[3]。Stevens 和 Fiske 也强调归属感和对群体成员的信任作为社会动机的社会生存价值也被选择性地传承。价值观的选择性继承表明那些对人类生存发展具有必要意义的价值观会得以传承。[4]例如，民族文化归属感、民族文化认同感等，这些有利于民族兴旺的适应性价值观。具体而言，这些价值观维度推动社会凝聚力和代际合作，通过先完成社会责任而后完成个体需要和目标。对德国和伊斯坦布尔的两个地区的土耳其家庭的纵向研究表明，Schwartz 的集体主义价值观的传承（从父到子）也提供了选择性传承的证据[5]。

最近，研究者开始分别关注父母对子女的影响，比较父母的态度对不同的家庭成员的影响[6][7]。而且，大量的研究发现母亲和父亲对子女产生不同的

---

① Phalet K, Schönpflug U. Intergenerational transmission of collectivism and achievement values in two acculturation contexts: The case of Turkish families in Germany and Turkish and Moroccan families in the Netherlands. Journal of Cross-Cultural Psychology, 2001, 32(2): 186-201.

② Roest A, Dubas J S, Gerris, J R. Value transmissions between fathers, mothers, and adolescent and emerging adult children: The role of the family climate. Journal of Family Psychology, 2009, 23(2): 146-155.

③ Campbell D T. On the conflicts between biological and social evolution and between psychology and moral tradition. American Psychologist, 1975, 30: 1103-1126.

④ Stevens L E, Fiske S. Motivation and cognition in social life: A social survival perspective. Social Cognition, 1995, 13: 189-214.

⑤ Schönpflug U. Intergenerational transmission of values: The role of transmission belts. Journal of Cross-Cultural Psychology, 2001, 32(2): 190-201.

⑥ Kulik L. Transmission of attitudes regarding family life from parents to adolescents in Israel. Families in Society: The Journal of Contemporary Human Services, 2004, 85(3): 345-353.

⑦ O'Bryan M, Fishbein H D, Ritchey P N. Intergenerational transmission of prejudice, sex role stereotyping, and intolerance. Adolescence, 2004, 39(155):407-426.

影响①。这些研究表明，男性和女性青少年都感觉到与母亲的关系更亲密，与母亲的关系更好，尽管也报告了与父亲作为权威角色相比的冲突也更多②。这是本节欠缺的地方，在未来需要进一步考察。

## 第三节　感知的正确性与接受

除了个体变量和家庭变量外，还有没有其他因素影响亲子价值观的传承？许多父母都对自己的子女有着一定的期望，甚至很多时候按照自己的愿望来要求子女。然而，实际问题是，父母期望子女怎么样，子女就会怎么样吗？换句话说，孩子不是草率地、被动地接受家庭或同伴的影响，亲子之间的一致性并不意味着子女积极主动摄取父辈的观点。鉴于此，有研究者认为，在亲子的价值观传承上，有两个问题产生重要影响：一是子女对父母期望他们持有的价值观的感知的正确性，二是子女对父母期望他们持有的价值观的感知的接受性③。此观点在实践中得以证实④⑤。在研究者提出了正确感知和接受对亲子价值观传承影响的两步模型后，又有研究者丰富了此模型。Zentner 和 Renaud 建议使用更中立的术语"同化"（assimilation）来表示子女与他们的父母想要他们坚持的理想之间的相似程度。同时，为了解释亲子传承，他们使用了"转化"（transposition）来描述父母自己所持有的价值观转化到他们期望他们的子女所持有的价值观。⑥图10-8描述了从父母到到子女的民族文化价值观的传承过程的代际关系。正确性和接受性解释了同化过程；而同化和转化解释了亲子在民族文化价值观上的相似。根据该模型，亲子的

---

① Fallon B J, Bowles T V. The effect of family structure and family functioning on adolescents' perceptions of intimate time spent with parents, siblings, and peers. The Journal of Youth and Adolescence, 1997, 26(1): 25-43.

② Chen X, Liu M, Li D. Parental warmth, control and indulgence and their relations to adjustment in Chinese children: A longitudinal study. Journal of Family Psychology, 2000, 14(3): 401-419.

③ Grusec J E, Goodnow J J. Impact of parental discipline methods on the child's internalization of values: A reconceptualization of current points of view. Developmental Psychology, 1994, 30: 4-19.

④ Okagaki L, Bevis C. Transmission of religious values: Relations between parents' and daughters' beliefs. Journal of Genetic Psychology, 1999, 160(3): 303-318.

⑤ Westholm A. The perceptual pathway: Tracing the mechanisms of political value transfer across generations. Political Psychology, 1999, 20: 525-551.

⑥ Zentner M, Renaud O. Origins of adolescents' ideal self: An intergenerational perspective. Journal of Personality and Social Psychology, 2007, 92: 557-374.

民族文化价值观的传承有五种类型：相合性，指民族文化价值观的亲子一致；转化，指父母的民族文化价值观和他们期望的子女的民族文化价值观之间的一致；同化，指父母期望的子女的民族文化价值观和子女的民族文化价值观之间的一致；感知的正确，指父母期望的子女的民族文化价值观和子女感知的父母期望的子女的民族文化价值观之间的一致；接受，指子女感知的父母期望的子女的民族文化价值观和子女的民族文化价值观之间的一致。

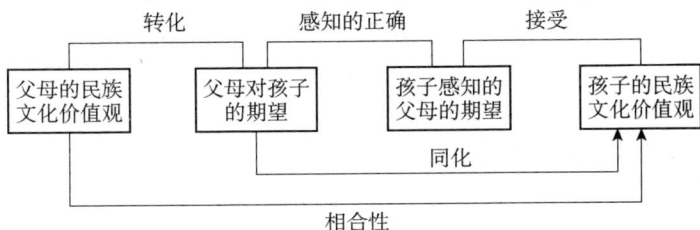

图 10-8　亲子价值观传承模式

有研究表明，家庭价值观讨论、父母之间的价值观一致性和养育方式影响感知的正确性和对这种感知的接受[1][2]。养育方式以三种方式来影响父母的价值观被子女感知的正确性：它影响父母信息的有效性、信息的易懂性、子女注意父母信息的动机。更确切地说，温暖的养育方式有助于正确地感知，而专制的养育方式削弱感知的正确性。[3]养育方式对接受发挥重要作用可能至少有两个原因：第一，如果父母采用回应式的、支持性的、挚爱的养育方式，那么子女倾向于对他们的父母有更积极正向的观点[4]；第二，温暖和专制的父母在展示他们的理想和价值观上可能具有不同的方式[5]。温暖的养育方式中，父母更倾向于使用诱导，与子女沟通和讨论，这种方式会提升子女对父母的观点的感知，也容易促使子女接受父母的观点。社会化理论一致认为，父母使用诱导的方式会促进子女对于他们的规范

① Okagaki L, Bevis C. Transmission of religious values: Relations between parents' and daughters' beliefs. Journal of Genetic Psychology, 1999, 160: 303-318.

② Cashmore J A, Goodnow J J. Agreement between generations: A two-process approach. Child Development, 1985, 56: 493-501.

③ Knafo A, Schwartz S. Parenting and adolescents' accuracy in perceiving parental values. Child Development, 2003, 74: 595-611.

④ Rohan M J, Zanna M P. Value transmission in families//Seligman C, Olson J M, Zanna M P. The Psychology of Values: The Ontario Symposium. Hillsdale: Erlbaum, 1996: 253-276.

⑤ Zentner M, Renaud O. Origins of adolescents' ideal self: An intergenerational perspective. Journal of Personality and Social Psychology, 2007, 92: 357-375.

行为的内化，尤其是亲社会行为[①]。

温暖的养育方式与亲子价值观传承积极相关，也与子女对父母的态度积极相关[②]。同时，子女与父母的感情影响他们理解和听从父母的观点[③]。在温暖的养育过程中，必然伴随着亲密的亲子关系、良好的家庭氛围。实际上，从某种程度上说，温暖的养育方式、良好的家庭氛围和亲密的亲子关系是相伴相生、密不可分的。因此，虽然现有的大多数研究只是考察了温暖的养育方式对感知正确性和接受性的影响，而没有考察亲密的亲子关系和良好的家庭氛围对感知正确性和接受性的影响，但是，本节根据三者之间的紧密关系，假设父母的温暖的养育方式、亲密的亲子关系和良好的家庭氛围可能预测感知正确性和接受性，以及亲子民族文化价值观的一致性。

## 一、对象与工具

研究对象同上。研究工具是经过相应改造后的"民族文化价值传承"问卷。

（1）父亲/母亲卷。在评估父母期望自己的子女拥有的民族文化价值观时，变换指导语："作为孩子的爸爸/妈妈，您期望您的孩子对以下每项描述的赞成程度是什么？请如实填写。"

（2）子女卷。在评估子女感知的父母期望子女拥有的民族文化价值观时，变换指导语："作为一个孩子，你感觉到你的爸爸/妈妈希望你对以下每项描述的赞成程度是什么？请如实填写。"

## 二、结果与分析

为了分析家庭内的民族文化价值观的传承，采用了差异得分方法（discrepancy scores method）[④][⑤]。差异得分方法用于评价青少年得分和他们的父亲/母亲得分的

---

① Hoffman M L. Moral development// Mussen P H. Carmichael's Manual of Child Psychology. New York: Wiley, 1970: 261-361.

② Rohan M J, Zanna M P. Value transmission in families// Seligman C, Olson J M, Zanna M P. The Psychology of Values: The Ontario Symposium. Hillsdale: Erlbaum, 1996: 253-276.

③ Grusec J E, Goodnow J J. Impact of parental discipline methods on the child's internalization of values: A reconceptualization of current points of view. Developmental Psychology, 1994, 30: 4-19.

④ Moen P, Erickson M A, Dempster-McClain D. Their mother's daughters? The intergenerational transmission of gender attitudes in a world of changing roles. Journal of Marriage and the Family, 1997, 59: 281-293.

⑤ Kwast-Welfel J, Boski P, Rovers M. Intergenerational value similarity in Polish immigrant families in Canada in comparison to intergenerational value similarity in Polish and Canadian non-immigrant families// Zheng G, Leung K, Adair J G. Perspectives and Progress in Contemporary Cross-Cultural Psychology. Beijing: The International Association of Cross-Cultural Psychology Press，2007:193-209.

绝对距离，其具体的计算方法为通过计算每一对子女和他们的父亲/母亲的得分的差异的绝对值来获得每一对亲子配对的绝对距离，由此得到父亲群体、母亲群体和子女群体的绝对距离。绝对距离越小，表明亲子的得分相似性（一致性）越大；绝对距离越大，表明亲子的得分相似性（一致性）越小。具体来说，感知正确性得分为父母期望子女拥有的民族文化价值观和子女对父母期望的感知之差的绝对值；接受性得分为子女感知的父母的期望和子女的民族文化价值观得分之差的绝对值；同化得分为父母对子女的期望和子女的民族文化价值观得分之差的绝对值；转化得分为父母的文化价值观和父母期望子女持有的民族文化价值观之差的绝对值；相合性得分为父母的民族文化价值观和子女的民族文化价值观得分之差的绝对值。

### （一）民族文化价值观的亲子传承

本节的一个主要目的是考察家庭中父母和子女的民族文化价值观的关系。首先从总体上看，各个群体之间的相关关系如表 10-6 所示。由表 10-6 可见，父—子、母—子、父—母的民族文化价值观及各维度得分的相关在 0.239～0.804，且都达到显著相关，表明了家庭成员内民族文化价值观之间的密切关系。

表 10-6　父—子、母—子、父—母的民族文化价值观总分及各维度的相关

| 项目 | 民族文化归属感 | 民族文化忧患意识 | 民族文化自豪感 | 民族文化认同感 | 民族文化自觉意识 | 总分 |
|---|---|---|---|---|---|---|
| 父—子 | 0.381** | 0.297** | 0.331** | 0.387** | 0.340** | 0.390** |
| 母—子 | 0.295** | 0.352** | 0.326** | 0.329** | 0.342** | 0.427** |
| 父—母 | 0.513** | 0.538** | 0.582** | 0.525** | 0.587** | 0.630** |
| 父—父对子的期望 | 0.637** | 0.401** | 0.444** | 0.482** | 0.545** | 0.666** |
| 母—母对子的期望 | 0.713** | 0.479** | 0.562** | 0.439** | 0.621** | 0.752** |
| 子感知父的期望—子 | 0.464** | 0.495** | 0.450** | 0.389** | 0.522** | 0.588** |
| 子感知母的期望—子 | 0.527** | 0.432** | 0.417** | 0.458** | 0.434** | 0.576** |
| 父对子的期望—子感知父的期望 | 0.377** | 0.387** | 0.303** | 0.342** | 0.459** | 0.546** |
| 母对子的期望—子感知母的期望 | 0.375** | 0.354** | 0.362** | 0.348** | 0.327** | 0.479** |
| 子—父对子的期望 | 0.344** | 0.364** | 0.254** | 0.354** | 0.395** | 0.456** |
| 子—母对子的期望 | 0.287** | 0.239** | 0.359** | 0.251** | 0.303** | 0.407** |
| 父对子的期望—母对子的期望 | 0.715** | 0.744** | 0.536** | 0.695** | 0.653** | 0.804** |

## （二）家庭变量对感知正确性的预测作用

### 1. 父子

根据拟合良好模型确定的家庭氛围与民族文化价值观的感知正确性的路径系数，以及各因子之间的效应值见表 10-7 和表 10-8。从中可见，家庭氛围对感知正确性的效应由高至低依次为：民族文化自豪感、民族文化归属感、民族文化认同感、民族文化忧患意识、民族文化自觉意识。

表 10-7　家庭氛围与民族文化价值观的感知正确性各个因子之间的回归效应

| 项目 | B | Standardized B | SE | CR | P |
| --- | --- | --- | --- | --- | --- |
| 感知正确性←家庭氛围 | −0.119 | −0.281 | 0.061 | −1.961 | 0.050 |
| 民族文化归属感←感知正确性 | 1.303 | 0.599 | 0.510 | 2.555 | 0.011 |
| 民族文化忧患意识←感知正确性 | 1.256 | 0.389 | 0.553 | 2.271 | 0.023 |
| 民族文化自豪感←感知正确性 | 2.034 | 0.607 | 0.795 | 2.559 | 0.011 |
| 民族文化认同感←感知正确性 | 1.727 | 0.559 | 0.684 | 2.526 | 0.012 |
| 民族文化自觉意识←感知正确性 | 1.000 | 0.296 | | | |

表 10-8　家庭氛围与民族文化价值观的感知正确性模型的效应分解

| 效应 | 项目 | 家庭氛围 | 感知正确性 |
| --- | --- | --- | --- |
| 直接效应 | 感知正确性 | −0.281 | |
| | 民族文化归属感 | | 0.599 |
| | 民族文化忧患意识 | | 0.389 |
| | 民族文化自豪感 | | 0.607 |
| | 民族文化认同感 | | 0.559 |
| | 民族文化自觉意识 | | 0.296 |
| 间接效应 | 民族文化归属感 | −0.168 | |
| | 民族文化忧患意识 | −0.109 | |
| | 民族文化自豪感 | −0.170 | |
| | 民族文化认同感 | −0.157 | |
| | 民族文化自觉意识 | −0.083 | |

### 2. 母子

分析表明，家庭要素对母子的文化价值观的感知正确性的预测力度较小，均未达到显著水平。

## （三）家庭变量对接受性的预测作用

### 1. 父子

根据拟合良好模型确定的父情感温暖与民族文化价值观的接受性的路径系数，以及各因子之间的效应值如表10-9和表10-10所示。从中可见，父情感温暖对接受性的效应由高至低依次为：民族文化归属感、民族文化认同感、民族文化自豪感、民族文化自觉意识、民族文化忧患意识。

**表10-9 父情感温暖与民族文化价值观的接受性各个因子之间的回归效应**

| 项目 | B | Standardized B | SE | CR | P |
|---|---|---|---|---|---|
| 接受性←父情感温暖 | −0.121 | −0.363 | 0.060 | −2.022 | 0.043 |
| 文化归属感←接受性 | 2.213 | 0.962 | 0.979 | 2.261 | 0.024 |
| 文化忧患意识←接受性 | 0.632 | 0.184 | 0.373 | 1.697 | 0.090 |
| 文化自豪感←接受性 | 1.244 | 0.304 | 0.546 | 2.280 | 0.023 |
| 文化认同感←接受性 | 1.569 | 0.375 | 0.591 | 2.487 | 0.013 |
| 文化自觉意识←接受性 | 1.000 | 0.262 | | | |

**表10-10 父情感温暖与民族文化价值观的接受性模型的效应分解**

| 效应 | 项目 | 父情感温暖 | 接受性 |
|---|---|---|---|
| 直接效应 | 接受性 | −0.363 | |
| | 民族文化归属感 | | 0.962 |
| | 民族文化忧患意识 | | 0.184 |
| | 民族文化自豪感 | | 0.304 |
| | 民族文化认同感 | | 0.375 |
| | 民族文化自觉意识 | | 0.262 |
| 间接效应 | 民族文化归属感 | −0.349 | |
| | 民族文化忧患意识 | −0.067 | |
| | 民族文化自豪感 | −0.110 | |
| | 民族文化认同感 | −0.136 | |
| | 民族文化自觉意识 | −0.095 | |

### 2. 母子

分析表明，家庭要素对母子的文化价值观的接受性的预测力度较小，均未达到显著水平。

### （四）感知正确性和接受性对同化的影响

以往的研究建议，子女对父母观点的内化可以通过两步模型来描述，即正确的感知和对父母立场的接受。因此，在本小节中，我们首先考察感知的正确性和接受性对同化的影响。在研究中，使用回归分析来探索感知正确性和接受性分别对同化的效应，结果见表10-11。从中可见，总体上看，无论是对于父子还是母子，基本上感知正确性和接受性对同化都产生显著影响，除了对于父子而言，在民族文化忧患意识和民族文化认同感上，接受性的效应不显著，在民族文化自觉意识上，感知正确性的影响不显著；对于母子而言，在民族文化自觉意识上，接受性的效应不显著。

表 10-11　感知正确性和接受性对同化的影响

| 项目 | 子项目 | $R^2$ | $\beta$ | $t$ | $P$ |
|---|---|---|---|---|---|
| 同化 | | | | | |
| 民族文化归属感 | 感知正确性 | 0.33（0.31） | 0.46（0.48） | 6.07（6.50） | 0.000（0.000） |
| | 接受性 | | 0.24（0.20） | 3.18（2.71） | 0.002（0.008） |
| 民族文化忧患意识 | 感知正确性 | 0.17（0.19） | 0.38（0.36） | 4.57（4.55） | 0.000（0.000） |
| | 接受性 | | 0.13（0.24） | 1.57（2.99） | 0.120（0.003） |
| 民族文化自豪感 | 感知正确性 | 0.19（0.20） | 0.30（0.26） | 3.65（3.26） | 0.000（0.001） |
| | 接受性 | | 0.27（0.32） | 3.25（3.96） | 0.001（0.000） |
| 民族文化认同感 | 感知正确性 | 0.28（0.22） | 0.55（0.35） | 7.00（4.32） | 0.000（0.000） |
| | 接受性 | | 0.05（0.23） | −0.64（2.85） | 0.524（0.005） |
| 民族文化自觉意识 | 感知正确性 | 0.13（0.15） | −0.01（0.38） | −0.13（4.60） | 0.896（0.000） |
| | 接受性 | | 0.38（0.07） | 4.46（0.78） | 0.000（0.448） |
| 民族文化价值观 | 感知正确性 | 0.29（0.26） | 0.39（0.44） | 5.10（5.78） | 0.000（0.000） |
| | 接受性 | | 0.28（0.21） | 3.66（2.76） | 0.000（0.007） |

注：括号内为母子的结果。下同

### （五）转化和同化对相合性的影响

在第二步分析中，我们考察了民族文化价值观的转化和同化对相合性的影响。同上述分析一样，使用回归分析来探索转化和同化对相合性的影响，结果见表10-12。从中可见，在大部分变量上，转化和同化对相合性的影响显著，同时对于父子和母子来说，在民族文化忧患意识、民族文化认同感、民族文化价值观上，转化对相合性的影响不显著，但是在这几个方面上，同化的效应尤其显著，这充分表明了同化对于亲子文化价值观传承发挥着重要作用。除此之外，对于母子而言，在民族文化归属感上，转化的效应不显著，在民族文化自豪感上，同化的效应不显著；对于父子而言，在民族文化自豪感上，转化的效应不显著。

表 10-12　转化和同化对相合性的影响

| | 项目 | 子项目 | $R^2$ | $\beta$ | $t$ | $P$ |
|---|---|---|---|---|---|---|
| 相合性 | 民族文化归属感 | 转化 | 0.27（0.41） | 0.19（-0.10） | 2.32（-1.46） | 0.022（0.147） |
| | | 同化 | | 0.43（0.68） | 5.41（9.55） | 0.000（0.000） |
| | 民族文化忧患意识 | 转化 | 0.16（0.15） | 0.10（-0.04） | 1.17（-0.44） | 0.243（0.661） |
| | | 同化 | | 0.377（0.42） | 4.48（4.90） | 0.000（0.000） |
| | 民族文化自豪感 | 转化 | 0.25（0.04） | 0.080（0.21） | 1.01（2.39） | 0.313（0.018） |
| | | 同化 | | 0.479（0.08） | 6.08（0.95） | 0.000（0.342） |
| | 民族文化认同感 | 转化 | 0.05（0.11） | 0.100（0.13） | 1.09（1.40） | 0.279（0.165） |
| | | 同化 | | 0.198（0.27） | 2.15（2.84） | 0.033（0.005） |
| | 民族文化自觉意识 | 转化 | 0.31（0.26） | 0.284（0.21） | 3.77（2.66） | 0.000（0.009） |
| | | 同化 | | 0.419（0.43） | 5.57（5.59） | 0.000（0.000） |
| | 民族文化价值观 | 转化 | 0.35（0.37） | 0.035（-0.03） | 0.48（-0.47） | 0.631（0.642） |
| | | 同化 | | 0.591（0.62） | 8.04（8.73） | 0.000（0.000） |

由表 10-11 和表 10-12 可见，总体上，在民族文化价值观及各维度上，结果表明了亲子一致性的两步模型的存在，即子女对父母的观点的感知的正确性和子女对这种感知的接受性影响着亲子观点的一致性，这表明未来在民族文化价值观教育中，应该充分重视这些影响因素对于民族文化价值观传承的重要性。

## 三、讨论

考察了父辈的民族文化价值观对青少年的民族文化价值观的潜在影响，研究结果丰富了现有的研究。第一，研究提供了有力证据，表明父母和子女的民族文化价值观一致性的存在。第二，揭示了家庭内的民族文化价值观传承的内在机制。具体说来，可以用三个步骤解释民族文化价值观的亲子一致性：父母的民族文化价值观理想传递给孩子—孩子感知—孩子对感知的接受。其中，在子女的感知正确性和接受性上，证实了部分家庭变量的影响。尽管研究表明了父辈的理想和社会化实践有助于亲子之间的民族文化价值观的传承，但是并没有否认子女对父母的影响的可能性。实际上，先前的研究表明，当孩子成人后，价值观一旦稳定，反向传承是很有可能的。这需要在未来的研究中进一步探索和证实。

父母和子女的民族文化价值观的相关在中等偏下程度，这与对态度的研究一致[①]。之所以父母和子女的民族文化价值观一致性只保持在中等偏下程度，看起来

---

① Loehlin J C. Resemblance in personality and attitudes between parents and their children: Genetic and environmental contributions//Bowles S, Gintis H, Groves M O. Unequal Chances: Family Background and Economic Success. Princeton: Princeton University Press, 2005: 192-207.

似乎质疑家庭作为价值观传承的主要场所，实际上，不难理解。信息从一个人传递给另外一个人的过程中，有许多因素会导致信息的改变。在家庭中，信息是父母的民族文化价值观，传递给子女要经过三个步骤——转化、感知的正确性和接受性。①在转化上，父母期望自己拥有的并不一定也是期望子女拥有的，这会导致信息的改变。接着，信息会再一次改变，即子女并不一定会很正确地感知父母的期望。最后，即使子女正确地感知了，但并不总是会接受。这三个步骤可以说明为何父母和子女拥有的民族文化价值观只保持在中等偏下程度的相关。这三个步骤可以从研究中得到的各个变量的相关程度的高低来说明，例如，父母—子的民族文化价值观的相似性程度要明显低于父母—父母对子的期望、子感知父母的期望—子、父母对子的期望—子感知的父母的期望等的相似程度。

对于父子而言，家庭氛围显著预测感知正确性，即家庭氛围越好，父亲期望子女养成的民族文化价值观和子女对父亲期望的感知之间的差异越小（感知正确性越大）。同样，温暖的养育方式显著预测接受性，即养育方式越温暖、充满爱，子女感知父亲的期望和子女的民族文化价值观之间的差异越小（接受性越大）。②而对于母子而言，家庭变量对感知正确性和接受性的预测效果不显著。这可能与研究中采用差异得分法来计算感知正确性和接受性有关。

温暖的养育方式有助于传承民族文化③。温暖的养育方式能够创设富有情感的家庭氛围，而这会鼓励孩子们以开放的心态感受父母的影响④。例如，温暖的养育方式部分地决定子女是否会接受父辈的民族认同，或者子女是否认同父母努力地传承他们的文化⑤。有其他研究也发现，在温暖和支持的家庭环境中，价值观传承得以增强⑥⑦。

---

① Zentner M, Renaud O. Origins of adolescents' ideal self: An intergenerational perspective. Journal of Personality and Social Psychology, 2007, 92: 357-375.

② Knafo A, Schwartz S H. Parenting and adolescents' accuracy in perceiving parental values. Child Development, 2003, 74(2): 595-611.

③ Costigan C L, Dokis D P. Similarities and differences in acculturation among mothers, fathers, and children in immigrant Chinese families. Journal of Cross-Cultural Psychology, 2006, 37(6): 723-741.

④ Steinberg L. We know some things: Parent-adolescent relationships in retrospect and prospect. Journal of Research on Adolescence, 2001, 11(1): 1-19.

⑤ Cheng S H, Kuo W H. Family socialization of ethnic identity among Chinese American preadolescents. Journal of Comparative Family Studies, 2000, 31(4): 463-484.

⑥ Schönpflug U. Intergenerational transmission of values: The role of transmission belts. Journal of Cross-Cultural Psychology, 2001, 32: 174-185.

⑦ Rudy D, Grusec J E. Correlates of authoritarian parenting in individualist and collectivist cultures and implications for understanding the transmission of values. Journal of Cross-Cultural Psychology, 2001, 32: 202-212.

　　青春期是孩子的认同探索的关键期，父母努力传承民族文化价值观和子女的积极认同探索会导致孩子的强烈的民族文化价值观。父母和子女在民族文化价值观上的高一致性，当有差异时，孩子倾向于显示比他们的父母更强烈的民族文化价值观。这在父母—子女比较中得以体现。因为父母年长，与子女相比，深受民族文化的影响，他们觉得在民族文化环境中感觉更安全，也没有过多的压力促使他们思考认同问题；相反，子女正处于或接近积极的认同探索阶段[①]，他们的生活的部分时间是生活在民族文化中。在发展一种稳定的认同感之前，他们可能会感知到他们自己和同伴之间的差异会引发他们更强烈的民族文化价值认同。

　　与男子相比，女子更可能对民族文化的保护负责[②③]。父亲在外工作，其有更多的机会接触外来文化和行为；而在家的母亲更多接触民族文化，这会有助于民族文化的保护。未来研究应该探索已婚家庭中，父亲和母亲的民族文化价值观的相似和差异。父亲—母亲的比较有助于解释双亲—子女之间的更大的差异。虽然研究认为，女子对民族文化的保存担负着更大的责任，但是有研究发现男女对价值观传承的影响与文化的具体领域有关[④]。此研究发现，母亲对价值观传承发挥更大的影响体现在在民族私人领域，而父亲则对公共领域和主流文化价值观有更大的影响，这主要是因为他们有更多的机会接触主流文化。同时，孩子和母亲的更大的差异可能会使他们体验到更大的沟通代沟，有更少的机会去分析对方的思想和行为，这些会影响孩子和母亲的关系，而母子关系的恶化又会加剧其思想的差异，从而形成恶性循环。

　　在民族文化价值观和大部分因子上，感知正确性和接受性显著预测同化，转换和同化显著预测相合性，这部分地说明了在家庭的民族文化价值观传承过程中两步模型的存在，也表明了家庭内的民族文化价值观传承的主要机制。已有研究表明当子女正确感知他们父母的价值观时，亲子价值观一致性更高[⑤⑥⑦]。也有研究证明，子女感知

　　① Phinney J S. Understanding ethnic diversity: The role of ethnic identity. American Behavioral Scientist, 1996, 40: 143-152.

　　② Davey M, Fish L S, Askew J, et al. Parenting practices and the transmission of ethnic identity. Journal of Marital and Family Therapy, 2003, 29: 195-208.

　　③ Phinney J S, Horenczyk G, Liebkind K, et al. Ethnic identity, immigration, and well-being: An interactional perspective. Journal of Social Issues, 2001, 57: 493-510.

　　④ Boehnke K. Parent-offspring value transmission in a societal context: Suggestions for a utopian research design. Journal of Cross-Cultural Psychology, 2001, 32: 241-255.

　　⑤ Cashmore J A, Goodnow J J. Agreement between generations: A two-process approach. Child Development, 1985, 56: 493-501.

　　⑥ Whitbeck L B, Gecas V. Value attributions and value transmission between parents and children. Journal of Marriage and the Family, 1988, 50: 829-840.

　　⑦ Okagaki L, Bevis C. Transmission of religious values: Relations between parents' and daughters' beliefs. Journal of Genetic Psychology, 1999, 160(3): 303-318.

的父母所持有的价值观能调制父母的真正价值观和孩子自己的价值观①②。有研究同时考察了子女感知和对父母价值观的接受,这限于比较移民家庭和非移民家庭。而该研究的结果表明,与非移民孩子相比,移民孩子感知他们父母的价值观更准确,但是移民孩子更少接受他们的感知。同时考察感知的正确性和接受对于理解亲子价值观的一致性是有益的,这也是未来研究需要着力努力的方向。

父母都希望孩子长大时拥有某种类型的价值观和高的生活质量。这些长期目标推动父母的日常养育方式和社会化实践。③研究表明,在多文化社会(如美国)中,父母的目标在不同的家庭中都不同,不同民族的群体在文化差异上存在着指导教养方式的目标和信念的不同④。人类发展的濡化和生态理论认为,孩子的发展是适应他们生活的多样化、交互作用的环境,其中家庭是最为重要的⑤。而父母的行为随着父母的社会经济环境的不同而变化,并受制于养育文化⑥。在一个群体内,不同的父母根据自己面临的环境而采用不同的模式来教养孩子⑦。尤其在接触多文化的人群中,来自不同文化群体的父母有不同的文化观念,他们同时受本民族文化和外来文化的影响。研究发现,父母的教育背景和民族身份对父母对子女抱有的目标和价值观有影响⑧。

## 第四节　由家庭延伸到社会

成长中的孩子同时受很多因素的影响,如父母、同伴、社会等,他们需要整合这些不同来源的影响,从而形成自己的价值观。在这个整合的过程中,谁的影

---

① Kohn M L, Slomczynski K M, Schoenbach C. Social stratification and the transmission of values in the family: A cross-national assessment. Sociological Forum, 1986, 1(1): 73-102.

② Westholm A. The perceptual pathway: Tracing the mechanisms of political value transfer across generations. Political Psychology, 1999, 20: 525-551.

③ Whiting B B, Edwards C P. Children of Different Worlds: The Formation of Social Behavior. Cambridge: Harvard University Press, 1988.

④ Coll C G, Pachter L M. Ethnic and minority parenting// Bornstein M H. Handbook of Parenting. Mahwah: Lawrence Erlbaum, 2002: 1-20.

⑤ Weisner T S. Ecological pathways, family values, and parenting. Parenting: Science and Practice, 2002, 2(3): 325-334.

⑥ LeVine R A, Dixon S, LeVine S, et al. Childcare and Culture: Lessons from Africa. New York: Cambridge University Press, 1994.

⑦ Greenfield P M, Keller H, Fuligni A, et al. Cultural pathways through universal development. Annual Review of Psychology, 2003, 54: 461-490.

⑧ Suizzo M A. Parents' goals and values for children dimensions of independence and interdependence across four US ethnic groups. Journal of Cross-Cultural Psychology, 2007, 38(4): 506-530.

响最大，他们之间又是怎样的复杂纠缠关系？有研究认为，子女与父母的价值观的一致性可能只是反映了其生活的社会所共有的社会理想。人们所持有的理想有两个构成部分：一是原型部分，反映了一种文化所期望人们持有的部分；二是独特的部分，反映了个体所持有的与众不同的或唯一的部分[1]。剥离开来说，亲子价值观的一致性在多大程度上反映了社会所共有的理想的影响（父母和子女同时受此理想的影响），在多大程度上反映了父母个人的独特部分的影响呢？比较这两部分的影响有助于我们有针对性地开展民族文化价值观教育，这是未来需要探索的问题之一。另外，社会共有的理想和个体独特部分之间有什么关联？有研究发现自我和文化参照的建构之间具有低甚至消极的相关[2][3]。一项元分析也表明自我评价的文化差异并不总是与基于文化水平的研究或专家观点的预期模式相一致[4]。有研究者对来自 10 个不同文化背景样本的自我和文化参照的价值观进行研究，发现两者之间的一致或差异程度取决于具体价值观维度，例如，在个体—群体关系和情感自主表达上，两者之间有显著的重叠，但在智力自主上，两者之间没有关系[5]。Fische 对自我和文化参照的价值观与自我报告的行为之间的关系的研究也表明，文化参照的价值观通常与社会规范相关的行为有关，而自我所持的价值观则与此相反。因此，在进行文化价值观方面的研究时，必须谨记：第一，在文化规范和价值观方面，解释自我报告时要谨慎，如果研究者关注个体所持有的价值观的影响，那么自我参照的评估可能是有用的；第二，为了改善对文化的功能和过程的理解，需要更多的研究来考察文化的规范方面的影响。同时也告诉我们，我们在研究文化价值观时，必须明确是考察在某一种文化背景下的价值观、规范或态度，还是要求个体回答个人偏好的价值观、观点或态度。

　　成人有目的地教导孩子或孩子模仿成人，即为文化传承[6]。基因传承是从父母到子女，而文化传承是从个体到其他个体。个体能从其他任何个体中学习行为、

① Zentner M R, Renaud O. Origins of adolescents' ideal self: An intergenerational perspective. Journal of Personality and Social Psychology. 2007, 92(3): 557-574.

② House R J, Hanges P J, Javidan M, et al. Cultures, Leadership, and Organizations: The GLOBE Study of 62 Societies. Newbury Park: Sage, 2003.

③ Terracciano A, Abdel-Khalek A M, Adam N, et al. National character does not reflect mean personality trait levels in 49 cultures. Science, 2005, 310(5745): 96-100.

④ Oyserman D, Coon H M, Kemmelmeier M. Rethinking individualism and collectivism: Evaluation of theoretical assumptions and meta-analyses. Psychological Bulletin, 2002, 128: 3-72.

⑤ Fischer R. Congruence and functions of personal and cultural values: Do my values reflect my culture's values? Personality and Social Psychology Bulletin, 2006, 32(11): 1419-1431.

⑥ Schönpflug U. Intergenerational transmission of values: The role of transmission belts. Journal of Cross-Cultural Psychology, 2001, 32: 174-185.

信息和价值观，那么这些个体就是他的导师或楷模。传统上，文化传承有三种类型：垂直、倾斜（或间接）和水平传承①②。垂直传承（vertical transmission）即从父母到子女的自上而下的传递；倾斜（或间接）传承（oblique transmission）即从一代个体到隔代的不相关个体的传递；水平传承（horizontal transmission）即同一代个体之间的传递。原则上，个体可能同时采用这三种传承方式来习得行为、信息和价值观。当然，这三种类型的文化传承方式的相对重要性随着社会类型的变化而变化。例如，在传统社会中，相对于其他两种传承方式，垂直传承是最重要的传承方式；而在当今经济发达社会中，水平传承——尤其是年轻人从年轻同伴而非从长辈中学习——是最主要的传承方式。③就少数民族地区而言，自上而下的垂直传承应该是主要的传承方式。

文化传承过程总是包含一些形式的社会习得。社会化理论强调早期幼儿体验和社会习得的重要性。社会化塑造个体，以便于个体适应社会环境。文献中提及两种社会化过程：一种是深思熟虑的社会化，即父母或社会化团体有意地训练子女的活动；另一种是濡化，即个体在日常生活中对文化环境的耳濡目染④。父母企图提取他们自己社会化的文化价值观和态度来促使子女社会化⑤。这么做的结果就是子女通过有意的社会化或濡化而内化相似的价值观和态度及行为⑥。在社会化过程中，父母和其他教育者的儿童养育实践发挥着重要作用⑦。因此，家庭，尤其是父母被认为是社会化的主要委托者⑧⑨。通过社会化和濡化，父母和社会传递给子女其所属社会的文化、价值观和态度。在此过程中，主要的社会规范、价值观和信念被传承。

价值观是一个老生常谈的课题，但依然备受关注，这与价值观在人们的日常生

① Cavalli-Sforza L L, Feldman M. Cultural Transmission and Evolution: A Quantitative Approach. Princeton: Princeton University Press, 1981.

② Boyd R, Richerson P J. Culture and the Evolutionary Process. Chicago: Chicago University Press, 1985.

③ Hewlett B S, Cavalli-Sforza L L. Cultural transmission among Aka pygmies. American Anthropologist, 1986, 88(4): 922-934.

④ Arnett J J. Broad and narrow socialization: The family in the context of a cultural theory. Journal of Marriage and the Family, 1995, 57: 617-628.

⑤ Rogoff B. The Cultural Nature of Cognitive Development. New York: Oxford University Press, 2003.

⑥ Marshall S. Ethnic socialization of African-American children: Implications for parenting, identity development, and academic achievement. Journal of Youth and Adolescence, 1995, 24: 377-396.

⑦ Schönpflug U. Introduction: Cultural transmission—A multidisciplinary research field. Journal of Cross-Cultural Psychology, 2001, 32: 131-134.

⑧ Moen P, Erickson M A, Dempster-McClain D. Their mother's daughters? The intergenerational transmission of gender attitudes in a world of changing views. Journal of Marriage and the Family, 1997, 59: 281-293.

⑨ Vollebergh W A, Iedema J, Raaijmakers Q A. Intergenerational transmission and the formation of cultural orientations in adolescence and young adulthood. Journal of Marriage and Family, 2001, 63(4): 1185-1198.

活中的重要影响是分不开的。价值观的变迁和价值观的传承是价值观研究的两个焦点，它们是两个相互联系但分离的过程。价值观变迁的研究涉及社会现象，注重社会和文化等宏观系统对价值观的影响。在此领域，比较突出的是 Inglehart 自 20 世纪 70 年代末以来所进行的大量研究。而价值观传承主要关注的是机构、家庭和工作等领域价值观的社会化问题。这两个过程听起来似乎相似，但大部分研究者关注其中一种，很少有研究者同时考察这两个过程。①价值观的变迁和价值观的传承体现了传统性和现代性、保护和发展的统一。价值观的变迁主要涉及代际价值观的改变和发展，即代际差异性，而价值观的传承的焦点在于价值观的保持，即代际相似性。随着社会的发展和进步，一代一代所遵循的价值观是不同的，但又同时保持一定程度的稳定性。之所以说价值观存在代际的差异，是从不同代之间所坚持的价值观的进化性来说的，这保证了社会的进步，体现了流动性；而之所以说其又存在一定程度的相似性，是从遗传学上来说的，这保证了社会的稳定性，不忘记自己是谁。

有研究者提出价值观的进化和传承是两个不同的方面②③。对快速变化的经济、社会、技术和文化环境的适应促进了价值观的进化。而价值观的传承和连续则与文化寄托和集体记忆有关。根据认同理论，个体通过学习和模仿他人来建构自己的价值观和态度。Grusec 等认为，价值观的传承是个体的社会化过程的一部分④。价值观的社会化过程显著发生在人们的日常生活中，特别是家庭中父母和子女之间的相互影响中。在家庭背景下，孩子发展他们关于未来的理想，实现到成人的转变。每个民族和国家都希望自己的价值观得以成功传承，同样，在家庭这一小的社会单位内，父辈通常也希望自己的价值观能够传递给子辈。价值观的传承，尤其是家庭的价值观传承，经常关注的是双亲和他们的子女的价值观的一致性及其可能的原因。⑤以往研究大多以大学生和他们的中年双亲为被试，得出的结果是代际相似性或一致性是不受社会影响的。但本节的研究结果表明，在探索价值传承时不可忽视社会和文化的影响。

---

① Boehnke K, Ittel A, Baier D. Value transmission and "Zeitgeist": An underresearched relationship. Sociale Wetenschappen, 2002, 45: 28-43.

② Boehnke K. Parent-offspring value transmission in a societal context suggestions for a utopian research design—with empirical underpinnings. Journal of Cross-Cultural Psychology, 2001, 32(2): 241-255.

③ Glass J, Bengtson V L, Dunham C C. Attitude similarity in threegeneration families: Socialization, status inheritance, or reciprocal influence? American Sociological Review, 1986, 51: 685-698.

④ Grusec J E, Goodnow J J, Kuczynski L. New directions in analyses of parenting contributions to children's acquisition of values. Child Development, 2000, 71: 205-211.

⑤ Rohan M J, Zanna M P. Value transmission in families// Scligman C, Olson J M, Zanna M P. The Psychology of Vallles: The Ontario Symposillm on Personality and Social Psychology. Mahwah: Lawrence Erlbaum Associates, 1996: 253-276.

## 第十一章
# 社会流动中的民族文化价值传承

　　当今中国社会正在发生巨大变革，人口的大量迁徙和流动是一个突出特征。当个体从一种社会文化背景迁移到另一种与原社会文化背景不同的异质文化环境中时，会产生文化适应问题，这是基于对两种文化的认知和情感依附而做出的一种有意识、有倾向的行为选择和调整。这种自我心理调节的目的在于使自身从心理上达到新的平衡状态，整个调节过程往往伴随着价值观和态度的变化及行为的变迁[①②]。因此，这是一个与西南民族文化价值传承密切相关的现实问题。对于西南少数民族，这个问题集中体现在民族旅游文化村村民的文化心态、少数民族大学生的文化心理适应，以及少数民族农民工的文化适应等方面。

## 第一节　移民文化适应的一般问题

　　移民现象是全球化所导致的重要问题之一，移民个体与主流社会的个体或集体的交互过程，也是各种文化的互动和适应过程[③]。当面对一系列的文化冲突，如

---

① 余伟, 郑钢. 跨文化心理学中的文化适应研究. 心理科学进展, 2005, 13(6): 836-846.

② 孙丽璐, 郑涌. 移民文化适应的研究趋势. 心理科学进展, 2010, 18(3): 496-504.

③ Berry J W, Phinney J S, Sam D L. Immigrant youth: Acculturation, identity and adaptation. Applied Psychology: An International Review, 2006, 55(3): 303-332.

群体风俗、教育制度和经济政治制度的变化时，移民个体或群体所采取的文化适应模式及伴随而来的心理变化，是其达到真正的社会交融与适应的关键①。

## 一、文化适应的界定

"文化适应"（acculturation）一词更多是北美移民国家使用，与之对应的是英国的"文化接触"（culture contact），中国学术界的"文化适应""涵化""文化调适"之类的翻译也较常见。而 cultural adaptation 和 acculturation 都被翻译为"文化适应"，因此二者的关系有必要进行讨论。Berry 认为文化适应是两个或两个以上文化群体，在群体水平上或群体成员间相互接触时产生的文化和心理的双重变化过程，包括社会结构、制度和文化活动的变化，个体水平上包含了个体的全部行为机能的变化②。文化适应是关于各种形式相互适应的文化和心理变化过程，长期持续会导致这些群体的社会文化和心理的长期适应，应对这些文化适应的变化，某些长期的适应（adaptation）作为结果而被实现。因此，宜把 cultural adaptation 译为文化适应，而把 acculturation 译为文化调适。

《中国大百科全书（社会）》界定的文化适应为："文化适应是反应文化特性和文化功能的基本概念。主要指文化对环境的适应，有时也指文化的各个部分的相互适应。文化对环境的适应主要表现为工具和技术适应、组织适应、思想观念适应三个方面。文化适应反映着环境的变迁要求文化做出相应的调整，这种调整可能是进步，也可能是退步。"由此不难发现，acculturation 更强调不同文化群体间的交往引起的文化变迁，而 cultural adaptation 不仅包括这种文化接触后引起的适应，还包含对环境的适应过程。但由于所谓的文化群体间的接触，本身就暗含"文化个体所处环境已发生变化"的信息，因此两个概念差异或许仅在于研究角度不同。

与 acculturation 相似的，还有具有文化适应之意的 enculturation。从社会心理学的角度看，二者的区别在于前者是个体从当初熟悉的母体文化进入异质文化后产生的心理与行为的适应过程，后者是个体在社会化过程中对母体文化的价值观和习俗等方面的学习和适应过程，可以理解为个体社会化过程。本章是对本土居

---

① Phinney J, Chun K, Organista P, et al. Acculturation: Advances in Theory, Measurement, and Applied Research. Washington: American Psychological Association, 2003.

② Berry J W. Immigration, acculturation and adaptation. Applied Psychology: An International Review, 1997, 46(1): 5-34.

民的文化适应过程的研究，acculturation 和 enculturation 同时发生，不可分割。

## 二、文化适应的结构与机制

### （一）文化适应的横断模型研究

长期以来，移民文化适应理论模型都是以横断面研究为基础，并以移民在主流与传统文化中的态度倾向作为维度划分的依据，最早是由 Park 和 Miller 提出的单维模型，以移民对主流文化的渐进式接受过程为依据[①]；而 Berry 认为移民在源文化和主流文化之间，同时进行态度和适应模式的选择[②]；Arends 等则认为移民的文化适应态度应该是基于对源文化和主流文化的整合性适应，从而提出融合模型[③]。而各模型的提出的不同维度划分方式，虽然一直存在争议，但 Berry 等提出的二维模型还是受到更多的关注和推崇。该理论认为，移民的文化适应模式应分为整合型（重视两种文化）、同化型（重视主流文化，轻视传统文化）、分离型（轻视主流文化，重视传统文化）和边缘型（轻视两种文化）（图 11-1）。这种模型在我们最近以农民工为被试的研究中，也得到了一定程度的证实。[④]但 Bowskill 等认为这种结构模型存在局限性，比如，整合型与同化型的划分有部分交叠，而后者在概念上的隐蔽性，很难从离散分布中解析出同化型[⑤]。Domínguez 和 Isidro 用聚类分析也发现，除了整合型、同化型和分离型之外，还包括具有传统文化实践的边缘型和无传统文化实践的整合型[⑥]。而 Ward 等以体验和行为划分的二维模型，包括心理和社会文化适应，前者指个体幸福感和心理健康，后者是个体在日常互动中的社会能力，并解析了模式选择和适应水平的关系[⑦]。因此，在对横断研究进行不断反思和论证的过程中，基于过程机制的研究才开始逐渐被重视起来。

---

① Park R E, Miller H A. Old World Traits Transplanted. New York: Harper Collins, 1921.

② Berry J W. Immigration, acculturation and adaptation. Applied Psychology: An International Review, 1997, 46(1): 5-34.

③ Arends T J, Fons J R, Vijve V D. Multiculturalism and acculturation: Views of Dutch and Turkish-Dutch. European Journal of Social Psychology, 2003, 33: 249-266.

④ Gui Y, Berry J W, Zheng Y. Migrant worker acculturation in China. International Journal of Intercultural Relations, 2012, 36(4): 598-610.

⑤ Bowskill M, Lyons E, Coyle A. The rhetoric of acculturation: When integration means assimilation. British Journal of Social Psychology, 2007, 46: 793-813.

⑥ Domínguez S, Maya-Jariego I. Acculturation of host individuals: Immigrants and personal networks. American Journal of Community Psychology, 2008, 42(3): 309-327.

⑦ Ward C, Landis D, Bhagat R. Handbook of Intercultural Training. Thousand Oaks: Sage, 1996.

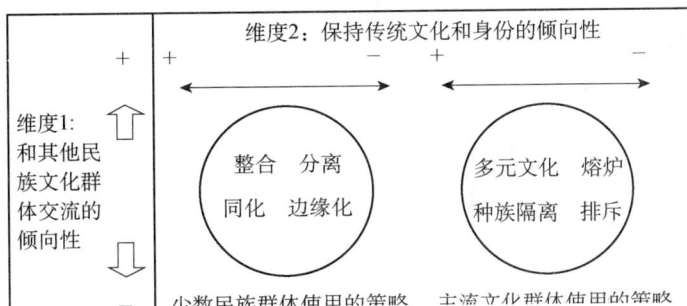

图 11-1　Berry 的文化适应修正模型

## （二）文化适应的过程机制研究

### 1. 个体倾向

以往模型讨论文化接触对移民整体的影响，甚少从个体的文化接触过程进行探讨。Greenland 和 Brown 认为，在少数民族人口中了解文化适应的过程是跨文化研究的中心任务之一。文化接触过程可解释移民个体的自我调整和压力体验过程，以此构建的模型包括一般性和群际因素，前者包含语言能力和文化距离，后者则为群内偏见和群际焦虑，结果表明，双文化背景的青年往往表现出最适应跨越多个社会文化领域的运作模式。[1]Coatsworth 等研究了两种文化倾向卷入程度，发现中等卷入水平的双文化型，倾向于在多社会文化区域表现出最适应的功能模式，同化型也并非高强度负面模式[2]。López 等通过潜在层次分析研究散居型移民，发现其适应模式分为三种，分别为中强度的两种文化倾向型、强传统和中强度以上的主流文化型、低强度主流和高强度传统文化型[3]。在比较群体和个体的文化适应模式差异方面，Kurman 等认为青年移民的个体态度代表其个体目标，与群体一般化态度的差异越大，对自我调整负面影响越大，而选择标准化态度对自我调整没有影响，移民个体与群体的态度对社会调整影响更小，而主流群体态度则影响社会调整的各具体层面[4]。

---

① Greenland K, Brown R. Acculturation and contact in Japanese students studying in the United Kingdom. Journal of Social Psychology, 2005, 145 (4): 373-389.

② Coatsworth J D, Maldonado-Molina M, Pantin H, et al. A person-centered and ecological investigation of acculturation strategies in Hispanic immigrant youth. Journal of Community Psychology, 2005, 33(2): 157-174.

③ López E J, Ehly S, García-Vásquez E. Acculturation, social support and academic achievement of Mexican and Mexican American high school students: An exploratory study. Psychology in the Schools, 2002, 39(3): 245-257.

④ Kurman J, Eshel Y, Zehavi N. Personal and group acculturation attitudes and adjustment: Russian and Ethiopian immigrants in Israel. Journal of Applied Social Psychology, 2005, 35(5): 956-974.

## 2. 认知闭合需求与决定性机制

认知闭合是对外界信息进行筛选和处理的主要方式之一，其需求的偏向性决定了信息选择的范围和程度。Kosic 考察了认知闭合需求（need for cognitive closure，NCC）和决定性（decisiveness）对文化适应压力的影响，发现认知闭合需求与决定性之间的两种中介变量为文化适应模式和应对过程，移民基于认知闭合的需求而产生了与主流文化的互动过程，当移民以民族社会方式联系，对认知闭合的需求程度越高，决定倾向于传统文化的程度就越高，倾向于被主流文化所同化的程度就越低；当移民以主流社会方式联系，对认知闭合的需求程度越高，会决定倾向于接受新文化，而和传统文化保持距离。而后考察认知闭合需求和决定性的动机与文化适应模式选择的关系，发现相关的动机因素会间接影响模式的选择，认知闭合需求与传统文化型呈正相关，同时与主流群体关系呈负相关；而决定性与问题导向型呈正相关，与避免型和情绪型呈负相关。①

## 3. 结果变量的逆推导

将移民文化适应的目标作为结果变量，从而逆向推导其预测变量，Safdar 等认为结果变量包括保持传统文化、参与主流社会、保持心理和生理健康，并以路径差异模型分析出三种预测变量，涵盖心理调整、家庭和文化联系、涉及适应的日常争论。心理调整包括心理幸福感、文化竞争和群体外文化支持；家庭和文化联系包括家庭中间路线、民族认同和群体内支持；涉及适应的日常争论以具体性与否划分，结构等式分析发现，心理调整和群体外行为分别与心理社会压力相关；家庭和文化联系与群体内部的行为相关；日常争论与心理社会痛苦相关。三种预测变量进一步通过文化适应路径选择而可预测出行为变量。②Ouarasse 和 van de Vijver 认为，青年移民的文化适应目标应包括交互关系质量、成功、心理健康程度三个方面，并探讨三种目标与情境的关系，研究发现主流情境中包括容忍和整合因素，民族情境中包括调整许可和民族活性因素；路径模型显示成功和文化适应压力都与情境相关，主流情境对成功至关重要，民族情境对学术成功和心理健康至关重要。从时间序列上分析，社会文化适应先于心理适应，联系质量的发展先于学术成就和成功。③

---

① Kosic A. Acculturation strategies, coping process and acculturative stress. Scandinavian Journal of Psychology, 2004, 45: 269-278.

② Safdar S, Lay C, Struthers W. The process of acculturation and basic goals: Testing a multidimensional individual difference acculturation model with Iranian immigrants in Canada. Applied Psychology, 2003, 52(4): 555-579.

③ Ouarasse O A, van de Vijver F J R. Structure and function of the perceived acculturation context of young Moroccans in the Netherlands. International Journal of Psychology, 2004, 39(3): 190-204.

## 三、文化适应与价值观的交互作用

以往对文化适应和价值观的单独性研究很多，但甚少从二者的交互作用入手。Liu 等对新西兰华裔传统价值观（孝顺）的回归分析发现，中青年两代移民在文化适应中孝顺感更强，对两种文化的倾向适应程度与价值观期望呈正相关，孝顺与代际沟通后的幸福感呈正相关[①]。Miller 考察美国亚裔后，发现民族型的价值观与行为低相关，主流型或中立型的价值观与行为中等相关，且亚裔文化适应的个体差异更大和复杂程度更高；对西班牙裔的相似研究也发现，文化适应程度与自尊呈正相关，与传统的妇女就业歧视呈负相关。[②]Güngör 考察了移民的价值观、文化适应及适应的相互影响，发现价值观倾向分为分离和整合两种维度；适应作为结果变量，分为社会文化适应和心理适应；社会文化适应过程作为价值观和适应的中介变量，包括文化保持和选择两个维度，并发挥决定性作用[③]。

在传统价值观和文化适应的关系方面，个人主义和集体主义价值观在文化中分别表现为独立自主、追求自我效能最大化的个人与集体的关系，相互依赖、责任感和与他人保持和谐关系的社会关系。邱林和郑雪发现，强调个人主义的社会的平均生活满意度高于集体主义社会，但集体主义价值观更强调社会支持；另外阳刚型和阴柔型价值观在社会文化中也有不同的体现，前者更关心成就、物质和权力，属于实现型社会文化特质，后者强调生活质量、关心他人和社会服务，属于福利型社会文化特质[④]。源文化价值观和主流文化价值观差异越大，个体选择同化或整合的文化适应模式就会体验到更多的心理压力，这种以放弃自我原有价值观为基础的适应过程，会使其产生既不属于主流社会也不属于源文化群体的感觉。因此，有利于社会文化适应的同化型和整合型模式，有时并不利于个体的心理适应。Phinney 等通过对在以色列的俄罗斯学生的研究发现，选择同化或分离模式的学生与其心理适应呈负相关，而选择整合型的也没有提高自我幸福感[⑤]。这种结果和 Berry 以往的研究存在不一致的现象，以往都认为同化型或整合型与适应呈正

---

① Liu J H, Ng S H, Weatherall A, et al. Filial piety, acculturation, and intergenerational communication among New Zealand Chinese. Basic and Applied Social Psychology, 2000, 22(3): 213-223.

② Miller M J. A bilinear multidimensional measurement model of Asian American acculturation and enculturation: Implications for counseling interventions. Journal of Counseling Psychology, 2007, 54(2): 118-131.

③ Güngör D. The interplay between values, acculturation and adaptation: A study on Turkish-Belgian adolescents. International Journal of Psychology, 2007, 42(6): 380-392.

④ 邱林, 郑雪. 主观幸福感的结构及其与人格特质的关系. 应用心理学, 2005, 11(4): 330-335.

⑤ Phinney J S, Romero I, Nava M, et al. The role of language, parents, and peers in ethnic identity among adolescents in immigrant families. Journal of Youth and Adolescence, 2001, 30(2): 135-153.

相关，而分离型与适应呈负相关，因此整合型是最适宜的文化适应模式。看来，Berry 的理论主要指的是社会文化适应，而不一定包括个体的心理适应，在整个文化适应过程中，不仅要融入主流文化，也应当保持一定的源文化特质，主流文化的融入度和社会适应相关，而源文化的保持度和心理适应相关。

除上述的过程理论模型研究之外，Liao 等考察了 Cramer 的帮助寻求模型（help seeking model，HSM）对移民文化适应的影响过程，研究发现个体的自我隐藏程度是通过寻求外界帮助程度凸显的，特别是非源文化群体之外的帮助，自我隐藏程度越低，寻求帮助的可能性会越大[①]。但在主流文化情境中的道德习得过程与文化适应的关系方面，道德感强的个体在文化适应过程中会形成优势路径，而主流社会提供的专业化和多元化的道德习得支持，可以加快个体在文化适应中的道德内隐过程[②]。而个体在情感过程中的情绪体验和文化适应的关系方面，运用与文化适应模式相对应的情境情节问卷研究发现，同化型的个体有更高的情感灵活性，而边缘型个体的情感灵活程度最低，整合型个体在情感稳定性上得分最高，分离型的情感体验程度更深刻。使用与文化适应相关的主题理解问卷研究家庭支持程度、文化适应和生活满意度的关系方面，发现家庭支持程度高与源文化保持程度高，是个体生活满意度的重要预测因素。[③]Tseng 和 Yoshikawa 探讨了文化适应与生态过程、历史情境和权利不公平的关系，以驱使政府公共政策的改变，特别是由于种族而使主流群体对其进行隔离的问题[④]。上述研究证实了文化适应不仅仅指移民的态度选择方式，而且涵盖了个体体验与调整、认知与决定、生活目标的驱动等综合因素的交互作用过程。

## 第二节 旅游民族村寨村民的文化心态
### ——以贵州省镇山村为例

位于贵州省贵阳市 20 千米处的镇山村是一座始建于明代万历年间的古老村落，1993 年被贵州省人民政府批准为"贵州镇山民族文化保护村"，1998 年被列

---

① Liao H Y, Rounds J, Klein A G. A test of Cramer's (1999) help-seeking model and acculturation effects with Asian and Asian American college students. Journal of Counseling Psychology, 2005, 52(3): 400-411.

② Bashe A, Anderson S K, Handelsman M M, et al. An acculturation model for ethics training: The ethics autobiography and beyond. Professional Psychology: Research and Practice, 2007, 38(1): 60-67.

③ Edwards L M, Lopez S J. Perceived family support, acculturation, and life satisfaction in mexican american youth: A mixed-methods exploration. Journal of Counseling Psychology, 2006, 53(3): 279-287.

④ Tseng V, Yoshikawa H. Reconceptualizing acculturation: Ecological processes, historical contexts, and power inequities. American Journal of Community Psychology, 2008, 42(3): 355-358.

为贵州省省级文物保护单位，同年 10 月，镇山村成为世界上唯一的布依族生态博物馆，作为中国—挪威文化合作贵州生态博物馆群项目的一部分，镇山村现在共有 200 多户人家，600 多村民，村寨属典型的民族村寨。镇山村发展旅游起步早，发展的思路与历程和贵州其他旅游民族村寨很相似，都是申请各级博物馆，而后就地取材以生活原型做成民族主题公园，旅游发展资金不足，村民参与力度不大。而且镇山村分为上寨、中寨、下寨，下寨靠近水库，游客较多，中寨主要是游客停车位置。镇山村目前因为地理位置有优有劣，参与旅游的村民之间的收入差距明显扩大，参与旅游开发经营的农户与从事传统种植业农户的收入差距也明显拉大。因此从研究目的地居民的旅游态度来讲，镇山村是较为理想的研究对象。

## 一、编制调查问卷

在开放式问卷调查、个案访谈、文献资料的基础上，本研究编制了具有代表性和普遍性的条目，并请一些被试作答，找出表述艰涩、模糊、绕口和不易回答、不易理解的题项进行修改和剔除，直至问卷通俗易懂，最后确定 20 个题项的初测问卷。问卷采用的记分方法是利克特自评式 5 点记分方法，由"完全不符合"到"完全符合"，分别评定为 1～5 分。

通过对镇山村村民的走访和调查，共回收问卷 288 份（构成情况见表 11-1）。在施测过程中，村民汉语程度不同，所有问卷的提问均由调查人员依据问卷，逐题口头表述，作答均由调查人员代笔完成。镇山村村民共 600 多人，属于中型村落，但由于部分村民外出打工，几乎所有能找到的村民都接受了访谈或调查。

**表 11-1　镇山村村民旅游态度问卷被试构成**

| 区域 | 男 | 女 | 合计 |
| --- | --- | --- | --- |
| 上寨 | 68 | 81 | 149 |
| 中寨 | 10 | 7 | 17 |
| 下寨 | 73 | 49 | 122 |
| 总计 | 151 | 137 | 288 |

以问卷题项的鉴别力与区分度为指标，通过计算各个题项的临界比率值，以及题项得分与问卷总分的相关系数进行项目分析。检验结果表明，KMO 值为 0.64，表明适合进行因子分析；Bartlett's 球形检验的卡方系数为 1859.30，显著性水平为 0.000，达到极显著的水平，说明总体相关矩阵间有共同因子存在，也说明适合做因子分析。用主成分分析法抽取公因子，求得初始因子负荷矩阵，再用方差极大

法旋转求出旋转因子负荷矩阵。确定因子数目及题项的标准同第三章，最后确定了参与意愿、积极评价、消极评价 3 个因子（表 11-2），共解释总方差的 52.74%，在可接受的范围内。这样，经过探索性因子分析对问卷题项的筛选，得到包含 9 个题项的旅游态度问卷。

**表 11-2　镇山村村民旅游态度问卷因子分析结果**

| 题项 | 共同度 | 因子负荷 |
| --- | --- | --- |
| 因子 1：参与意愿（特征值 1.627，贡献率 18.08%） | | |
| 20. 与从事旅游相比，我更愿意外出打工 | 0.530 | 0.686 |
| 15. 我觉得参与旅游赚钱的办法不多 | 0.383 | 0.612 |
| 2. 发展旅游后，寨子里的卫生比以前好了 | 0.599 | 0.608 |
| 因子 2：积极评价（特征值 1.564，贡献率 17.38%） | | |
| 3. 发展旅游让我们比过去生活得更好了 | 0.607 | 0.745 |
| 11. 我认为村里发展旅游比做农活更重要 | 0.548 | 0.672 |
| 10. 我愿意为吸引游客参加义务的民族传统表演活动 | 0.456 | 0.654 |
| 因子 3：消极评价（特征值 1.555，贡献率 17.28%） | | |
| 9. 寨子的社会治安不如发展旅游前了 | 0.525 | 0.697 |
| 12. 旅游只让一小部分村民富起来了 | 0.552 | 0.652 |
| 18. 我觉得旅游收入不稳定 | 0.546 | 0.641 |

注：9、12、15、18、20 为逆向题

问卷的 Cronbach's $\alpha$ 内部一致性系数总体为 0.55，各维度在 0.43～0.52，虽因为题项少而偏低，但达到了信度要求。该问卷的维度构想和题目编拟是基于理论文献综述、知名相关变量、开放式问卷调查和个别访谈的结果，并请心理学专家进行了审查和修订，基本保证了维度和题项能够涵盖镇山村村民旅游态度各方面的特征，使问卷具有较好的内容效度。各维度与问卷总分相关在 0.57～0.74，有中等程度的相关；各维度之间的相关在 0.08～0.29，说明各维度间有一定的独立性且又能反映总问卷所要测查的内容，问卷还具备较好的构想效度。

## 二、结果与分析

调查结果表明，镇山村村民的旅游态度总体上处于中等水平，个体差异较大（3.17±0.52），各维度按重视程度依次为积极评价（3.54±0.78）、参与意愿（3.36±0.83）、消极评价（2.60±0.73）。这表明镇山村村民对于旅游民族村的态度总的来说呈现正向的趋势，结合访谈结果，也有不少不同意见和疑虑。

对职业、汉语程度、寨子、文化程度和年龄在镇山村旅游态度量表及各维度上进行多因子方差分析，结果见表 11-3。从中可见，村民总体上存在显著的职业

差异，以及在职业与文化程度上存在着显著的交互作用，其他主效应及交互作用均不显著。从具体因子水平上看，参与意愿维度在职业与汉语程度、职业与文化程度之间的交互作用上显著；积极评价维度在职业上的主效应，以及汉语程度和寨子、汉语程度和文化程度上的交互作用显著，而其他主效应和交互作用不显著；消极评价维度在职业、汉语程度上的主效应，以及职业和寨子、职业和文化程度、汉语程度和年龄上的交互作用显著，而其他主效应和交互作用不显著。

表 11-3　镇山村村民旅游态度多因子方差分析结果（F值）

| 人口变量 | 参与意愿 | 积极评价 | 消极评价 | 总量表 |
|---|---|---|---|---|
| 职业 | 1.255 | 3.124* | 6.733*** | 4.669*** |
| 汉语程度 | 0.378 | 1.790 | 4.317** | 2.057 |
| 寨子 | 1.386 | 0.777 | 0.996 | 1.258 |
| 文化程度 | 1.340 | 0.252 | 0.928 | 1.118 |
| 年龄 | 0.204 | 1.211 | 0.596 | 0.906 |
| 职业×汉语程度 | 2.292* | 1.098 | 0.833 | 1.560 |
| 职业×寨子 | 0.171 | 0.663 | 3.770* | 1.121 |
| 汉语程度×寨子 | 1.205 | 2.489* | 1.238 | 1.880 |
| 职业×文化程度 | 3.093** | 1.238 | 2.215* | 3.810** |
| 汉语程度×文化程度 | 0.811 | 4.236** | 0.397 | 1.540 |
| 寨子×文化程度 | 1.240 | 2.247 | 0.702 | 2.211 |
| 职业×年龄 | 0.524 | 0.052 | 0.376 | 0.090 |
| 汉语程度×年龄 | 0.880 | 1.434 | 2.225* | 1.130 |
| 寨子×年龄 | 0.670 | 2.174 | 0.743 | 0.812 |
| 文化程度×年龄 | 1.098 | 2.394 | 0.464 | 2.014 |
| 职业×汉语程度×寨子 | 2.849 | 1.942 | 1.040 | 0.557 |
| 汉语程度×寨子×文化程度 | 1.366 | 1.871 | 0.186 | 1.522 |
| 职业×汉语程度×年龄 | 2.849 | 1.942 | 1.040 | 0.557 |
| 汉语程度×寨子×年龄 | 0.581 | 1.456 | 0.803 | 0.298 |
| 汉语程度×文化程度×年龄 | 1.868 | 0.533 | 1.006 | 1.009 |

## 三、讨论

镇山村是一座始建于明代万历年间的古老村落。1999 年，这里被列为中国第一批露天生态博物馆之一，在政府的支持下，趁着旅游风起云涌的势头，依仗本地传承文化，镇山村投身于发展旅游的大潮。中国的民族村寨所处地域不同、旅游发展阶段不同、政治经济因素不同，面临的问题不同，大多使用"政府+企业"模式，或"政府＋企业＋村民（村民组织）"模式和另一种旅游形态——政府完全主导，寻求资金援助与谋求旅游发展均由政府完成①。镇山村基本属于政府引导村寨自主型，尽管在旅游发展的过程中，旅游的积极推动作用有一定的显现，但因为民族村寨旅游发展模式在国内至今尚没有太成功的案例可以借鉴，因此，镇山村旅游发展的不足之处也开始显现。第一，村寨领导曾经试图寻求企业入驻、专家规划，大力发展旅游业，但终因领导班子部分成员在旅游中占据较有利的发展势头，不愿意舍弃自身利益改变现状，谋求全村发展，同时政府的运作力度不够，镇山村的旅游就此搁浅。因此，镇山村的旅游发展在政府的先期运作下，具有较好的名声——世界上唯一的布依族生态博物馆，作为中国—挪威文化合作贵州生态博物馆群项目的一部分，但实际上其后旅游的发展却差强人意。第二，村民总体的参与力度都不大，都处于一种相对原始的参与状态，主要局限于农家乐，靠近水库的村民主要经营游船、KTV、烧烤等，因此村民间旅游带来的收入差距也很大，富裕的村民终究是少数，而且这种状况一直难以改观。第三，民族村寨旅游发展的淡旺季明显，旅游收入不稳定。但是调查的数据清晰地显示，镇山村村民的旅游态度并没有因为旅游带来的负面影响而呈现过多的消极态度，仍然是积极肯定旅游，而且还积极参与旅游，这种独特的、与已有研究不太一样的现象究竟怎样解释呢？

分析表明，在参与意愿与积极评价维度上，商人的均分都较高，因为镇山村村民的旅游参与主要是经营游船、农家乐、烧烤、小商店，个别村民家中如果有祖辈留传的文化物件，则在家开办博物馆，为游客展示镇山村文化。问卷中的商人主要是指以经商为主的村民。因此，这部分人在旅游中属于直接获益者，在参与意愿、积极评价两个维度上的均分都很高。而仍然以务农为主的村民，很少有机会从旅游中直接获益，因此，对旅游的积极评价均分最低，但这并不意味着他们参与旅游的意愿变弱，或者说在态度上抵触或抗拒旅游，因为在参与意愿与消极评价维度上，他们的均分不是最低的。这说明这部分村民仍然对旅游寄予了厚望。在参与意愿维度上得分最低的是工人，工人主要指在贵阳市单位工作、有固定工资来源、家住镇山村的村民，他们参与旅游较少，因而对旅游的感知不强烈，在各维度上的态度也不强烈，但更倾向于积极评价。因此，在消极评价维度上工人均分最低。在消极评价维度上，学生均分最高，在参与意愿与积极评价维度上，学生均分都居第二，这说明学生在对本村发展旅游的态度上，既看到了旅游积极的一面，也看到了消极的一面，并且愿意积极参与旅游发展，态度鲜明强烈。所

① 郑群明，钟林生. 参与式乡村旅游开发模式探讨. 旅游学刊, 2004, (4): 33-37.

以在旅游态度总体上，学生的均分最高。学生的这种态度应该与三个因素有关：第一，学生在知识与思维水平上接受了较好的熏陶，较之本村文化程度不高的村民，有更全面的是非善恶的价值判断体系，会更倾向于捕捉一个事物的利弊两面。第二，镇山村在旅游发展进程中确实出现了利益分配不均、村民参与机制不健全等问题。第三，学生处于青少年期，比较活跃，看待问题较年长者更容易激进，又由于学生身份，涉世不深、较单纯、勇于表达，因此当镇山村旅游发展过程中的一些问题被学生捕捉到了后，他们的消极评价均分最高。但同时这并没有影响他们对旅游所持的积极态度，这既与总体测试结果相吻合，又说明镇山村：一方面，在旅游发展进程中的村民参与问题——利益分配不均问题确实显现；另一方面，各职业群体的村民不论自己获益多少，实际上都体现出了对旅游的一种开放、认可的态度，这可能与这个民族固有的好客热情风俗有关，与村民对寄托旅游改善自己生活条件的美好愿望有关，也与这个民族对自身传承文化的自豪感有关。

针对民族文化保护与旅游开发的矛盾问题，杨振之借用美国社会人类学家Nean MacCannell 的"前台、后台"理论，提出了民族文化保护与旅游开发的"前台，帷幕，后台"模式，希望通过这一新模式合理地解决民族文化保护与旅游开发之间的矛盾冲突，并以美国印第安人文化保护和世界文化遗产丽江古城等为案例进行了初步的分析[①]。艾菊红通过实地调查对三个傣族文化生态旅游村的"旅游场域"进行分析，比较了三种不同开发模式中社会资本、经济资本和文化资本相互作用和相互转换的方式，指出三种资本之间的良性循环需要两个重要条件：良好的社区参与、良好的民族传统文化保护和发展方案[②]。王三北和高亚芳以甘肃省阿克塞哈萨克族自治县的红柳湾镇哈萨克民族社区和宕昌县官鹅沟藏族羌族文化社区为例，通过田野调查的一手资料阐述了两个典型民族社区文化主体在旅游开发前后，对民族文化的态度和行为方式的变化轨迹，揭示了社区旅游不仅对民族传统文化具有较强的传承功能，并且这种功能随旅游业的发展能够自行升级演进[③]。本节的结果也支持这些分析，从而为民族文化的保护与旅游开发提供了进一步的理论和实践依据。

---

① 杨振之. 前台, 帷幕, 后台——民族文化保护与旅游开发的新模式探索. 民族研究, 2006, (2): 39-46.

② 艾菊红. 文化生态旅游的社区参与和传统文化保护与发展——云南三个傣族文化生态旅游村的比较研究.民族研究, 2007, (4): 49-58.

③ 王三北, 高亚芳. 价值理性的回归: 民族社区旅游发展中文化传承功能的升级演进——以红柳湾和官鹅沟为例. 民族研究, 2008, (3): 31-40.

## 第三节 少数民族大学生的文化心理适应 —— 基于云南白族与回族大学生的对比分析

云南受社会历史、文化、地理、自然等复杂因素影响，历来都是各学科领域在民族研究上的重要资源地。随着越来越多的云南少数民族大学生到内地求学，少数民族母体文化与异质文化（汉族主流文化）的差异及冲突日渐凸显，产生心理适应障碍的情况随之增加。不同的少数民族由于文化生活环境不尽相同，对异质文化（汉族主流文化）的心理适应也表现出了很大的差异。国内外已有研究往往侧重于从文化或者适应的角度去思考，对我国跨民族文化的心理学视角的研究还较少①②③④。本节将着力探讨云南两个较有代表性的少数民族——白族和回族大学生在文化心理适应上的差异。

### 一、取样与工具

抽取大理学院（现大理大学）、红河学院教师教育学院、云南民族大学、云南师范大学、云南大学、昆明学院、云南艺术学院、云南中医学院、昆明广播电视大学大一至大四的白族和回族在校大学生参与调查测试。施测包括团体与个别方式。去掉明显不合格问卷及经测谎题筛选，得到有效问卷 204 份。

在开放式问卷调查和个别访谈的基础上，结合已有文献编制了具有 60 个题项（包含 2 对测谎题）的"少数民族大学生文化心理适应问卷"初测问卷，题项采用 5 级评定法计分。对测试结果进行项目分析和因子分析：①删除差异不显著（标准差低于 0.90）的题项；②计算剩余各题项与量表总分的相关，删除相关值低于 0.20

① 李静，赵伟. 西部少数民族大学生心理冲突及其调适的研究. 民族教育研究, 2002, (3): 29-33.
② 常永才. 影响少数民族大学生心理适应的生活事件——对北京高校的调查研究. 民族教育研究, 2004, 15(2): 26-32.
③ 白亮. 文化适应对少数民族大学生心理健康的影响. 民族教育研究, 2006, (3): 81-84.
④ 袁晓艳，郑涌. 攀枝花市彝族中学生文化心理适应的调查分析. 西南大学学报(社会科学版), 2010, 36(1): 145-149.

的题项；③对筛选剩下的题项进行主成分分析，Varimax 旋转，测量因子负荷矩阵，删减负荷值低于 0.40 的题项；④评估项目对公因子的贡献度（各题项效度系数的估计值），删除共同度低于 0.20 的题项；⑤考察题项的多级化倾向，删除各因子上负荷值均较高的题项。最终形成包含 4 个维度共 20 个题项（包含 2 对测谎题）的正式问卷。如表 11-4 所示，4 个维度共解释总方差的 49.97%，分别为：①去本族固着，指少数民族大学生面对以汉族主流文化为主的异质文化（以下简称异质文化）对本民族固有传统文化模式产生冲击时所表现出来的态度、思想意识和行为选择的倾向性；②观念适应，指少数民族大学生在异质文化中对新的世界观、人生观、价值取向、满意度等的适应和重构；③生活适应，指少数民族大学生在异质文化中产生的衣食住行、人际沟通等方面的适应；④学习适应，指少数民族大学生对异质文化的教育背景和教育环境的适应。

表 11-4　云南少数民族大学生文化心理适应的探索性因素分析

| 题项 | 共同度 | 因子负荷 |
|---|---|---|
| **因子 1：去本族固着（特征值 2.30，贡献率 14.38%　）** | | |
| 10. 比起一般的学校社团活动，我更愿意参加本民族或少数民族的社团组织或活动 | 0.596 | 0.765 |
| 5. 我更愿意与本民族的同学住在同一间宿舍 | 0.463 | 0.672 |
| 40. 遇到难题的时候，我更愿意找本民族同学或朋友帮忙 | 0.451 | 0.643 |
| 38. 我跟本民族的老师更亲近 | 0.496 | 0.632 |
| 7. 我只和本民族的同学一起吃饭 | 0.422 | 0.580 |
| **因子 2：观念适应（特征值 2.09，贡献率 13.09%　）** | | |
| 53. 我不介意别人知道我是少数民族 | 0.655 | 0.784 |
| 60. 我欢迎汉族同学参加本民族的文化节日和庆典仪式 | 0.428 | 0.646 |
| 57. 希望毕业后能够接触更多优秀的汉文化 | 0.377 | 0.545 |
| 55. 我觉得摒弃本民族某些落后的思想观念，会有助于本民族获得更多更好的发展机会 | 0.460 | 0.536 |
| 21. 无论是汉族还是少数民族同学，都能获得一样多的学校活动和社会活动的机会 | 0.399 | 0.529 |
| **因子 3：生活适应（特征值 1.82，贡献率 11.37%　）** | | |
| 12. 我对汉族的风俗和节日感兴趣 | 0.625 | 0.783 |
| 11. 我能接受汉族的文化和生活习惯 | 0.551 | 0.640 |
| 8. 我在以汉文化为主导的校园里生活和学习感到舒适 | 0.427 | 0.598 |
| **因子 4：学习适应（特征值 1.78，贡献率 11.13%　）** | | |
| 18. 汉族同学并不比少数民族同学有学习方面的优势 | 0.582 | 0.751 |
| 15. 在学习和生活中，我与汉族同学在语言文字交流方面没有障碍 | 0.516 | 0.685 |
| 17. 我觉得学习以汉语言为主的知识并不吃力 | 0.548 | 0.678 |

注：10、5、40、38、7 为逆向题

　　问卷的 Cronbach's $\alpha$ 内部一致性系数总体为 0.75，各维度在 0.57～0.73，信度良好。该问卷的维度构想和题目编拟是基于理论文献综述、知名相关变量、开放式问卷调查和个别访谈的结果综合考虑产生的，并请心理学专家进行审查和修订，基本保证了维度和题项能够涵盖少数民族大学生文化心理适应各方面的特征，使问卷具有较好的内容效度。各维度与问卷总分相关在 0.61～0.74，有中等程度的相关；各维度之间的相关在 0.14～0.40，说明各维度间有一定的独立性且又能反映总问卷所要测查的内容，问卷还具备较好的构想效度。

## 二、结果与分析

被试大学生的文化心理适应情况总体较好，总均分 3.88，高于理论中值分 3；在各维度上的得分平均数在 3.28～4.32，从高到低依次为：观念适应＞学习适应＞生活适应＞去本族固着。对民族、性别在总问卷及各维度上进行多因子方差分析，结果见表 11-5，少数民族大学生文化心理适应总体上存在显著的民族差异、性别差异，且民族和性别的交互作用不显著。从具体因子水平上看，去本族固着在民族、性别上的主效应，以及民族、性别之间的交互作用上均存在显著差异；生活适应只在民族上的主效应显著；学习适应在性别上的主效应显著，而在二者之间的交互作用上不显著；观念适应无论是在民族和性别的主效应上还是交互作用上均不显著。

表 11-5　民族、性别在总问卷及各维度上的方差分析表（*F* 值）

| 项目 | 去本族固着 | 观念适应 | 生活适应 | 学习适应 | 总量表 |
| --- | --- | --- | --- | --- | --- |
| 民族 | 12.181*** | 3.150 | 16.868*** | 0.231 | 12.492*** |
| 性别 | 7.639* | 0.229 | 3.620 | 5.896* | 8.616* |
| 民族×性别 | 6.428* | 0.095 | 0.001 | 0.833 | 2.307 |

进一步采用多重比较法进一步分析，结果见表 11-6 和表 11-7，白族大学生在总体文化心理适应及去本族固着和生活适应维度上均显著高于回族大学生；女生在总体文化心理适应及去本族固着和学习适应维度上均显著高于男生。

表 11-6　民族差异分析表

| 维度 | 白族 | 回族 | *F* 值 | 比较结果 |
| --- | --- | --- | --- | --- |
| 总体文化心理适应 | 4.00（0.44） | 3.74（0.53） | 14.827*** | 白族＞回族 |
| 去本族固着 | 3.48（0.79） | 3.07（0.87） | 12.326*** | 白族＞回族 |
| 生活适应 | 4.04（0.62） | 3.59（0.75） | 21.748*** | 白族＞回族 |

表 11-7 性别差异分析表

| 维度 | 男生 | 女生 | $F$ 值 | 比较结果 |
|------|------|------|------|------|
| 总体文化心理适应 | 3.72（0.50） | 3.98（0.48） | 13.072*** | 男生＜女生 |
| 去本族固着 | 3.03（0.83） | 3.44（0.84） | 11.629*** | 男生＜女生 |
| 学习适应 | 4.03（0.86） | 4.30（0.73） | 5.647** | 男生＜女生 |

## 三、讨论

研究结果表明，白族大学生在总体文化心理适应，以及去本族固着和生活适应上都优于回族大学生。少数民族大学生进入以汉文化为主流的异质文化环境中，会经受强烈的文化冲击，不仅面对生活习俗、语言交际上的障碍，还表现出内在的宗教信仰、行为习惯和思维方式的矛盾冲突，以及这些冲突所带来的心理问题[①]。在进入高等学府学习以前，他们基本都生活在本民族特有的文化环境中，这些独特的民族文化被一代一代传承下来，形成了具有极其鲜明的本民族心理和行为风俗的生活模式，一旦进入异质文化环境，生活习俗、思维方式等方面的冲突就表现得格外强烈和突出。云南的大部分少数民族都保留着本民族语言，在初等教育中往往采用本民族语言或者双语进行教学，学生进入以汉语为主要生活用语的环境后，往往显现出思维方式的冲突和学习的不适应[②]。从民族发展历史来看，云南白族主要聚居在环绕洱海湖的大理白族自治州，这里曾是"南方丝绸之路"的"蜀身毒道"和"茶马古道"的交汇点，其地理位置决定了白族文化的多源和多元的特点。早在石器时代，白族便与中原地区的汉文化有所联系，民族"涵化"的历史久远，其特有的开放和宽容精神，创造了多民族、多元文化和谐相处的文化生态环境，白族文化对外来文化的接受和吸收在深度和广度上都可以说是极为突出的。它在坚持本民族文化传统的基础上创造性地纳入新文化到原有格局中，显示出一种博大胸怀，从这种兼容并蓄的文化背景走出来的大学生，在融入以汉文化为主流文化的社会背景中，也体现出高度灵活的适应性。云南回族生存繁衍于边疆的多民族环境中，全民信仰

---

① 曾维希, 张进辅. 少数民族大学生在异域文化下的心理适应. 西南大学学报(人文社会科学版), 2007, 33(2): 82-86.

② 徐建平, 王淑兰, 李录志. 少数民族女大学生心理健康状况与教育对策研究. 陕西师范大学学报(哲学社会科学版), 1996, 25(3): 168-174.

伊斯兰教，恪守由伊斯兰文化与教律所形成的生活禁忌、风俗习惯和民族内部的人际关系。他们一方面在经济、文化等范畴与各民族互相交融，共同发展；另一方面又由于生活习惯、宗教信仰的不同而与其他民族存在着许多差异。受这样的传统文化和历史发展影响，云南回族始终牢固地保持着自己的民族文化特性，即使在以汉文化为主流文化的社会背景中，也始终保持着本民族特有的文化习俗。从这样的民族文化背景中走出来的大学生，在进入汉族主流文化社会时，必然面临较大的心理冲突，相对于白族来说，在文化心理适应方面更多地体现出民族固着的倾向。

其中的性别差异也值得关注。研究表明，女生的总体适应、学习适应和去本族固着比男生好。国外以难民和移民为测查对象的测查结果认为，女性心理适应性弱于男性，研究者认为：在生理特点上男性体格强壮有力，具有进攻性的体能和持久的能量；在心理特点上，男性倾向于自我肯定，成就动机高和支配态度强，而女性弱于男性的生理和心理条件，情感体验细腻、敏感，自我开发性较差，易受挫折，造成她们在适应方面的难度[①]。但在本节中，得出了不同结果，这显然与社会文化环境及时代背景等因素不同有关。在中国传统文化历史中，男性作为代际繁殖和文化传承的主要人物，被赋予了更高的社会期许，作为民族文化的"继承人"，男性群体承担着更多的"继承"责任，在习惯上也更容易倾向于"固守"，坚守本民族文化传统的潜意识比女性深厚得多，因而也比女性表现出更多的民族固着倾向和观念固守。女性的"求和"特质使其在进入新的文化背景后，更倾向于采用温和及开放的态度来适应新环境，表现出比男性更加灵活的适应力，这也与陈青萍关于维吾尔族男大学生心理适应障碍高于同族女大学生的研究结果一致。受传统文化影响，少数民族女性比男性的社会地位低下，往往不能像男性一样享受同等待遇，当有机会获得高等教育时则倍加珍惜，希望通过现代教育来改变命运，加上女性天生在语言上的优势，因而在学习方面比男性大学生体现出更好的适应能力。此外，回族大学生在去本族固着上的性别差异较显著，而女生在去本族固着上的民族差异不显著。受传统文化影响，回族的男生比女生表现出更加顽固的本族固着，在思维方式和行为习惯上更倾向于严守本民族传统；而白族男生比回族男生表现出更多的去本族固着，与前述讨论一致。

---

① 陈青萍. 维族大学生在汉族地区的心理适应. 青年研究, 2003, (10): 9-14.

## 第四节　少数民族农民工的文化适应
### —— 基于回族农民工的投射测验

　　农民工从农村来到城市，进入了完全不同于农村的一种社会环境，担任了一种不同的社会角色，这种环境和社会角色的变迁，迫使他们在经济交往、社会交往、价值观念等方面进行调整，以适应新的城市社会环境，从而达到与社会环境保持协调平衡的状态，融入城市社会。虽然少数民族农民工在整个农民工群体中的比例并不大，但其在适应方面反映出的问题，不是一般的农民工问题能够涵盖的。[①②]由于自然条件、地理位置和历史原因等方面的差异，某些少数民族农村地区文化与城市的文化格局、文化发展状况和表现形式等文化形态因素差别很大。从趋于静态的农村文化向趋于动态的城市文化转移，导致许多从少数民族地区进入城市的务工人员极难适应，因此也造成少数民族地区劳动力转移成功的比例偏低。[③]

　　国外有不少研究探讨不同民族的迁移人群在文化适应方面的差异，即群际差异研究，这种差异体现为国籍、宗教和民族差异三个方面。例如，比较亚洲移民和墨西哥移民的文化适应差异[④]、芬兰移民和德国移民的文化适应过程[⑤]、以色列不同的群体信仰对文化适应的影响等[⑥]。国内还很少有专门的对少数民族农民工文化适应的研究，张京玲和张庆林对少数民族文化认同态度模式与文化适应的关系做了资料分析，发现少数民族文化认同态度和感知到的主流社会成员对其民族的

① 郝时远. 全面建设小康社会, 加快西部地区发展. 民族研究, 2003, (1): 1-2.

② 郝时远. 当代台湾的"原住民"与民族问题. 民族研究, 2003, (3): 27-42.

③ 蔡正非, 李喜景. 少数民族农村劳动力转移中城乡文化的冲突与协调. 云南民族大学学报(哲学社会科学版), 2008, (2): 87-92.

④ López E J, Ehly S, García-Vásquez E. Acculturation, social support and academic achievement of Mexican and Mexican American high school students: An exploratory study. Psychology in the Schools, 2002, 39(3): 245-257.

⑤ Silbereisen R K. New research on acculturation among diaspora migrants. International Journal of Psychology, 2008, 43(1): 2-5.

⑥ Bourhis R V, Dayan J. Acculturation orientations towards Israeli Arabs and Jewish immigrants in Israel. International Journal of Psychology, 2004, 39(2): 118-131.

态度对其文化适应情况都有很大的影响①。少数民族农民工的文化适应过程，除了与其他农民工存在一定的共性外，其民族特质是如何发挥作用的呢？本节采用投射法，尽可能降低其社会期望效应和应答偏向，让少数民族农民工以真实和自然的形式表达内心的想法。

## 一、对象与方法

### （一）被试

本研究选择对重庆市九龙坡区的回族农民工进行访谈和半投射测验，具体为饭馆工作人员、民族餐馆服务人员等，共 42 名，其中男性 29 名，女性 13 名，并对其中某民族餐馆 9 名服务人员做了深入访谈。选择原因除了前面各章问卷调查中常见回族的民族特性较突出外，回族农民工在重庆已形成一定规模，其聚集程度较高。

### （二）材料编制

在选择投射材料的过程中，比较了图片材料和文字材料的特征，考虑到投射材料应联系农民工生活中熟悉的场景内容、材料中的无关信息应尽量消除等因素，我们发现图片很难将文化适应模式的差异进行表达，特别是场景和内容设计等方面。因此，我们决定以文字形式呈现文化适应模式的几种场景，让农民工自然描述后文。

在前期研究的基础上②，结合回族农民工的实际生活情况，本研究选择了"应聘工作""过古尔邦节""休息日的安排""电视节目播放后的选择"四个生活场景，材料的内容包括了对背景的描述和人物的背景介绍，为降低对数据信息的污染，排除带有评价性、情感性和暗示性的信息，以中性化的表述呈现，考虑到农民工在访谈过程中需要具体指导，每个场景的问题后提供中性化的扩展问题，使得回族农民工容易理解并引发联想。

### （三）施测

选取了 6 名大学生调查员，均为回族大学生，在沟通和访谈中有助于测验开展。对 6 名大学生调查员进行培训，在实施投射测验前，就研究目的和投射测验

---

① 张京玲，张庆林. 少数民族文化认同态度模式与文化适应的关系. 中国组织工程研究与临床康复，2007，11(52): 10636-10639.

② 孙丽璐. 农民工的文化适应研究. 西南大学博士学位论文，2011.

的测试规则对调查员进行详细说明，要求调查员对培训内容进行复述，确保其已经掌握实施投射测验过程中的具体要求。

采用单独施测的方法，回族大学生调查员作为主试采用预约方式，在被试的休闲时间进行施测，主试指导语如下："您好！感谢您参加我们的调查活动，请您根据自己的认识，对几个故事的结果进行自由的联想，把您联想到的想法告诉我们，这个调查没有时间和内容的规定，只需要让每个故事变得完整，有故事的开头、过程和结尾就行了。"在指导语之后，进行30分钟左右的一对一施测，调查员在施测过程中只负责记录访谈内容，并对记录中缺失的内容和无法理解的词句进行追问，结束后现场回收材料和访谈内容。

### （四）编码分析

将质性化的材料转化为量化的数据，运用主题分析（thematic analysis）方法对被试描述的文本材料进行编码。该方法作为主题统觉测验（thematic apperception test，TAT）中的动机分析方法，在运用中不断向系统化的方向发展，该方法主要是根据被试所表达的内容进行分析，探讨其联想内容的潜在或深层含义，而不仅仅是根据表面的内容进行简单归纳。具体编码程序如下。

原始文本编码：根据农民工对源文化（包括了农村文化和民族文化）和主流文化（城市文化）的文化适应内容进行文本内容编码，对每篇文本的编码进行是否和程度的计分，涉及"是"和"否"的计分主要是评估被试是否是对源文化适应或主流文化适应的（是=1，否=0），而涉及程度的计分是评估被试在源文化或主流文化上的适应程度的（1～5分）。

初级编码的制定：根据原始编码的结果，对所有的文本编码进行整理，把文本内涵作为归纳的基础，对编码进行对比和统一，对表达不清楚的文本重新考察和编码，对所有的文本内容进行编码审查，得到初级编码的汇总表。

多级编码的制定：将初级编码进行分析和归纳，制定二级和三级的多级编码，对质性的原始文本资料进行结构化处理，并形成量化结果。

模型的构建：根据编码数据，形成回族农民工的文化适应结构模型。

## 二、结果与分析

### （一）投射材料编码结果

对自编文化适应投射材料收集的信息进行整理和分析，投射文本信息统计如

下：回族农民工分析材料 51 份，可用于分析的有效文本 292 段，文本段落的平均
长度为 33 个字，范围在 16～43 字。回族农民工对源文化适应和主流文化适应的
主题分析初级编码分别见表 11-8 和表 11-9。从中可见，回族农民工以源文化适应
为主题的文本共有 133 段，占文本总数的 45.5%，其中积极取向的文本有 77 段，
占以源文化适应为主题的文本总数的 57.9%，在 1～5 分的程度范围内平均分为
2.62，消极取向的文本有 56 段，占总数的 42.1%，平均分为 2.32；以主流文化适
应为主题的文本共有 159 段，占所有文本总数的 54.5%，其中积极取向的文本有
68 段，占以主流文化适应为主题的文本总数的 42.8%，平均分为 2.46，消极取向
的文本有 91 段，占总数的 57.2%，平均分为 2.93。

表 11-8　回族农民工源文化适应投射材料主题分析的初级编码表

| 主题 | 源文化适应 | 段数 | 程度 | 主题 | 源文化适应 | 段数 | 程度 |
|---|---|---|---|---|---|---|---|
| 老家住着舒服 | 1 | 6 | 14 | 交通条件不好 | 0 | 6 | 15 |
| 熟人多 | 1 | 3 | 10 | 打工的地方少 | 0 | 4 | 11 |
| 生活很自由 | 1 | 4 | 11 | 思想观念落后 | 0 | 8 | 18 |
| 大家思想观念差不多 | 1 | 3 | 7 | 收入低 | 0 | 5 | 13 |
| 老家的人朴实 | 1 | 2 | 5 | 生活条件差 | 0 | 2 | 5 |
| 饮食很习惯 | 1 | 5 | 14 | 见识少 | 0 | 4 | 7 |
| 住房宽 | 1 | 3 | 7 | 干农活辛苦 | 0 | 3 | 8 |
| 按时去清真寺礼拜 | 1 | 7 | 15 | 不繁华 | 0 | 4 | 10 |
| 大家穿着打扮都相似 | 1 | 4 | 9 | 信息渠道少 | 0 | 3 | 7 |
| 民族节日很热闹 | 1 | 6 | 13 | 家里生活困难 | 0 | 7 | 14 |
| 老家风景好 | 1 | 3 | 7 | 教育落后 | 0 | 2 | 5 |
| 大家有共同信仰 | 1 | 5 | 13 | 生活单调 | 0 | 3 | 7 |
| 不孤独 | 1 | 4 | 9 | 学不到知识 | 0 | 2 | 5 |
| 生活开支不大 | 1 | 2 | 3 | 信仰不坚定 | 0 | 3 | 5 |
| 家里人互相照应 | 1 | 6 | 15 | | | | |
| 好找对象 | 1 | 7 | 17 | | | | |
| 玩的地方多 | 1 | 3 | 25 | | | | |
| 能吃有刀口的肉 | 1 | 2 | 5 | | | | |
| 吃饭用勺子 | 1 | 2 | 3 | | | | |
| 合计 | | 77 | 202 | 合计 | | 56 | 130 |

注：表中"有刀口的肉"是当地土话，即"很新鲜的肉"。

表 11-9　回族农民工主流文化适应投射材料主题分析的初级编码表

| 主题 | 主流文化适应 | 段数 | 程度 | 主题 | 主流文化适应 | 段数 | 程度 |
|---|---|---|---|---|---|---|---|
| 工作机会多 | 1 | 7 | 13 | 听不懂方言 | 0 | 4 | 9 |
| 收入高 | 1 | 3 | 7 | 想多读书却没地方 | 0 | 3 | 7 |
| 生活条件好 | 1 | 4 | 9 | 很少甚至不去清真寺 | 0 | 7 | 22 |
| 城市很繁华 | 1 | 5 | 17 | 城里人歧视我们 | 0 | 5 | 21 |
| 思想先进 | 1 | 3 | 7 | 和城里人没什么接触 | 0 | 5 | 18 |
| 教育条件好 | 1 | 6 | 14 | 孤独 | 0 | 4 | 11 |
| 生活节奏快 | 1 | 2 | 5 | 节日很冷清 | 0 | 5 | 13 |
| 热闹 | 1 | 7 | 18 | 收入低 | 0 | 6 | 17 |
| 休闲活动的种类多 | 1 | 3 | 5 | 没机会走远 | 0 | 4 | 9 |
| 交通条件好 | 1 | 5 | 16 | 自己什么都不懂 | 0 | 5 | 16 |
| 信息渠道多 | 1 | 4 | 9 | 受到不公平对待 | 0 | 6 | 16 |
| 城里人文化水平高 | 1 | 4 | 13 | 难找好工作 | 0 | 5 | 17 |
| 城里人很客气 | 1 | 6 | 14 | 被城里人误会 | 0 | 3 | 11 |
| 能见到各地的人 | 1 | 2 | 3 | 工作辛苦 | 0 | 3 | 10 |
| 城里人时髦 | 1 | 2 | 5 | 子女读书难 | 0 | 2 | 5 |
| 城里人尊重我们 | 1 | 3 | 7 | 看不惯城里人的打扮 | 0 | 5 | 14 |
| 开眼界 | 1 | 2 | 5 | 城市生活压力大 | 0 | 4 | 14 |
| | | | | 城市住房太贵 | 0 | 2 | 5 |
| | | | | 生活开支大 | 0 | 3 | 7 |
| | | | | 没组织机构关心我们 | 0 | 1 | 2 |
| | | | | 饮食不习惯 | 0 | 4 | 11 |
| | | | | 天气不好 | 0 | 3 | 8 |
| | | | | 交通堵塞 | 0 | 2 | 4 |
| 合计 | | 68 | 167 | 合计 | | 91 | 267 |

对 33 个源文化适应与 40 个主流文化适应的初级编码进行二级和三级编码，罗列见表 11-10。从中可见，69 个初级编码可以归结为 18 个二级编码，以及 7 个综合性的三级编码，即生活方式、社会交往、心理适应、群体特征、社会经济环境、社会文化环境和其他社会状况。其中，生活方式和社会交往可以被看作是文化适应中的行为适应，心理适应中除了对源文化和主流文化的心理适应之外，还包括宗教信仰方面的内容，而群体特征与经济、文化和社会环境则是文化适应过程中不可或缺的影响因素。这一结构与量化的问卷研究结构有一定的相似性，即农民工文化适应结构包括了心理适应和行为适应，但少数民族（回族）农民工的心理适应维度则包括了宗教信仰方面的内容。考虑到文化适应本身与农民工日常生活是密不可分的，适应过程渗透在农民工平时的生活情境和交往中，而对于主流群体和农民工群体的特征评价，加上社会经济文化环境等也作为背景因素，参与到农民工的文化适应过程中，因而所形成的文化适应心理结构与量化研究的结果在本质上是相同的。

表 11-10　回族农民工文化适应投射材料主题分析的二级与三级编码表

| 初级编码 | 二级编码 | 三级编码 | 初级编码 | 二级编码 | 三级编码 |
|---|---|---|---|---|---|
| 老家住着舒服<br>饮食很习惯<br>住房宽<br>老家风景好<br>大家穿着打扮都相似 | 源文化生活氛围 | 生活方式 | 好找对象<br>熟人多<br>玩的地方多<br>老家的人朴实 | 源文化社群融入 | 社会交往 |
| 家里人互相照应<br>能吃有刀口的肉<br>吃饭用勺子<br>干农活辛苦 | 源文化家庭习俗 | | 城里人尊重我们<br>城里人很客气<br>能见到各地的人<br>和城里人没什么接触 | 主流社群融入 | |
| 生活节奏快<br>城里人时髦<br>看不惯城里人的打扮<br>饮食不习惯<br>听不懂方言 | 城市生活习惯 | | 思想先进<br>城里人文化水平高 | 主流群体特征 | 群体特征 |
| | | | 思想观念落后<br>见识少<br>大家思想观念差不多<br>自己什么都不懂 | 源文化群体特征 | |
| 城里人歧视我们<br>没机会走远<br>受到不公平对待<br>被城里人误会<br>没组织机构关心我们<br>孤独 | 主流文化心理适应 | 心理适应 | 想多读书却没地方<br>子女读书难<br>教育条件好 | 城市文化环境 | 社会文化环境 |
| 很少甚至不去清真寺<br>节日很冷清 | 主流文化宗教信仰 | | 教育落后<br>学不到知识 | 源文化文化环境 | |
| 民族节日很热闹<br>大家有共同信仰<br>按时去清真寺礼拜<br>信仰不坚定 | 源文化宗教信仰 | | 城市很繁华<br>热闹<br>交通条件好<br>信息渠道多<br>开眼界<br>城市住房太贵<br>天气不好<br>交通堵塞 | 主流文化社会状况 | 其他社会状况 |
| 不孤独<br>生活很自由<br>生活单调 | 源文化心理适应 | | | | |
| 打工的地方少<br>收入低<br>生活条件差<br>家里生活困难<br>生活开支不大 | 源文化经济状况 | 社会经济环境 | 不繁华<br>交通条件不好<br>信息渠道少 | 源文化社会状况 | |
| 难找好工作<br>工作辛苦<br>生活开支大 | 城市经济压力 | | | | |
| 工作机会多<br>收入高 | 城市经济状况 | | | | |

（二）源文化适应与主流文化适应的编码结果

在投射材料的二级编码中，文本资料被重新归纳。属于源文化适应的文本有150段，分为9类，分别是源文化生活氛围（21段）、源文化家庭习俗（13段）、源文化社群融入（15段）、源文化宗教信仰（33段）、源文化群体特征（20段）、源文化心理适应（11段）、源文化经济状况（20段）、源文化文化状况（4段）和源文化社会状况（13段）。而在进一步编码中，形成生活方式、社会交往、心理适应、源文化群体特征、社会经济环境、社会文化环境和其他社会状况7个编码类别，其中生活方式和社会交往可归纳为行为适应，社会经济环境、文化环境及其他社会状况可以统称为社会环境。因此，得到4个类别，即行为适应（49段）、心理适应（44段）、源文化群体特征（20段）和社会环境（37段）。属于主流文化适应的文本有142段，分为8类，分别是城市生活习惯（17段）、主流社群融入（19段）、主流文化心理适应（27段）、主流群体特征（7段）、城市经济状况（18段）、城市经济压力（13段）、城市文化环境（11段）、主流文化社会状况（30段）。在第三级的编码中，也形成生活方式、社会交往、心理适应、群体特征、社会经济环境、社会文化环境和其他社会状况7个编码类别，在此基础上将生活方式和社会交往统称为行为适应，将社会经济环境、文化环境和其他社会状况统称为社会环境，从而形成4个总的编码类别，分别是行为适应（36段）、心理适应（27段）、主流群体特征（7段）和社会环境（72段）。源文化与主流文化心理适应的反应频次比较情况见图11-2。

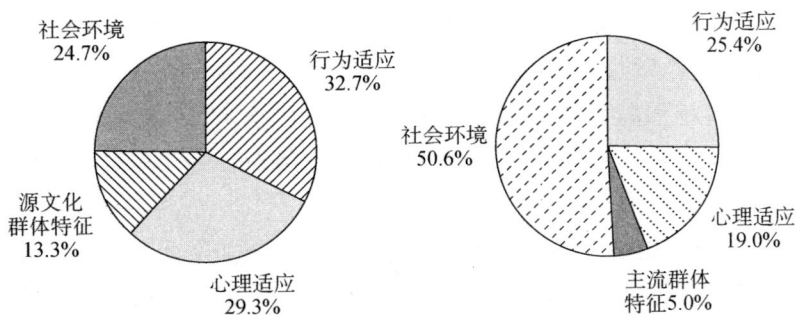

图11-2　源文化与主流文化心理适应的反应频次比较

# 三、讨论

有研究者认为，在迁移性群体的文化适应研究中，特别是针对少数民族群体而言，除心理适应和行为适应两个维度之外，还应该加入语言方面的文化适应维度，即形成三维结构。在我们之前的量化研究并未发现这个语言适应的第三维度[1]，本节以投射测验法得到的回族农民工的文化适应结构，也并不存在这一维度，而两种方法得到的结果与 Berry 的二维模型具有很高的相似性，都是由心理适应和行为适应两个维度构成。语言适应并没有形成单独维度的原因，可能是本节中回族被试主要以汉语作为交流的工具，而西部和西南部的各地区语言差异并不明显，因而语言适应维度并没有成为回族农民工文化适应结构中的重要变量。从费孝通的观点来看，我国的不同民族，虽然有着源远流长、各具特色的民族文化，但作为中华民族不可分割的一部分，有着长期接触、混杂、联结、融合，以及对中华民族这一多元统一体的认同，所以，尽管可能使用不同语言，但彼此的文化差异更多是"方言的差异"，而非"语法的差异"[2]。

社会环境和群体特征对回族农民工文化适应发挥着重要作用。本节发现，回族农民工对源文化和主流文化环境中的经济状况进行比较，发现了两者之间存在很大差异，这可能是导致少数民族群众进入城市打工的重要驱动因素，同时，经济层面的适应也是农民工立足城市的基础，然后才可以谈得上社会、文化和心理方面的文化适应。回族农民工在文化因素方面的文化适应，并未涉及宗教，而是谈到教育方面的问题，一方面自己没有机会和途径获得继续教育，另一方面自己的子女也欠缺获得教育的机会和政策扶持。其他涉及社会环境的因素，大多和文化适应中的社会互动有关，主流群体的态度和文化适应倾向对回族农民工的文化适应过程有重要影响。Arends 等也发现，主流群体的文化适应态度，会直接影响迁移群体的文化适应态度，特别是对主流文化所采取的态度是否积极[3]。少数民族农民工与城市居民（汉族为主）的接触中，双方的群体性特征存在很大的文化差异，少数民族群体的源文化特质是由农村文化和民族文化构成的，相应的主流文化则包含了城市文化、汉族文化和更宽泛的文化特质，因此，少数民族农民工的文化适应过程也变得更加复杂。

回族农民工的源文化适应主要涉及四个方面，分别是行为适应、心理适应、社会环境和源文化群体特征。同时，积极取向的回答多于消极取向的回答，积极取向的文本在平均分上也高于消极取向的文本的平均分。由此可以看到，回族农

① 孙丽璐. 农民工的文化适应研究. 西南大学博士学位论文, 2011.

② 费孝通. 中华民族的多元一体格局. 北京大学学报, 1989, (4): 3-21.

③ Arends T J, Fons J R, Vijve V D. Multiculturalism and acculturation: Views of Dutch and Turkish-Dutch. European Journal of Social Psychology, 2003, 33: 249-266.

民工对源文化的态度总体上是比较积极的，其源文化的行为适应和心理适应中主要涉及农村生活和宗教信仰方面的内容，由于回族人从小接受本民族宗教和文化习俗的熏陶，对本民族文化有很深的情感，本民族文化甚至是他们各种行动的指南，但源文化地区并非封闭的，通过各种媒介，他们不但了解到其他文化，也将源文化与间接获得的其他文化符号进行比较，这也属于文化适应过程，但具有间接性和抽象性的特点。个体对不同文化的比较也会相应产生积极或者消极的态度倾向，研究结果也发现，回族农民工对源文化适应的评价内容中，积极的内容大多和宗教与家庭相联系，而消极的内容则和经济、社会与个人发展有关。这说明他们对民族、宗教和家庭的认知和评价业已稳定，而在生活环境、物质生活和个人追求方面，难以满足其需求。在城市中，由于回族农民工在城市中的流动大多是以老乡和亲友为单位进行的，很多人所从事的工作也与民族文化有一定的关系，这种就业和流动方式，具有一定的"文化减震"功能，它能为回族农民工提供就业方面的支持，也为其心理和精神提供支持。同时，本节的调查发现，回族农民工在城市中具有一定的民族界限，在城市中拥有固定的职业类别，拥有相对稳定的群体内部社交网络，与其他群体的交往不多，在穿着、消费和业余生活上，与在农村老家中的生活方式并没有很大差异，有极个别的青年农民工会在闲暇时间，选择去网吧和歌厅，但其源文化中包含的生活习俗却没有发生太大改变。

　　主流文化适应的内容主要包括社会环境、行为适应、心理适应和主流群体特征四个方面，积极取向的回答少于消极取向的回答，其平均分也低于消极取向回答的分值，也低于中值。文化适应内容中社会环境占主要部分，说明对于回族农民工而言，工作就业和个人发展是他们遇到的主要问题，这和国内的部分相关研究相吻合，同时，主流文化的现代性和先进性特点，既能为个体提供机遇，同时也是一种挑战，需要个体具备一定的知识和技术才能驾驭，但少数民族农民工文化程度普遍偏低，这也阻碍了其获得更多工作就业和个人发展机会；主流文化的某些负面特征，如人际关系问题、排斥和歧视等问题，也可能让回族农民工对主流文化产生偏见，导致较大的心理落差，如果没有及时调整而导致心态失衡，也许极少数人会采取极端的手段去发泄，这点值得重视。而主流群体特征是文化适应中较少涉及的内容，一方面，可能主流文化本身具有一定的包容性和开放性，回族农民工在农村老家也会和具有主流文化特征的群体有接触；另一方面，回族农民工多以亲友和老乡为纽带就业，可能在城市中形成相对稳定的社会网络关系和民族边界，和外界社会的交往不多，而饮食特点和宗教习惯的差异，也让回族农民工与主流群体的文化互动受到影响，并且，由于回族农民工从小生活在宗教氛围浓厚的地区，接受着本民族文化习俗的熏陶，对源文化有深厚的情感，因此在人际交往过程中，会以源文化背景下形成的"刻板印象"为依据，而与主流群体的互动过程中，农民工对不同文化的差异的认识会变得更加深刻，这种差异感可能形成一定的不适应，为人际交往带来一定的负面影响。①②③

---

① 高兵. 民族刻板印象威胁效应. 心理科学进展, 2012, 20(8): 1201-1206.
② 何莹, 赵永乐, 郑涌. 民族刻板印象的研究与反思. 贵州民族研究, 2011, 32(6): 21-26.
③ 程苏, 刘璐, 郑涌. 社会排斥的研究范式与理论模型. 心理科学进展, 2011, 19(6): 905-915.

# 第十二章

# 民族文化价值传承的田野考察

前面各章是以问卷调查的量化研究为主，同时运用了观察法、文献法、访谈法、投射法等多种方法。在问卷编制及施测的过程中，也已大量深入西南民族地区，包括民族聚集、混居及散居地区。本章还拟采用田野考察法，专门选点对西南民族文化价值传承进行实地考察。考察过程中通过访谈、询问、参与式观察、收集证物、对一些无法采集的样本摄像、制作结构图等方式，收集少数民族文化价值传承的各种关键信息，以期通过剖析和解构物质载体、精神载体的方式，探寻西南民族价值传承的轨迹。

## 第一节　田野考察计划

### 一、考察目的

#### （一）考察一

从观察西双版纳傣族在关门节期间的佛事活动切入，通过对各乡镇、各阶层傣族、哈尼族群众的访谈，揭示傣族、哈尼族价值观的传统内容和继承状况，他们当下是通过什么方式、什么载体来传承本民族文化的。

在 2009 年 11 月 24 日至 2009 年 12 月 6 日期间，研究者前往西双版纳傣族自治州考察傣族、哈尼族、布朗族价值传承情况，为期 12 天，行程 2000 多千米。本次考察以景洪市、勐海县为两个中心区域，主要采用参与式观察和深度访谈的方法，配以证物收集、照片拍摄、制作结构图等辅助手段。

（二）考察二

从追寻华坪县傣族的来源、历史切入，对傣族群众进行访谈，揭示华坪县傣族价值观的传统内容和继承状况，他们当下是通过什么方式、什么载体来传承本民族文化的。更进一步，将华坪县傣族与西双版纳傣族民族文化价值传承进行横向比较研究。

在 2009 年 12 月 6 日至 2009 年 12 月 14 日期间，研究者前往云南省华坪县考察傣族民族文化价值传承，为期 8 天，行程 2100 多千米。本次考察以船房傣族傈僳族乡（简称船房乡）为中心区域，主要采用参与式观察和深度访谈的方法，配以传承物收集、照片拍摄等辅助手段。

## 二、选点依据

### （一）选择西双版纳傣族自治州作为考察点的依据

西双版纳傣族自治州面积 1.9 万平方千米，东、西、南三面与老挝、缅甸接壤，紧邻泰国。下辖景洪市和勐海县、勐腊县。全州人口 106 万人（2008 年统计结果），其中傣族占总人口的 34%，其他少数民族占 41%。世居民族有傣族、汉族、哈尼族、拉祜族、布朗族、彝族、基诺族、瑶族、壮族、回族、苗族、景颇族、佤族等 13 个民族。

"西双版纳"是傣语，意为"十二平坝"，即版纳景洪、版纳勐养、版纳勐龙、版纳勐旺、版纳勐海、版纳勐混、版纳勐阿、版纳勐遮、版纳西定、版纳勐腊、版纳勐捧、版纳易武。1953 年 1 月 23 日，国家建立西双版纳傣族自治区，自治区人民政府驻车里县景洪。1954 年，车里县景洪改为允景洪，撤销车里、镇越、佛海、南峤 4 县，改设版纳景洪、版纳勐海、版纳勐旺、版纳易武、版纳勐捧、版纳勐混、版纳勐遮、版纳勐养、版纳勐腊、版纳勐龙、版纳勐阿、版纳曼敦 12 版纳及格朗和哈尼族自治区、易武瑶族自治区与布朗山区。1957 年，设立西双版纳傣族自治州，州政府驻允景洪，辖版纳景洪、版纳易武、版纳勐腊、版纳勐海、版纳勐遮 5 版纳。1958 年，5 版纳改为景洪县、易武县、勐腊县、勐海县、勐遮县。1959 年撤销易武县，并入勐腊县；撤销勐遮县，并入勐海县。截至 2006 年，西双版纳傣族自治州辖 1 个县级市、2 个县，1 个街道、18 个镇、6 个乡、7 个民族乡，24 个居委会、218 个村委会。

景洪市拥有全国第一流的动物、植物生态群落，拥有以勐泐大佛寺为代表的深厚的宗教文化底蕴，拥有以曼听公园为代表的族间、族国、国与国友好交流的历史丰碑，拥有汹涌澎湃的雅鲁藏布江水文化积淀，"每天一泼"的民族节日盛大气象，香飘十里的傣族风味美食，还有不断映入眼帘的小和尚、袈裟和僧袍，休闲祥和的椰林生态。事实证明，这是一个考察民族生态意识、群体性宗教生活、族间友好交往、民族爱国传统、民族文化破坏与保护的绝好去处。在中国，没有任何地方的民族价值观样式会像这里一样，高度开放化、高度传统性、高度人与自然和谐相处、高度人与人和谐共生、高度民族意识与国家意识相结合。

勐海县境内有大小河流 159 条，属澜沧江水系。在江河流经之地区，共有大小坝子 15 个，最大的勐遮坝子，面积 23 万亩[①]，是西双版纳最大的坝区，聚居着 180 多个少数民族村寨，是茶叶、稻米产区。打洛、勐板、勐往、勐满 4 个坝子是橡胶、香蕉产区。勐海全县有 30 个民族，其中傣族、哈尼族、拉祜族、彝族、回族、汉族、佤族这些世居民族占全县总人口的 99%。"千年茶树王"是华夏茶文化的最古老见证，"独树成林"是中国植物王国的瑰宝，景真八角亭为国家级文物保护单位，曼短佛寺是省级文物保护单位，勐景来傣寨是傣族村寨文化的最典型代表，被誉为"中缅第一寨"。在这里，流淌着最深厚的水文化意象，保留着最典型的少数民族村寨文化研究样板，也是少数民族族间关系研究的风水宝地，更是中国"茶文化""树文化"的根源，是民族价值观全方位研究的不可多得的去处。

傣族为西双版纳的主要民族之一，占全县总人口的 34%，主要分布在过去有傣族聚居的各个"勐"。由于西双版纳是世界级旅游风景区和边贸重镇，所以开放程度比较高，如今西双版纳傣族绝大多数人都会讲汉语，他们有自己独具特色的语言文字、历法、宗教、建筑、服饰、歌舞、饮食习惯、节日习俗等，它们都是傣族价值观的载体，是傣族价值观考察的主要内容。在外出接受教育、打工的傣族青年男女中，了解本族文化的人越来越少：他们会讲傣语却不识傣文（图 12-1、图 12-2），能在 KTV 里用汉语引吭高歌却不会唱傣语歌，能跳各种现代舞却不会

---

① 1 亩≈666.7 平方米。

跳傣族的孔雀舞、白象舞和象脚鼓舞，穿戴五彩鲜艳的民族服饰却不会制作筒裙、头巾、香包……可以说，随着西双版纳傣族社会不断发展，本民族文化的传承正面临着前所未有的挑战。

图 12-1　古傣文（贝叶经）　　　　　　　图 12-2　今傣文

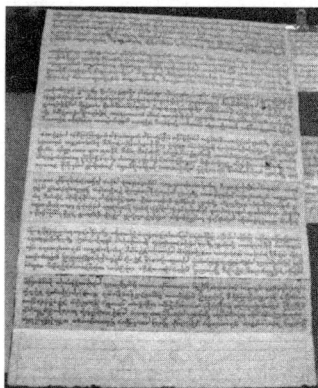

### （二）选择华坪县作为考察点的依据

华坪县东与攀枝花市接壤，南与楚雄州大姚县、永仁县隔金沙江相望，西连永胜县，北合宁蒗县。全县面积 2200 平方千米，山区面积占 97%，境内有金沙江、新庄河、乌木河三大水系，水能理论蕴藏量 322.9 万千瓦。

华坪于 1909 年设县，1950 年解放，1998 年被列为革命老区。全县辖 8 乡 3 镇，55 个村委会，4 个城镇社区，852 个自然村。全县常住总人口 16.45 万人，居住着傈僳族（花傈僳支系）、彝族（水田支系）、傣族、苗族、回族、纳西族（摩梭支系）等 25 个少数民族，人口 5.3 万人，占总人口的 32.22%。

华坪县的少数民族，拥有众多与本民族大样本不同的地方：①华坪傣族，共有 2000 多人，苍房、高桥两傣寨共计约 1000 人，民众世代喜欢养猪、鸡，谁也不知道他们何时从何地迁来；②"花傈僳"和"黑傈僳"是傈僳族的支系，共有 26 000 余人，在穿戴、歌舞方面与其他地区的傈僳族相异，其中傈僳七十二歌调、打跳、麻布服装属于华坪独有；③"水田人"和"他留人"是彝族的支系，共有 8000 余人，水田人的体型、肤色、服饰、语言、风俗均与凉山彝族自治州的彝族有差异，最大的不同点是居住在河谷地区；④自称蚩尤后裔的"青苗""花苗""白苗"是苗族的分支，现有 1625 人，他们是神秘迁入本地的少数民族，谁也不知道他们的来源和迁入年代。

　　华坪县拥有丰富的云松、朱木、青冈栎资源，是板材、枕木、木炭的工业产地；煤炭、钒钛铁矿、石灰石、花岗石、水电资源丰富。杜果、苏铁、茶叶、桂圆等作物优势明显，石龙坝是著名的杜果之乡，永兴是茶叶生产基地，温泉 1000 亩苏铁林是远古蕨类植物活化石。工业上从事煤、碳酸钙、花岗石、木材、茶叶、鲜玉米、油鸡枞、油底肉、白酒、面条、杜果加工，形成了"华坪焦煤""华坪水泥""华坪电力""华坪茶叶"等一系列实力雄厚的民族品牌。

　　如果说西双版纳傣族人民是以农业（稻作文化、茶文化、橡胶、香蕉种植）解决了温饱问题，并以服务业实现了民族现代化，那么，华坪县各族人民却是依靠工业实现现代化的。选择华坪县进行民族价值传承研究，正是以此背景为前提，研究华坪少数民族的民族价值观，可以在对民族现代化途径的探讨方面，与西双版纳研究对应，可以相互比较，互为补充。同时，华坪少数民族总体上是神秘的，其许多方面都体现出与本民族大样本的相异性，这为族内价值观的比较研究创造了优越的条件。

## 三、考察内容

### （一）了解少数民族的民族意识、族间关系、族国关系、本族发展状况

　　本次考察制定了结构化访谈提纲，如下：

　　（1）你是傣族（哈尼族）人吗？本族人与其他民族的人有什么区别？最大的区别是什么？

　　（2）你最喜欢本族的哪些方面？为什么这样说？

　　（3）你觉得本族与其他民族的关系怎么样？与政府的关系怎么样？

　　（4）你觉得西双版纳（华坪）现在的变化大不大？最大的变化是什么？

　　（5）你觉得本族的哪些传统应该继承给后代？当下继承得好不好？

　　（6）本族人最愿意把钱花在哪些事情上？你对此有何看法？

　　（7）你对本族的未来有哪些担忧？你认为应该怎么办？

### （二）收集少数民族的民族价值传承载体

　　民族价值传承的物质载体有用具、建筑、壁画、雕刻、服装、饰品、菜肴、遗迹、遗物、文物、书籍、生态环境等。民族价值传承的精神载体分为三类：第一类是制度和规则，如政治制度、经济制度、法律制度、宗教制度、教育制度、婚育制度、乡规民约、权利、禁忌等；第二类是生产生活中积累的经验、符号体

系，如各种技能、神秘体验、图腾意象、心理暗示、语言文字、言语姿势等；第三类是民俗和文艺，如仪式、节日、民风、习惯、歌舞、绘画、传说等。

本章研究的一个重要任务是收集这些载体，通过询问、求证、文献检索、思考等方式深入载体的背后，以了解其内涵、本质、象征意义，以及与民族价值观之间的对应关系，更进一步探究少数民族价值观变迁的发展轨迹。

### （三）体察少数民族群众的价值观念

通过参与式观察的方法，研究者深入傣寨、哈尼寨、布朗寨、傈僳村子中体验民族生活，观察他们的日常起居、渔猎、为人处世、手工艺制作、宗教活动、建筑、水井、神树等，了解他们对图腾、禁忌、人与人、人与国家、人与自然等的认识，以及体现出的价值观念。

## 四、考察方式与工具

采用田野考察法，具体采用访谈、询问、参与式观察、收集证物、对一些无法采集的样本摄像、制作结构图等方式。

研究工具主要有访谈提纲、钢笔、访谈记录本、录音笔、照相机、图画本、地图等，还准备了一定的资金，用来采购少数民族文化传承物。

本章考察的成功，得到西南大学西南民族教育与心理研究中心在少数民族地区建立的考察站的协助，感谢西双版纳勐海县教育局、勐海镇中心小学、勐遮镇中心小学、打洛镇第三中学。

## 第二节　西双版纳傣族、哈尼族田野考察报告

### 一、勐海镇傣族考察报告

勐海镇位于勐海县中部，县政府驻地，面积 365.38 平方千米，辖景龙、曼贺、曼袄、曼尾、曼真、曼短、曼稿、勐翁 8 个村委会和象山、沿河、佛双 3 个社区居民委员会，有 93 个村民小组和 16 个社区居民小组。全镇有水稻种植面积 34 797 亩，甘蔗面积 25 506 亩，茶叶面积 28 591 亩，蔬菜面积 6536 亩。勐海镇距省会

昆明 776 千米，距州府景洪 40 千米。

2009 年 11 月 26 日清晨，研究者抵达勐海县教育局傣族考察站。

## （一）访谈记录

【第一次访谈：1 人】

访谈时间：2009 年 11 月 27 日。

访谈地点：勐海县城。

访谈内容：如下。

受访者资料：汉族人，男性，国家工作人员，年龄 45 岁左右，言行儒雅有度，是智慧、祥和、友好、谦逊的版纳人的代表。生于斯，长于斯，父辈为支援农场建设来到此地。

民族区别：我觉得傣族与其他民族是有区别的，傣族是水一样的民族，这与他们的居住环境（平坝，河网密布，湖泊众多）密切相关，所以他们温柔、温顺，没有山地民族的彪悍气息。傣族民族服装也与众不同，一般在三种情况下穿戴：第一是傣寨里，第二是工作之余的节假日，第三是傣族传统节日。

民族认同：我比较喜欢傣族的饮食，傣族有许多菜肴味道都是极好的；还有傣族的丧葬习俗，举行葬礼之后火化掉，不占地方，这是最好的风俗。

文化变迁：傣族的变化，最大的是物质生活越来越富裕，傣寨的变化很大，现在大多建造砖混结构的房屋（图 12-3），高档电器进房屋，小轿车进家门。变化缓慢的是一些思想意识，如教育（不重视孩子的深造）、婚姻（可能在 17 岁就结婚）。我觉得傣族的节日应该保留，据现在看来，也不会消亡。他们的攀比心理严重，这个不必要继承。

图 12-3　傣族砖混结构洋房

民族关系：傣族与其他民族的关系融洽，矛盾少，顶多是偶尔争点地啊，争点水啊，总的来说是和睦相处的。

对未来的担忧：傣族人修建缅寺时会举全寨之力，而在教育投入上却目光相对短浅。傣族教育滞后的原因：第一是国家不再分配工作，觉得读书无用，回家变懒；第二是物质条件相对优越一点，对家长的话比较听从，自我意识不强；第三是思想保守，普遍恋家乡；第四是本民族高级人才的榜样少。

【第二次访谈：2 人】

访谈时间：2009 年 11 月 28 日。

访谈地点：勐海镇中心小学。

受访者资料：第一位是彝族人，男性，国家工作人员，年龄 45 岁左右，学养深厚，对傣族文化的观点高屋建瓴，颇有见地；第二位是哈尼族人，男性，国家工作人员，年龄 40 岁左右，对科学研究非常尊重。

访谈内容：如下。

民族区别：傣族人思想灵活，容易接受、学习一些比较前沿的东西；他们攀比心理重，只要一家添置了新东西（如新房子、高档电器、轿车等），过不了多久，全寨子家家户户都会有；傣族人喜欢赶潮流；傣族人的平均主义思想突出。

民族认同包括优点和缺点两方面。优点：①他们总是站在时代的前列，特别是在消费方面；②傣族的火葬行为是先进的；③傣族人不存在男尊女卑的现象；④傣族人超生少，计划生育做得好；⑤傣族人团结，统一性强。缺点主要是不爱学习，读书热情不高，最多读到初高中就回家去了。一部分傣族人不爱学习的原因：群居行为，集体化，统一行动；相比之下，其他民族却是个体行为占主导。

傣族历史：西双版纳的原住民是很少的，大部分是往南迁徙而来，傣族的历史很长，到现在已有 1000 多年了，傣族人保持着原始部落的生活习惯，绳子牵到的地方才修房子，超出绳子的人就不是本寨人，而是外人了。傣族人的姓氏集中在四大姓：刀、赵、周、召。傣族的来历有两种说法：第一种是南迁说，从战国时期越国战败开始南迁，至广西成为壮族，再至云南成为傣族，又至缅甸成为掸邦，直至泰国人，依据是傣族与壮族语言有约一半是相通的；第二种是北上说，傣族人是从泰国一路北上进入中国边境的，依据是傣文与泰国文字是相通的，相互也能听懂不少。

文化传承：傣族人应该继承上面说过的五种优点，还有就是语言文字要继承给后代，以保留特色。傣族文化应该通过学校来传承，缅寺的传授是不正规的。傣族的饮食、服装非常具有特色，应保留。

对未来的担忧：第一方面是傣族小孩学习汉语言不够；第二方面是傣族人读书热情不高，人才出不来，同时又很匮乏；第三方面是傣族的特色在逐渐流失，竹楼、木楼建筑正在迅速消亡，民族服装制作工艺也在快速流失，现在勐海都很少能买到傣族人手工纺织的服装了，傣族人过节日所穿的服装大部分是服装厂生产的，失去了傣族服饰的传统气息。

民族关系：主要是和布朗族、哈尼族、佤族的关系，都比较和睦；傣族生活在坝子里，对汉族没有更多的看法，所以有"汉傣"的说法，傣族人的对内、对外关系中，没有发生过大规模的杀戮、冲突、战争。在以前，傣族人都不与其他民族的人通婚，与其他民族的人结婚会被本寨人看不起。傣族人在历史上没有受过大屈辱，所以他们的歌声轻快动听，没有较多的阴郁、伤感；傣族人生活在坝区，田地肥沃，生活过于安逸，所以不想走出家乡，容易满足。

【第三次访谈：3 人】

访谈时间：2009 年 11 月 28 日。

访谈地点：曼拉闷傣寨，傣家院子。

受访者资料：三位受访者都是傣族人，均为男性。第一位是教师，48 岁；第二、三位是曼拉闷村村民，分别是 51 岁、65 岁。

访谈内容：如下。

民族关系：傣族常常与其他民族互相交流、走玩。结婚的时候也会相互走访、送礼。

民族认同：图腾崇拜都供奉在缅寺里，不在家里供奉。对于祖宗的崇拜，一般是在当家人的房子里放一个家神，那是我们的祖宗，放置高度要比头高，在一块木板（30 厘米×20 厘米左右）上放上香，但只有在有客人来访和主人要出行的时候才烧香，平时不烧香。傣族有"养神"的说法，对我们的神说不恭敬的话，神就不保佑你。

民族节日：灭斋万（傣族拉绳仪式）。傣族寨子里，在遇到不顺利的事情时，就做"灭斋万"。"灭斋万"的流程通常有 6 步：第一步是"灭麽"（去算命），算命的人不是每个寨子都有，只在部分寨子里才有，算命的人说哪方面有问题；第二步是"召万"（头人），召开全寨大会，每家至少来一个主要成员；第三步是搓绳，绳子必须使用茅草做原料，搓绳很讲究，必须使用反搓法，还要用白线缠在茅草上，绳子粗细直径在 1 厘米左右，每家搓绳 20~30 米；第四步是"买万"（扩大寨子的范围），邀请本寨缅寺里的大佛爷过来做法事，他走过的地方就拉上绳子，被扩进来的土地就成为买万，傣寨里大家一起，边走边拉绳，你家的绳子拉完了就接着我家的绳子，绳子的接头处要拴起来，绳子不能铺在地上，应该挂在两米高的空中，用竹竿撑起来；第五步是遇到大石头、山等障碍物，不能移动它们，要绕过去；第六步是绳子只能多，不能少，用不完的绳子要放在接头处那里。

（2）傣族火葬仪式。傣族实行火葬，是为了祝福死者早日升天，火葬是走向天国的通道。墓地叫作"坝消"，坝消内的林木不许砍伐，很多年后，林木苍劲挺拔，葱茏青翠，变成一片风景林。

族国关系：政府做的事是符合民意的就接受，不符合民意的就不接受。如果公路要从"买万"（拉绳圈定的寨子范围，买万以外不许族人修建房屋等）通过，要服从国家，把买万的一部分让出来。

文化变迁：农贸市场修建后，茶叶、甘蔗好卖了，大家赚钱了。极少数人做生意，很多人卖大米、养猪、养牛、养鱼。至于习俗变迁，有一点就是上文说到的火葬选址方法有所改变，以前是选址的人手拿鸡蛋往背后投出去，在鸡蛋破碎的地方举行火葬，而现在直接放在地上。这是因为现在人越来越多了，没有那么宽阔的地方举行火葬了。应该将傣族文字传给后代，让他们读书，将穿着、卫生常识教给他们，民族服装要继续穿，如筒裙、包头巾等，教他们把田地管理好，在房屋建筑方面，竹楼不应该改变（图12-4）。

图12-4　傣族旧式竹楼

【第四次访谈：2人】

访谈时间：2009年11月28日。

访谈地点：曼飞龙傣寨，傣家木楼。

受访者资料：两位均是傣族人，基层干部。第一位是男性，44岁；第二位是女性，35岁。

访谈内容：如下。

民族区别：傣族人生下来就"双手合十"（信奉南传上座部佛教的意思）。在老人面前路过时，我们要双手放在膝盖上。我们傣族人爱比美，比吃的，比财产多少。本族人与其他民族的人最大的区别是穿戴不一样，结婚前的"烧多哩"（少女）不拴头发，都放在后背上，傣族女人结婚后将头发放在头顶，做成发髻。

民族认同：喜欢傣历年节（每年4月13~17日）。"小卜哨"（傣族女孩）盼望到傣历年节，有几套新服装，想到哪里去玩就到哪里玩，也可以不劳动。喜欢缅寺，喜欢拜佛。

族国关系：政府的承诺，有些做得到，但是有些做不到，他们做不到的我们就跟他们协调。现在，我们村的经济作物主要是茶叶、苞谷。现在还面临着农产品价格太低的问题，政府应该调节茶价。

文化传承：我们认为，傣文应该得到更广泛的传播；希望我们的孩子像各民族一样聪明；我们不准孩子们出去打闹；我们应该教孩子们唱歌跳舞，如跳孔雀舞；我们应该教会孩子讲卫生，养成好习惯。

对未来的担忧：我们担心孩子们厌学，拒绝读书，对于不想读书的孩子，有些父母会用绳子拴住他，打他，这还是有效果的。不想读书的原因：①读出来找工作困难；②有些家庭经济困难，父母供不起孩子读大学，有些经济好的家庭，孩子读书不成器；③傣族人有恋家情结，更希望孩子们留在家乡；④傣族爱攀比，如"人家有女朋友要结婚了，我也要结婚"。

结婚风俗：风俗有所改变，以前是父母之命，媒妁之言，现在是自由恋爱和说媒，通常一两个月就结婚。具体为：①订婚。亲戚、寨子族长、双方父母集中，父母同意，其他人做证人，订婚就算完了；如果是上门女婿，要给女方寨子里交一定的钱款买土地，我们寨子是 500 块钱。②结婚。双方同意后，定好婚礼的日子，家里杀猪宰牛，把各个寨子的亲朋好友都请来参加婚宴。若是上门女婿，床垫、被子等由男方买过来，男方的父母要送礼给儿子。婚礼一天一夜举行完毕，中午 12 点开始，邀请佛爷念经，让两位德高望重的老人给新人举行"素宽"（就是拴线礼：是傣族的一种仪式，在祝贺结婚或为新生婴儿免除灾难的时候，都举行此礼，通常是由年长的人将一根红线拴在被祝贺的人手上，表示吉祥），仪式举行两小时左右。然后是摆宴席，新郎新娘参加宴席、敬酒，并发钱给老人。到了晚上唱歌，现在和以前年代不一样了，都唱流行歌，闹洞房要举行跳舞节目，新郎被关在门外，必须要把各种小礼物送给"小卜哨"们，才给他开门，"允许"他入洞房。

## （二）民族传承物/照片采集成果

26～28 日，研究者深入县城各街道、曼拉闷寨、曼飞龙寨、曼扫寨采集照片，包括"傣族旧式竹楼"（图 12-4）、"傣族旧式木楼"（图 12-5）、"勐海第一圣泉"、"曼飞龙缅寺笋塔"等代表作。收集傣瓦一片，傣文书籍一本（图 12-6）。

图 12-5　傣族旧式木楼

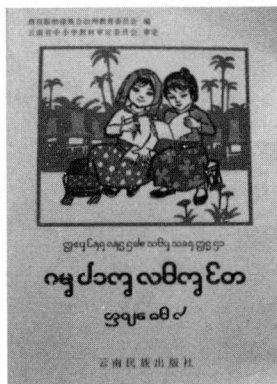

图 12-6　傣文教材

### （三）实地观察/参与式观察成果

在向导的带领下，研究者参观曼扫傣寨的寨门、寨心、凉亭、拉绳的线子、傣瓦、供佛的傣香、佛寺等。本寨20多户人家，只有两家还是木楼，热情周到的向导带着研究者，敲开了一家木楼的大门，研究者在傣楼里，亲手抚摸干栏式建筑的木柱、谷仓、楼梯、椽子、瓦片，用笔描画这种古老建筑样式的复杂结构。

访谈完毕，受向导之邀，研究者前往他家歇一歇。向导家住在曼扫寨子，房子修得挺宽敞，有一个大大的院子，院子边停着一辆手扶式拖拉机，研究者很好奇地问：“主人，您还会开拖拉机吗？”向导笑着说：“大家好多人都会开这个，它是我们傣族人运载东西的必备工具，当然，在运载我们自己时，通常用这个。”他指着拉着研究者跑遍三个寨子的那辆崭新的摩托车说。两人并排坐在厨房的一头，对面一群傣族妇人正在用傣语议论纷纷，有的在烧火，有的在准备食物，有的在洗锅。有两个妇女背着娃娃站在旁边，向导介绍说：“她们是在准备关门节期间的食物，要供给佛。”研究者听了这个解释，觉得傣族的宗教虽然神秘莫测，却也是食人间烟火的。

### （四）勐海镇傣族价值传承与变迁总结

根据访谈笔录内容分析的结果（表12-1），勐海镇傣族价值传承规律总结如下：

第一，在民族意识维度，勐海镇傣族自我意识比较强。无论对傣族群众的考察，还是对汉族及其他少数民族群众的考察，都得出“傣族是优秀的”的结论，他们自知拥有各种优点，也被其他民族群众所称道和认同。同时，他们也知道本民族的缺点、劣势。

第二，在族间关系维度，勐海镇傣族与各民族和睦相处，重视与其他民族的关系。

第三，在族国关系维度，勐海镇傣族能认识到国家利益高于本族利益，对政府的态度比较理智，政府决策正确就认真贯彻落实，政府决策错误就加强沟通。

第四，在本族发展维度，勐海镇傣族经济发展取得了很大的成效，生活富裕。但他们普遍恋家乡，不愿走出村寨去寻求更多、更大的发展机会，同时对教育的认识存在不足。

第五，在民族文化传承与变迁趋势上，传统文化风俗的保存多于变化，保持了完整的傣族特征。变化较大的主要是民族经济生活，如交通工具、房屋、服装制作的工艺等。

**表 12-1 勐海镇傣族价值传承内容分析**

| 类目 | 分析单元 |
| --- | --- |
| 民族意识 | 傣族人生下来就"双手合十";喜欢缅寺,喜欢拜佛;家神是我们的祖宗,对神不恭敬,神就不保佑;傣族的历史到现在已 1000 多年;傣族许多菜肴味道极好;傣族的火葬是最好的风俗;傣族不存在男尊女卑;傣族人超生少,计划生育做得好;傣族群体行动占主导,其他民族个体行为占主导;绳子牵到的地方才修房子,超出绳子的人不是本寨人;傣族人的姓氏集中在四大姓;不想走出家乡,容易满足;人家要结婚了,我也要结婚;平均主义思想突出;容易接受、学习比较前沿的东西,特别是在消费上 |
| 族间关系 | 矛盾少,总的来说是和睦相处;和布朗族、哈尼族、佤族的关系都比较和睦;傣族生活在坝子里,对汉族没有更多的看法;傣族人的对内、对外关系中,没有发生过大规模的杀戮、冲突、战争 |
| 族国关系 | 政府做的事符合民意就接受,不符合民意的就不接受;公路要从"买万"过,要服从国家,把买万的一部分让出来;政府说了做不到的时候,我们就跟他们协调 |
| 本族发展 | 物质生活越来越富裕,砖混结构代替木楼;高档电器进房屋,小轿车进家门;不重视孩子的深造;可能在 17 岁就结婚;思想保守,普遍恋家乡;高级人才的榜样少;不爱学习,读书热情不高,最多读到初高中就回家去了 |
| 民族文化传承 | 节日应该保留,据现在看来,也不会消亡;攀比心理严重,这个不必要继承;应继承五种优点;语言文字要继承给后代,以保留特色;傣族的饮食、服装非常具有特色,应保留;傣文应该得到更广泛的传播;希望我们的孩子像各民族一样聪明;不准孩子们出去打闹;应该教孩子们唱歌跳舞,如跳孔雀舞;应该教孩子讲卫生,养成好习惯;小孩读书热情不高,人才很匮乏;遇到不顺利的事情就做"灭斋万";绳子用茅草做原料,搓绳必须使用反搓法,还要用白线缠在茅草上;老人过世要洗澡,要靠在"骚留耐"上 |
| 民族文化变迁 | 傣族的特色在逐渐流失,竹楼、木楼建筑正在迅速消亡,民族服装制作工艺也在快速流失;担心孩子们厌学,拒绝读书;婚俗有所改变,以前是父母之命,现在是自由恋爱和说媒;结婚庆祝和以前年代不一样了,现在都唱流行歌;运载东西用拖拉机,人的交通用摩托车,也有人买了小轿车;火葬选址方法有所改变,以前是手拿鸡蛋往背后投出去,现在直接放在地上 |

## (五)勐遮镇傣族、哈尼族考察报告

勐遮镇位于勐海县中部偏西,东邻勐海镇,东南临勐混镇,南与打洛镇交界,西南与西定乡相接,北依勐满镇。全镇总面积为 462 平方千米,坝区面积占总面积的 33.77%,是西双版纳最大平坝。辖区有 13 个村民委员会,169 个村民小组,5 个镇属站所。勐遮土地资源丰富,适宜种植水稻、甘蔗、茶叶、玉米、蔬菜、豆类、薯类、油料等农作物,水田面积 104 558.14 亩,旱地面积 29 141.76 亩。勐遮镇以傣族为主体民族(占 77.98%),哈尼族、拉祜族、汉族、布朗族、佤族、回族等民族人口次之。

## 二、勐遮镇中心小学、曼垒景佛寺考察报告

### （一）访谈记录

【第五次访谈：2人】

访谈时间：2009年11月30日。

访谈地点：从曼令哈尼族寨子返回勐遮镇的车上（晚上9点）。

受访者情况：到曼令哈尼族寨子参加完哈尼年，研究者与一群人乘车返回勐遮镇。路途无事，乘机采访了两位本地人，他们都是在西双版纳居住多年的少数民族同胞，但不是傣族，这段资料可以让我们再一次了解到其他民族人视角下的傣族文化。

访谈内容：如下。

傣族主要活动：傣历年、"豪瓦萨"（开门节）、"进洼"（关门节）、"播帕"（升和尚）。具体为：①傣历年从4月12日开始，持续一周时间，主要节目有放高升、丢包、泼水节等，辞旧岁主要通过放高升的方式和时间来衔接。②开门节期间傣族人可以谈恋爱、婚嫁等。③关门节期间却不谈恋爱，不能结婚，不能搬新房，凡是喜庆的事情都不能做。④"播帕"实际上是傣族男孩的成年礼。没当过和尚的人被称为"岩百""岩令"，即没有知识、不开化的愚人。傣族人认为一个男孩如果一生中未进寺庙做过和尚，就不是一个完整的傣族人，会被别人看不起，娶媳妇也有困难，女孩子都不愿意嫁给他做妻子。小孩子升和尚必须办酒席，把所有的亲朋好友请到家里来吃饭，最贫穷的人家都必须准备两头猪和一头牛，在办过酒席之后，父亲还必须用车载着他到各个寨子去拜访，让他告知对方自己已经升为和尚了，升和尚的男孩可以是成批受礼，袈裟由缅寺里统一发放，小和尚在寺庙里修行的时间不定，可以是一两周，也可以是十年八年，都是可以选择的。和尚有严格的等级，依次为帕囡（小和尚）、帕异（大和尚）、二佛爷、大佛爷。在一个缅寺中，大佛爷只有一个，二佛爷可以设置多个，在一片地区可以设置一个总佛爷，总管本地区内所有的佛教事务。西双版纳州有一个最大的佛爷，对佛事拥有最高的权力。佛爷的收入主要来自给信徒念经，念经一次收取5元人民币，同时他们的饭食由傣民供奉，傣族和尚不忌酒肉。当然，在还俗之前不能结婚生子，原则上不能近女色。

傣族文字的由来：傣族先祖前往西天求文字，观音菩萨把写有文字的牛皮让

他们带回。在回来的路上，由于饿得实在没有办法，为了保住性命，他们把写有傣文的牛皮烧着吃了下去。为了给民众有个交代，他们冥思苦想，后来终于从树叶上的鸟屎得到了启发，他们把树叶上沾着的弯弯曲曲的鸟屎描摹下来，带回去说那就是观音菩萨赐给傣族的文字了。这就是我们现在能看到的傣文字，书写不方便，线条弯曲而复杂。

关于以上访谈资料，有些内容反映了真实的傣族文化生活，但是其中有一些说法是值得商榷的：第一点是升和尚的细节不明；第二点是傣族文字的由来有丑化的嫌疑。

【第六次访谈：1 人】

访谈时间：2009 年 12 月 2 日。

访谈地点：勐遮镇曼垒景佛寺内临时搭建的茅草棚（关门节期间和尚不住禅房）。

受访者资料：傣族，男性，神职人员，30 岁。在勐遮的最后一天，研究者几经周折，终于与缅寺的大佛爷见面，他告知现在正是关门节时期，缅寺里里外外特别忙，于是引见了这位受访者。他是一位见多识广的高僧，曾在昆明的佛寺里修行多年，对傣族文化有自己独到的见解和广阔的视角。

访谈内容：如下。

民族区别：傣族人友善，喜欢和平、安静、和睦相处，争斗少。傣族人与其他民族人最大的区别是轮廓特殊，眉骨突出，眉毛浓。傣族人爱干净，经常洗澡。傣族人有信仰，有心灵的寄托。傣族人讲孝道，每年都要跟父母忏悔。

傣族历史：凡是有人与他们发生冲突，他们就选择南迁，不停地南迁，境外的"掸族"与国内傣族的关系很近。原来，景东、万象、清迈、版纳、德宏、景谷的傣族人是连成一片的，他们繁衍生息在湄公河围着的大片区域里。第二次世界大战使大家分裂开来：景东的傣族人划入缅甸，万象的傣族人划入老挝，清迈的傣族人划入泰国，版纳、德宏、景谷的傣族人划归中国。傣文的来历有三种观点：一种是从印度传来；一种是泰国的清迈本身有的，是傣族人自己创造了文字；一种是出家人将文字带入了傣族地区。

民族认同：一是对傣族文化的认同感很强烈，如傣族的三字经叫作《感麽兰》，这里面是一些谚语、成语，可以给孩子们很好的启蒙教育。在佛寺里可以找到归属感，满足心理的需求，向佛忏悔，求得心灵的解脱，寺庙也是傣族文化的中心，是傣族文化得以保护的"盾"。傣族的吉祥物是大象、孔雀，以前也有龙。

族间关系：跟外族通婚，没有大规模武装冲突，但是村寨之间还是会发生矛盾的。

族国关系：寺庙也提倡爱国爱教。寺庙教育是不可忽视的，为什么这么说呢？第一，是因为古代文化的传递离不开寺庙的作用，现在的情况是学校里教傣语的人掌握的是"今文"，而数万部的佛经、典籍却是用"古文"写就的，如果没有缅寺教育，这些文字在不久之后就无人能懂了；第二，我们教傣族孩子怎样做人、怎样孝敬父母，这种教育渗透到每一个孩子的内心，触及灵魂。

文化变迁：有些地方已经汉化了，比如，父母住在单位，生了孩子就讲汉话，不会傣语了。寨子里的人都还会讲傣语，离开家乡的人及他们的后代就不（会）讲傣语了。学校没有把傣语教育做好，班级教学的效果很差，这源于两方面：第一是学校走形式；第二是傣语教师水平参差不齐，有些教师的语法颠倒，错漏百出。我们希望傣族的文化能够传下去，因为精髓都在文化中；我们的传统不能丢；风俗应该保持和发扬光大。

对未来的担忧：第一，很多人不是很了解傣族，有些傣族人可能不懂得傣文化，如果他们去积极宣传傣文化，就会导致宣传错误；第二，新傣文是把傣族脱离出以前的发展轨迹了，现在出现了新旧文字断层的问题，很多懂文字的人却看不懂经书。投资方向上，傣族人喜欢把钱用在印刷书籍、经文上。

【第七次访谈：1人】

访谈时间：2009年12月2日。

访谈地点：勐遮镇中心小学。

受访者资料：傣族人，男性，37岁，是研究者的傣族向导之一。

访谈内容：如下。

民族区别：傣族与众不同的地方，在服饰、语言、佛教熏陶和涵养方面。

民族认同：傣文化教育方法不同，伦理道德很重要，行为礼貌很讲究，称呼有严格的区分。

民族关系：傣族没有民族歧视，打架属于个人行为，寨子之间的流血冲突基本不会发生，受欺负的时候还是会统一起来。要是一定要说引起冲突的话，应该是表现在寨子与寨子之间。

民族节日：升和尚。寨子里有老人专门负责缅寺的事务，叫卜张，选择吉日，三四个小孩子一起请客三天。第一天帮忙准备物质方面的东西，如被子等日常用品；第二天请所有亲戚吃饭，以前是要一家一家去走亲戚的，现在很少出寨子了，原因是开摩托车本来就不安全，加上在亲戚家喝了酒，就容易出车祸；第三天送去缅寺，由大佛爷给孩子披袈裟，为每一个男孩取名字，年龄大的先取名，年龄小的后取名。每天早晚要拜佛，戒烟、酒、色，不摸女人的衣物，口碑要好，吃肉是不受限制的（大佛爷达到一定修养之后，不进油，只吃水果）；衣服的颜色，大部分是红、黄色，但颜色并不代表等级，大佛爷的袈裟是碎布做的格子形状，小和尚的袈裟是条纹形；小和尚第一年学习常用的经文，第二年越来越深入，学习傣族史、佛教历史、故事；20岁就可以升佛爷，条件是年龄要达到18～20岁，文化水平要高，佛爷就像学校老师一样，应该懂得很多知识和道理。小和尚和大和尚的区别是进寺时间的长短，并不代表等级，佛爷跟和尚却有等级的区别，如有些礼仪只能由佛爷来主持。

族国关系：一般不会跟政府人员发生冲突。

文化传承：在文化方面遇到两难境地，其一是老人们没有有意识地把文化传给后代，其二是政府不太重视傣族文化的保护。伦理道德的教养方面，傣族做得很好，宣扬容忍、跟人和睦相处，这些都是应该继承发扬的。小孩子继承得不好，大部分被汉化了，包括小和尚都是学习汉语，到外面读书，受傣文化的影响就变小了；相反，住在寺庙里的傣族人则汉化不严重，对传统的认识更深。传承傣文化的中坚力量还是寺庙，和尚肩负很大的使命。学校傣文化教育不深入，表现为：其一，老师懂不了很多；其二，资金投入少；其三，领导不重视傣文传授。

对未来的担忧：首先是对文化的担忧，可能在老一辈离世后，就会很少有人去钻研，会出现看不懂文字的局面。但是傣语不会丢失；其次，如果没有人去抓，伦理道德也会丢掉，服装也会丢掉（衣服的样式没有以前的好了，衣服越做越短，逐渐失去了傣族的风格），做衣服的工艺也会丢失，建筑特色也会消失，变成冷冰冰的砖混结构，失去本民族的韵味。

资金投入：我们喜欢把钱用来赎佛；较富有的人家，还是愿意送儿子上学，上大学深造；我们喜欢攀比，比吃比穿，喜欢用钱盖房子。对于你提出的"修寺庙积极，修路不积极"的现象，我们是这样来看的，我们的寺庙里有佛，佛是会保佑我们的，我们相信"多赎多得福"。修路呢，我们傣族人寨子内部的路都铺得很好，直到每家每户，寨与寨之间也存在攀比的，但寨子外面的路，只要走得过去就行。

### （二）民族传承物/照片采集成果

在勐遮镇期间，传承物主要以照片形式带回，比如，有西双版纳正宗的少数民族菜系，有原生态的哈尼族年节仪式，除此之外，研究者还收集到一首"哈尼族祝酒歌"。照片资料主要以曼令哈尼族寨子生活场景为主，加上景真八角亭、三处佛寺的外景。比较有代表性的照片有拍摄于曼垒二佛寺的"壁画"系列、"哈尼人的生活方式"系列（图 12-7、图 12-8）。

图 12-7　哈尼族传统：春糍粑

图 12-8　哈尼族新式板房

## （三）实地观察/参与式观察成果

观察的核心有三：第一是拜访哈尼族向导的家，第二是曼令寨子哈尼年，第三是曼垒大佛寺的参观与访谈。

恰逢周末，哈尼族向导邀请研究者到他家去做客。一辆旧皮卡车沿着弯弯曲曲的山路向上爬，越走越高，后来竟能看到整个勐遮坝子的全貌了。研究者不解地询问："傣族人都住在坝子里，哈尼族同胞住在山上，上下山不方便吧？"向导笑呵呵地解释："坝区瘴气重，古代森林密布，瘴气更是厉害，其他民族住在坝子里会生病，死亡率很高呢！可是傣族人就能适应那个恶劣气候，所以坝区自然就是他们的天地了。现在医疗条件好了，而且我们在山上住惯了，也就不想下去了。"一个半小时的路程，真不算近，到达向导的家，哇，好多人，都是他的亲戚、朋友们，来一起过哈尼年的。依然是上二楼，但与傣族木楼的区别是不用脱鞋子，向导的母亲端出一种"纤细"的红薯和金灿灿的小香蕉待客，研究者感到很新鲜，从来没见过这么小的红薯、香蕉，旁边一个傣族兄弟热情地讲解："这两样都是老品种，别看它们又小又不中看，味道却是甜得自然、香得真实。大红薯不好吃，我们拿它去喂猪，还有你看到的那些大片大片的香蕉林，为了驱虫，其实都打过农药，本地人是从来不吃的！"研究者顿悟，发现少数民族的自我保护意识和饮食品位还是很高的。竹桌上摆满哈尼族特色菜，看得眼花缭乱，不知道从哪里"下手"，当然有两点可以明确：第一点是味道超好，口水要包不住了；第二点是很怪自己无知，这些菜一道也叫不出名字来。下午的太阳是金灿灿的，晒在身上很暖和，一行人依依不舍地告别向导的家，对面正在进行"春糍粑"活动，研究者看得入了神，向导笑嘻嘻地走过去，对正在制作的妇人说了几句哈尼话，妇人就将"春碓棒"放在研究者手里来，由此，留下了在哈尼寨"春糍粑"

的无比深刻、珍贵的印象和照片（图12-7）。

曼令哈尼寨离勐遮镇有20多千米，向导来接的时候，研究者正在观摩景真八角亭的建筑样式，随后小轿车转上了崎岖不平的曼岗公路，颠簸了一小时才接近蓝瓦泥地的新寨子。在村委会主任家木楼的晒台上"烤太阳"，远近风光尽收眼底，村委会主任介绍说这几十家蓝瓦新房都是上海对口支援建设的，全寨人从条件恶劣的地方搬过来才一年，研究者询问他习惯不习惯，他说："习惯啊，这边挨着水，挨着傣族人，生活会越来越红火的！"哈尼族的节日主要是哈尼年，每年都要宰牛杀鸡，其他寨子的亲戚都来一起过，热闹非凡。向导热情地讲解："我们很多方面与傣族人相似，常去参加傣族节日，有些人也会说傣语，不同之处是我们不信佛教，没有和尚没有庙，同时我们的经济条件不是太好，所以希望孩子通过读书改变命运，教育观念很强，孩子上大学的比较多，学校、政府里的领导很多是哈尼人。"西双版纳的水果可是出了名地多，无法叫出名字的水果味道很甜，吃过之后，大家吆喝着往篮球场去了，本寨人站左边，来访客人站右边，一声哨响把他们的激情点燃了，研究者坐在场边计分，看着这一群生龙活虎的傣族人、哈尼族人、布朗族人、佤族人在翠色欲滴的自然环境中运动，顿感生命的蓬勃。比赛结束了，结果是无关紧要的，大家依然相互吆喝着，邀约着，传递着香烟，一起洗脸去了。走上另一家木楼，二楼摆了三张大竹桌，每张竹桌已陆续送上来六七样特色菜，研究者被邀请到靠上方的竹凳入座。半小时后，所有的客人入座完毕，满桌子的菜数不清，在15盘以上。大家都没有动筷子，似乎在等着什么节目。主人端起一只盛着整鸡的大碗，端到客人面前说："尊贵的客人，请动手吧！"研究者不知道手往哪里搁，一阵爽朗的笑声传出了木楼。向导凑在耳边解释："涂教授，凤首是你的，凤身是主人的。"领悟了主人的待客之礼，一再推辞都推辞不了，就只好一手按住"凤身"，一手撕下"凤首"，握在手里时，研究者心中充满了感激与感动。随后是敬酒，每一桌轮流唱歌助兴，在征得大家许可后，有幸用录音笔录制了祝酒歌一首。离开曼令已是晚上九点，村委会主任拉着研究者的手说："舍不得你啊，不知道你什么时候才能再回来。我们喜欢有知识的人，我们也对国家充满感情，拥护国家的政策，感谢国家给我们修路、修房子……"

曼垒大佛寺是勐遮坝子最大的佛寺，据佛爷介绍，总修建费用超过200万元，是勐海县境内修建得最豪华的现代佛教建筑之一，进入佛寺就能看见临时搭建在空地上的僧舍，那是傣族关门节期间的传统，所有的和尚都不能在僧舍里住，必须在搭建的临时帐篷度过，帐篷屋顶的材料必须选用莎草才行。左手边佛厅里有十多个人正在整理一大堆散乱的钱物，那是举行佛事过程中，傣族群众捐献的钱物，以祈求神灵保佑，消灾避祸。

临别勐遮的那一天，研究者邀请向导共进晚餐。从街边一道不起眼的门走进去，偌大的一个生态型露天餐厅映入眼帘，看到这般"天然去雕饰"的布置，研究者有些傻眼了。熟知此次考察的主旨，向导热情地点菜，半小时后，摆在桌上的菜再一次让研究者大吃一惊，向导又一次热情地解释："这是西双版纳傣族虫宴：清蒸竹虫，傣制冻肉，牛皮蘸酱餐……"

### （四）勐遮镇傣族价值传承与变迁总结

根据访谈笔录内容分析的结果（表12-2），勐遮镇傣族价值传承规律总结如下：

第一，在民族意识维度上，勐遮镇傣族很清楚民族的来源、历史、文化，拥有自己完整的信仰体系，能清醒地意识到自己与其他民族群众是不同的。

第二，在族间关系维度上，勐遮镇傣族没有民族歧视，对其他民族同胞友善、和睦，少争斗，发生矛盾只可能存在于村寨之间，不存在族与族、寨子内部的激烈矛盾纷争。

第三，在族国关系维度上，勐遮镇傣族不会与政府工作人员发生冲突，在宗教关系上也保持着良好的发展态势。

第四，在本族发展维度上，勐遮镇傣族注重本族文化的保护，注重本族信仰的传承与发扬，他们认为保存本族典籍、修房建屋、送孩子读书是有价值的。

第五，在民族文化传承与变迁趋势上，勐遮镇傣族具有一种忧虑感。虽然说在大体上保持了傣族的自身特色，但是在很多方面都有松动的趋势，如新傣文与古傣文的冲突、傣族城里人对本族语言的遗忘、一些佛教仪式的简化、道德体系、服装工艺、建筑特色等。

表 12-2　勐遮镇傣族价值传承内容分析

| 类目 | 分析单元 |
| --- | --- |
| 民族意识 | 傣文的来历有三种观点；傣族人与其他民族人最大的区别是轮廓特殊，眉骨突出，眉毛浓；傣族人爱干净，经常洗澡；男孩不做和尚会被别人看不起，娶媳妇也有困难；在佛寺里可以找到归属感，满足心理的需求；傣族与众不同的地方，在服饰、语言、佛教熏陶和涵养方面；和尚每天早晚要拜佛，戒烟、酒、色，不摸女人的衣物，口碑要好；传承傣文化的中坚力量还是寺庙，和尚肩负很大的使命 |
| 族间关系 | 傣族没有民族歧视；傣族人友善，喜欢和平、安静、和睦相处，争斗少；跟外族通婚，没有大规模武装冲突；村寨之间还是会发生矛盾的；寨子之间的流血冲突基本不会发生，受欺负的时候会统一起来 |
| 族国关系 | 寺庙也提倡爱国爱教；一般不会跟政府人员发生冲突 |

续表

| 类目 | 分析单元 |
|------|----------|
| 本族发展 | 傣族人喜欢把钱用在印刷书籍、经文上；我们喜欢攀比，比吃比穿，喜欢用钱盖房子；我们喜欢把钱用来赕佛；较富有的人家，还是愿意送儿子上学，上大学深造 |
| 民族文化传承 | 开门节期间可以谈恋爱，婚嫁；关门节期间不谈恋爱，不能结婚，不能搬新房，凡是喜庆的事情都不能做；小孩子升和尚必须办酒席，最贫穷的人家都必须准备两头猪和一头牛；和尚有严格的等级，依次为帕囡（小和尚）、帕异（大和尚）、二佛爷、大佛爷；和尚还俗之前不能结婚在还俗之前不能结婚生子，原则上不能近女色；从大和尚晋升佛爷，必须在中心佛寺的"波苏"内诵经，举行晋升仪式；学校没有把傣语教育做好，班级教学效果很差；伦理道德的教养方面，傣族做得很好，宣扬容忍、跟人和睦相处，应该继承发扬；傣语不会丢失；仅西双版纳一地，就号称拥有八万四千卷傣文书籍；西双版纳傣族虫宴 |
| 民族文化变迁 | 有些地方已经汉化了，比如，父母住在单位，孩子就不会讲傣语；新傣文把傣族脱离出以前的发展轨道，现在出现了新旧文字断层的问题；升和尚以前是要一家一家去走亲戚的，现在很少出寨子了；在文化方面遇到两难境地，一是老人们没有有意识地把傣族文化传给后代，二是政府不太重视傣族文化的保护；小孩子继承得不好，大部分被汉化了，包括小和尚都是学习汉语；可能在老一辈离世后，就会很少有人去钻研，会出现看不懂文字的局面；如果没有人去抓，伦理道德也会丢掉，服装也会丢掉，做衣服的工艺也会丢失，建筑特色也会消失 |

## （五）勐遮镇哈尼族价值传承与变迁总结

根据访谈笔录内容分析的结果（表 12-3），勐遮镇哈尼族价值传承规律总结如下：

第一，在民族意识维度上，哈尼族能够明确地意识到自己的族性，对族称、民族性格、民族特征有明确的意识，不过他们在价值观体系上借鉴、因循于傣族，对傣族的经济文化生活认同度高，傣族、哈尼族、布朗族的价值观体系其实是密不可分的。

第二，在族间关系维度上，哈尼族与傣族人和睦相处，互相增进。其深层原因是价值观体系的接近与相容。当然，与其他民族也是和睦相处的。

第三，在族国关系维度上，哈尼族拥有爱国主义情怀，对国家的政策、方针积极拥护。其深层原因是：一方面，国家给哈尼族以较大的经济、政策扶持；另一方面，哈尼族人重视教育，本族人文化程度较高，能够站在更高的角度审视族国关系。

第四，在本族发展维度上，哈尼族文化独立性不是很明显，经济发展受到环境的限制，但是民族参政议政的积极性很高，许多哈尼族知识分子成为西双版纳各政府机构、事业单位的推动力量，也是少数民族地区参与政府决策的骨干力量。

第五，在民族文化传承与变迁的趋势上，哈尼族村寨地处山区，受到文化冲击的程度低，保持着一些传统的风俗习惯；走出村寨的哈尼族人表现出对他族文化极强的适应性。

表 12-3　勐遮镇哈尼族价值传承内容分析

| 类目 | 分析单元 |
| --- | --- |
| 民族意识 | 哈尼族一直没有文字；我们在山上住习惯了，就不想下去了；自我保护意识和饮食品位很高；这边挨着水，挨着傣族人，生活会越来越红火的；哈尼族没有自己的文字；我们的习俗与傣族人相似，不过我们不信佛教，没有和尚 |
| 族间关系 | 生龙活虎的傣族人、哈尼族人、布朗族人、佤族人在翠色欲滴的自然环境中运动 |
| 族国关系 | 我们与国家的关系很和睦，拥护国家的政策；感谢国家给我们修路、修房子 |
| 本族发展 | 我们住在山上；我们的经济条件不是太好；大红薯不好吃，我们拿它们去喂猪；满桌子的菜数不清；新房子都是上海对口支援建设的，全村人从条件恶劣的地方搬过来；希望孩子通过读书改变命运，教育观念很强，孩子上大学的比较多，学校、政府中的领导很多是哈尼族人 |
| 民族文化传承 | 对面正在进行"春糍粑"活动；风首是你的，风身是主人的；传承下来的东西不太多，除了哈尼年之外，主要是语言、服装、歌舞、木楼、农耕劳作方式等 |
| 民族文化变迁 | 由于住在山上，文化受到的冲击较小；不过在外工作的人逐渐接受了汉族的风俗，住在傣区的人也会说傣语，常去参加傣族的节日 |

## 三、打洛镇傣族考察报告

打洛镇位于勐海县西南，东北为勐混乡，东南为布朗山，西南和西与缅甸小孟拉接壤，总面积为 400 平方千米，居住着傣族、哈尼族、布朗族等民族，全镇人口 1.6 万人。打洛，傣语意为"多民族混杂聚居的渡口"。打洛江，又叫南览河，傣语意为"甘美的河流"。河两岸中缅两国村寨毗邻，风光旖旎，河水清澈，沐浴浣纱，捕鱼撒网，特别是极有情致的傣女沐浴，更为打洛江添上了绮丽的色彩。

勐景来傣寨傣、掸混居，被称为"中缅第一寨"。东临缅甸，西紧靠昆洛公路，南是大片橡胶林，有着源远流长的民族佛教文化、农耕文化、中缅交流文化。寨内保存着古老的造纸、打铁、制陶、榨糖和酿酒工艺，还可以亲自参与傣家的传统织锦等活动。寨内的百塔林是南传上座部佛教经典建筑。乘竹筏在打洛江漂流，可以真切感受"一江隔两国"的边寨风情。

## （一）访谈记录

【第八次访谈：2 人】

研究者于 2009 年 12 月 3 日中午抵达打洛镇，考虑到价值观研究的特殊性，希望能够和傣族人住在一起，一起劳作，体验他们一天的生产、生活内容。向导将研究者带到了勐景来一户傣家寄宿，主人一家五口，典型的核心家庭结构。

访谈时间：2009 年 12 月 3 日。

访谈地点：勐景来傣寨，傣家木楼。

受访者资料：寄宿的傣家主人，务农，男主人 30 岁左右，空闲时在镇上做些修建的活；女主人 28 岁左右，在家里照顾两个孩子上学。

访谈内容：如下。

勐景来的传说：勐景来是中缅第一寨，本寨现有人家 100 户，500 余人。我们的"勐"是地区的意思，在版纳，只有我们的寨子才有资格称为"勐"，其他所有的寨子都称为"曼"；"景来"是龙的影子。传说古代王子召树屯外出打猎，途中遇到一只金马鹿，王子奋力直追，一直追到我们寨子里来。王子离开后，人们发现田野中隐约有一条龙的影子，于是傣民每天在此守候，希望再次看到爱戴的王子，很久过去了，王子始终没有回来，于是大家就在这里建起村寨，取名为"景来"。勐景来以百塔林最为出名，百塔林在从我们寨门进来最显眼的大片草地上，至今还留存有 58 座，最高的 3 米多，最矮的也有 2 米，金灿灿的笋塔在阳光下相互辉映，显得庄严、典雅、和谐，代表着傣族人共存共荣、不把个体看得很高很重的观念。1082 年，傣王召祝拉翁为表彰 101 位高僧，修建了 101 座佛塔，金光闪闪的塔林充满祥和之气，造型特别像破土而出的竹笋，因此我们傣族人又称它们为"笋塔"，每座塔的塔顶悬挂一串铜质塔铃，清风徐来，叮当之声不绝于耳，仿佛梵音远至，又仿佛仙乐低吟。由于历史的原因，部分笋塔已经损坏，现存的 58 座是后来陆续修复的，这片塔林在南传上座部佛教徒心中的地位无比崇高，据老人家讲，最多的时候，曾经有 3 万名信徒同时来此朝拜，信徒有中国的，也有缅甸和泰国的。

开门节和关门节：傣历 9 月 15 日，关门节正式开始，这一天老人必须去佛寺拜佛，老人们身穿洁净的白衣，在寺庙住两夜，在此期间听佛爷诵经，礼拜佛像，和僧侣一起生活，早晨时寨里的人纷纷给佛爷、和尚和自家的老人送去饭菜。之后的 3 个月内，佛寺里都不升和尚，寨子里不能建新房，不能婚娶，不能远行，要求人们尽量抛开尘世琐事，一心向佛。开门节从傣历 12 月 15 日开始，这一天全寨人敲锣打鼓，互相干朵（"干朵"是傣语，悔过、忏悔的意思），人们把新缝制的袈裟送给僧侣，众僧人齐集缅寺，举行隆重的宗教仪式，接受信众的布施，自此之后，寺庙就可以升和尚了，人们也可以欢天喜地地办婚事、建新房了。

立寨门活动：我们寨门的牌匾由德高望重的西双版纳第一任州长召存信大爹题写，寨门位置的选择很慎重，要由最有威望的佛爷指定地点、朝向等，我们的寨门位置是由缅甸金龟寺最有威望的老佛爷亲自勘定的。我们的寨门建筑风格按照古代傣族王室的样式设计建造，庄重而有气质，高贵而不骄傲。立寨门之前，寨子里必须举行由当地老佛爷主持的大型祭祀活动，首先宰猪杀鸡，然后在佛爷的指挥下，村民们到村口备料竖门，削制木刀，编制象眼状竹牌，寨门竖好之后，将削好的木刀挂在门梁上，作为护寨的刀神，最后老佛爷面对寨门念上一段冗长的祭词，立寨门活动才宣告结束。

赶摆活动：这个是我们傣族的一种盛大、隆重的群众聚会活动。"摆"含有欢庆丰收、胜利的节日和宗教集会的意思，其内容非常丰富，是一个极重要的傣语概念。研究者参观了打洛江边的赶摆场，映入眼帘的是很大一片沙滩，细看有分成片区的痕迹，中央的洼地里摆放着三尊傣族少女沐浴的石像，栩栩如生，十分传神。主人介绍说赶摆的时候，村民们跳舞又唱歌，请亲朋好友一起喝酒庆祝。节日过后赶摆场就成为民间集市，村民们把自家的蔬菜、水果拿过来卖，买卖的人都是自己村里的人。熙熙攘攘的赶摆场热闹非凡，人来人往，左边一溜是摆水果的摊位，西瓜、香蕉、杧果都会摆在摊位上，右边一溜要摆放筒裙、短裤、凉鞋等用品，到时候，绚丽的色彩会把赶摆场渲染得欢乐又明快。

傣女沐浴：寄宿那家的大姐，穿着典型的傣族服饰，时刻裹着一条彩色的头巾。很能干，协助妈妈忙完厨房事务后，就会开着电动车到打洛镇上去买彩票。当问到关于傣族习俗时，她说起了前几天在河边看到的傣女沐浴的事情来。她说："小卜哨们与水朝夕相处，特别讲究卫生，在古代没有沐浴设施的年代，她们常会不约而同地到打洛江边共同沐浴，她们一般都是先在河边洗头发，而后将头发盘好，再一边往河里走一边把裙子往上裹，当水淹没到脖颈的时候，裙子就盘到了头上，沐浴时就能够避免'春光外泄'。大家一起沐浴，姑娘们会一边沐浴一边聊天说笑，共同享受这来自天地的宁静。不过我们傣族人在河边洗澡也有一定的忌讳，一般是和尚在上游沐浴，男人在中间河段沐浴，而女人只能在下游河段沐浴。"现今，傣族少女都很少到河边去沐浴了，原因是家里洗澡房的更新换代。傣女沐浴现在逐渐转变成了旅游开发的项目，作为宣传傣族水文化的载体，从这个意义上说，这个习俗还在继续传承。

【第九次访谈：1 人】

访谈时间：2009 年 12 月 4 日。

访谈地点：勐景来傣寨缅寺。

受访者资料：傣族人，男性，31 岁，曾任缅寺的大佛爷，对傣文化研究有造诣，能读写古傣文。

访谈内容：如下。

傣族文字：傣族是西双版纳各少数民族中唯一拥有自己文字的民族，傣文原出于古印度的巴利文，随南传上座部佛教的传入而被引进，它的出现主要是为了抄写经书和传播佛教文化，日积月累，通过不断的改进与创造，现在的傣文已走向成熟。傣文因使用地区和文字形式的不同，分为傣仂文（西双版纳傣文）、傣哪文（德宏傣文）、傣绷文和金平傣文（又称傣端文）4 种。傣仂文通用于云南省西双版纳傣族自治州及孟连等县的部分地区；傣哪文通用于云南省德宏傣族景颇族自治州的大部分地区及保山、腾冲、景东、景谷、临沧、沧源、双江、耿马、镇康等县的部分地区；傣绷文为德宏傣族景颇族自治州瑞丽市及澜沧等县的部分傣族所使用；金平傣文在云南省红河哈尼族彝族自治州金平县的傣族中使用。4 种傣文皆来自古印度字母系统，都是拼音文字，与泰文、缅文、柬埔寨文和老挝文同属一个体系。字序自左而右，行序自上而下。但形体、结构互有不同：傣仂文和傣绷文为圆形字母，傣哪文为方形字母，金平傣文方圆兼备，并有一些尖角形字母。

贝叶文化："贝叶经"的纸张是用棕榈科的贝叶棕的叶片制成的，要经过煮、晒、压等工序后，修理成长条形的书页状，再在两端打上圆孔，用绳子把若干张叶子串成册，就形成了一本无字的书。傣族佛爷们用特制的铁笔在贝叶上刻写傣文，刻写完毕，再用小桐子油拌上烟墨，在贝叶上反复刷，让烟墨渗透到刻写的痕迹中去，文字就清晰地显示出来了。经过以上工序制作出来的贝叶经，能防潮、防腐、防蛀，直到数百年后，字迹依然清晰如故，贝叶的纤维依然坚韧不易折断破损。贝叶经为傣族文化的传承、为佛教在傣族地区的传播起到了很大的作用。但是，贝叶文化并不是一种史前遗存的活化石，也不是考古性质的文物，世俗性、普遍性、全民性是它的基本特征，它是全民族范围内由家庭、社会和寺庙各方都传习的文化载体，其覆盖范围超出西双版纳，推及南亚、南亚次大陆地区，就是到现在，也依然有上亿人在传习和使用这种文化形态。

贝叶经传说：传说很久很久以前，一个傣族小伙子为了寻找光明，辞别他的未婚妻走向远方，临走时两人约定每天给对方写一封信，于是他俩把思念的话语刻在惯用的芭蕉叶上，由一只善飞的鹦鹉为他们传递。随着小伙子越走越远，芭蕉信尚未传到手中就枯萎了，字迹模糊难以辨认，两人为此发愁极了。小伙子在森林中边走边想办法，他不经意间看到一片棕榈树叶子，被虫子啃食后留下了清晰的痕迹，聪明的小伙子采下棕榈叶片来，把想要说的话刻在上面，无论经过多少天的传递，叶片上的文字都完好无损。于是，这种用贝叶棕刻写文字的方法便代代相传，从而形成了傣族博大精深的贝叶文化。

参观贝叶经文：村委会副主任在小和尚的协助下，从缅寺大殿一侧的藏经柜里提出一大捆贝叶经卷，他解开捆绑经卷的绳索，小心地取出一卷经文来，再解开系住经文的白线，将贝叶经展开成百叶窗式样（图12-1），让研究者参观，他边抚摸着土黄色的贝叶边说："在这一大捆中，分为历史、医药、佛教、文学等内容，其中以记载文学的经卷和佛经居多。我们傣族人的历史都记载在这些树叶上，这一卷共10页，是讲述傣族古代一位英雄的事迹的。"研究者接过经文仔细端详，树叶上工整地镌刻着的傣文，历经几十年、上百年的沧桑，依然十分清晰。研究者量了一下贝叶的尺寸，长约25厘米，宽约5厘米，每张贝叶的正反面都刻字，在最下端注明页码，防止排列错乱。若将贝叶分成三段，则在每两段的交界处各打一孔，用白线系住，防止遗落。研究者非常小心，生怕将经卷揉碎了，村委会副主任看出了这种担忧，将经卷接过去说："其实贝叶的纤维很细密，结实而有弹性，一般的外力是不会折断它的。"他将一页经文折了一下，然后用手捋平，再看时并没有断裂，只是留下了一条并不明显的痕迹，无伤观瞻。村委会副主任看见有一页经文并不是很清晰，他叫研究者跟随他走出缅寺，在花台上采了一片新鲜的树叶，将树叶揉碎后在贝叶上来回擦动，淡绿色的汁液渗进刻痕，字迹神奇地清晰起来，让研究者惊叹不已。村委会副主任递过来一支木笔头，等研究者接稳之后才放开手说："这是写贝叶经时要用的刻笔，笔尖锋利异常，最好不要用手抚摸。"仔细参观完毕，他找来一片未刻字的贝叶，当着研究者的面刻起经书来，动作、姿势与平常写字大不一样，刻痕却非常工整，字迹比较淡，但可以清楚地辨认出来。他说："等刻完一卷之后，用小桐子油擦拭刻痕，再行晾干，就形成了你手里拿着的那种经书，字迹活灵活现的，像打印的一样了。"

【第十次访谈：4人】

12月4日上午，研究者在缅寺申请了拍照，随后有幸参观到打铁师傅岩坎桑的打铁、造纸师傅岩敦来的造纸、制陶大妈玉坎叫的制陶、酿酒师傅岩温回的酿酒，以及傣族织布、傣族榨糖的手工艺制作过程，以下是部分访谈记录。

访谈时间：2009 年 12 月 4～6 日。

访谈地点：勐景来傣寨各傣家小作坊。

参观打铁坊：岩坎桑老博陶（老博陶是傣语，大伯的意思）的木楼在大路下方，他的房子前端做成敞式的前廊，给人以好客、大方、开放的感觉。研究者坐在天然劈成的木凳上，参观他制作傣刀的工序，从铁条到一把美观、锋利的佩刀，需要半天的时间（当然是批量制作，每次 3～5 把），电动机带动的砂轮下面，摆放着一些磨损的锄头、铁犁铧、镰刀、竹刀等生产工具。研究者询问道："老博陶，那些农具都是请你帮忙回炉的吗？"他叼着一支烟，和蔼地说："也不全是，现在打农具的人少了，都是用坏了就扔，现在啊，游客的需求更大一些，前几天一位艺术家定做一对傣刀，就忙活了两天呢！"研究者心里想，速度也太慢了吧！就指着炉旁的小刀说："就是那种刀？""哈哈，当然不是了。"老博陶转身上了木楼，一会儿工夫回来，手里多了一件"大家伙"："就这种，傣族武师在电视上表演所使用的刀，和我这个没什么差别。"研究者看见那刀鞘近 150 厘米长，就知道它的分量了，慎重地接过来，右手握紧刀柄一抽，只见一道青光逼入眼睛，整个刀身呈马刀形状，异常锋利，也异常顺手好使。岩坎桑老博陶可是一个好人，他代表了傣族人的普遍气质，好客的他，请研究者到木楼上去看电视、聊琐碎的家事，师傅说，以前打铁主要是为寨子服务，做各种生产工具，现在不需要了，主要是为游客制作傣刀；现在，敦实淳朴的他，流一分汗挣一分钱，从来不会因为一把小刀与游客讨价还价，原因在于价格本来就定得很便宜；最令研究者感动的是，他拉风箱时，告诉研究者怎样把握火苗的颜色；他翻动铁条时，告诉研究者何时可以取出锻造；他抡完铁锤还不忘记嘱咐必须回炉煅烧；然后再讲述何时淬火才最锋利……研究者越来越觉得，自己不期然地变成了他的高徒，那种宁愿将所有技艺倾囊相授的胸襟，是何等地开阔。傣族的铁艺在国内非常出名，傣刀作为傣族人古代工艺的代表，享誉国内外，从这一家铁匠铺不难看出其长盛不衰的原因。

参观造纸坊：岩敦来是一位清瘦的老人，他少言语，但很真诚。研究者抵达时，老人正猫着腰给小水池堵出口，他没有转头："傣族造纸术历史悠久，我们使用的材料叫'买洒'，翻译成汉话叫构树皮，先把买洒放在水中泡，然后用火煮烂，将煮烂的树皮锤碎，再细磨成汁。"他走到墙边，端起一个竹帘（造纸的主要工具）放在大水缸中浸水，他继续说："然后就将定量的树汁倒入这个竹帘，整理平整均匀，这完全靠手上的功夫啊！"他边说边将竹帘翻过来清洗网眼，又翻回去，待水池里的水漫过竹帘边沿的一半时，他关了水龙头，提来一桶锤细的木纤维，让研究者参观过后，将其倒入浸在水中的竹帘里，用一个小耙子不住地刨动，十分钟过后，所有的木纤维变得均匀而密集，研究者此时发现了老师傅最细心的一面，他的腰弓得更深了，几乎要贴到水面上，用手轻轻拈出杂物来。待做完之后又过了十分钟，老人取走了水池的塞子，水位缓慢地不断下降，直到竹帘完全暴露出来，老师傅端起竹帘出去了，研究者追出去看个究竟。原来他把竹帘斜靠在坝子边的阳光下暴晒，还专注地端详着竹帘里面的一切，研究者凑过头去，他说："在水池里必须要除掉杂色的树浆，否则做出来的纸就不纯净了。"研究者方才恍然大悟。他叫研究者下午再去，研究者下午如约前往，看见他正在亭子里裁纸，做成 16 开规格的本子整整齐齐地摆放着，上面标着一本两块钱。研究者询问他："老博陶，我们上午造的纸呢？"他从一只化肥口袋里取出一张大纸递过来，展开细看，纸张大约 40 厘米宽，100 厘米长，厚度比 A4 打印纸厚 3～4 倍，韧性特别好，不容易撕开，质地虽不免粗糙一点，但是很古朴、很白净。他看见研究者如此珍视这张纸，就停下活计走过来，用一个没有底的瓷碗在纸上摩挲，然后说："你没有看到这最后一道打磨的工序，在晾掉一些水分之后就用碗这样磨，来回磨……"研究者为这双巧手所深深地感动了，于是收藏了这张代表傣族人智慧与文明的傣纸。据他说，傣族人现在用纸习惯上分两种：缅寺里的经书不用抄，都用贝叶镌刻，叫作刻经；而家里面要写（如对联等）就用傣纸。两种方式各有各的优越性，一方面保存了傣文化，另一方面克服了贝叶书写的复杂工序。

参观制陶坊：玉坎叫大妈低着头，在专心致志地捶着一堆黏稠的土，她介绍说："这是西双版纳特有的油土，首先要用这个大木槌把土块捶细，要直到油土里没有颗粒为止。把油土用钢丝切刀切成一块一块的，放到圆形的转轮的平台上去。"她切下一块油土握在手里，走到两米处的转轮前坐下，掐下一块拍成饼状放在转轮平台的中央，做了一个碗底，用手滚动土块，变成长蛇状土条，将一头按在碗底土块边上，用脚慢慢蹬动转轮，泥条旋转而上，卷成了厚厚的碗壁。右手用一块碎布蘸上水放在泥条卷成的碗体上，左手转动转轮，3 分钟后，用小钢丝切刀切掉一部分碗边，使之整齐，用切刀在碗底上擦着平台切过去，一只漂亮的土碗就在她的妙手里成型了。她把碗送到晒场去暴晒，使其坚硬。随后她介绍自己的制陶坊："我的作坊在河边，是为了便于取水。作坊分为四块，第一块是长方形的制坯房，我们在那里捶土，车制碗、杯、罐子、坛子、花瓶等陶器坯子；第二块是晒场，必须要宽敞，要向阳，晒台要用竹子编成，通风好，还可以防雨水，因为它高出地面 1.5 米，突降暴雨时只需要搭上塑料纸就可以；第三块是成品间，房子里堆着大量的陶水罐，这是傣族人打水的必备工具，还有成套的陶杯、陶碗、陶盘、陶瓶、陶壶等。"研究者站在里面，立即想起了"投鼠忌器"的成语来，不要说追打老鼠了，就是走路都要异常小心，否则打破了这些宝贝，多可惜啊！她继续说："第四块是烧制窑，不在现场，是因为柴火稻草烧着后，烟雾会很大，烧制窑在河对面的旷地里。"研究者想一探究竟，玉坎叫大妈热心地带领走了五分钟，烧制窑很偏僻，也比较原始，土坎上挖出了圆形的窑坑，直径 2米，深度 1.5 米，有两个火门用于装入柴火，两个火门中间用火砖隔开，砖壁高15 厘米，把窑塘隔成两半，有意思的是，砖壁上留有几个槽，大妈说砖壁是用于支撑装入的半成品的，槽是保持两边恒温。大妈说："上窑时，从河对面工场里运送半成品过来，整齐地在窑里堆成两排，底部从火门装入干柴，在陶窑顶部覆盖厚厚的稻草，然后从下面的火门点火，上面的稻草烧过之后，形成一层厚厚的草灰，能起到恒温作用，下面不停地加柴薪，3～6 小时就烧成了。"研究者看见窑两边有厚厚的一层陶片和有裂纹的陶器，推测那是出炉时扔掉的废品，还不少呢。研究者从中选取了一个陶酒杯，作为研究的标本。

参观酿酒坊：听铁匠师傅说过，岩温回大爹是老缅（意为缅甸人），他的酿酒术也是从国外带来的。大爹很专注地做事，顾不上有客人造访，待将蒸甑从灶上整个取下后，才说："我这个叫吊干酒，第一步是筛选材料，去除杂质，使用的材料有两种：一种是水稻，要先煮熟后晒干；第二种是糯米，可以直接洗净晒干。第二步是将材料发酵，这一步需要自己制作酒曲，制作酒曲的工序一般是不外传的。第三步是蒸馏，获得香醇的白酒。"根据酒坊里展出的酒曲材料，需要 30 种草药经过一系列复杂的工序才能制成药饼，将药饼与稻谷一起蒸煮。显得黝黑的老师傅还告诉说：一般情况下，100 斤[①]稻谷只能酿出 50 斤米酒，过程需要 4～10 小时，酒精度可以达到 50°～60°，此酒还有一定的药用价值，可以止痛、润喉、去火等。

## （二）民族传承物/照片采集成果

在勐景来傣寨，研究者收集了傣纸 1 大张、傣锦 1 幅、傣族陶器 4 只、菩提树叶 1 束。采集到傣寨民居（图 12-3、图 12-9）、佛寺、手工艺现场表演、工农业生产工具、生活工具等照片。

图 12-9　傣族新式木楼

① 1 斤=0.5 千克。

### （三）实地观察/参与式观察成果

勐海县傣族农业呈现出以下发展态势：一方面，傣族的传统农业生产对象有所减少，但已经形成规模化生产模式，同时生产工具也由牛耕转换为农业机械化操作，生产效率大幅度提高，新型水稻、瓜果品种的引进，使农作物的产量翻了番，群众生活水平达到小康水平。养殖业、果树种植向偏远村寨缩减，稻谷生产向较大的坝区集中。另一方面，新型农业生产对象被大量引入，成为带来农业收入的主力军，有成千亩连片的橡胶林、香蕉林、普洱茶茶树林，橡胶是特殊农作物，香蕉是畅销的经济作物，茶叶是享誉国内外的名牌产品，这些成为傣族人民经济收入的第一个支柱。

傣族的服务业发达，主要竞争优势是生态旅游、住宿、民族美食方面。傣族的生态旅游源于本族人对生态环境的正确态度，他们不仅不愿意破坏身边的一草一木，还有意识地去栽种它们、美化它们，正因为如此，才保留着众多树龄超过千年的高榕树、菩提树、茶树王，成为国家级生态旅游景点。傣族的住宿十分方便，源于傣族人民敞开的心灵，每一个游客，只要你愿意就可以前往你喜欢的傣族人家住宿，他们从不把游客拒之门外，并会热情周到地迎接，所以"农家乐"在傣族地区十分普遍，同时服务的诉求与内地的"农家乐"全然不同，他们向游客展示的是开放的民族心态、葱翠的民族生态、宁静的村寨氛围、和谐的家庭文化，以及与人为善的待客之道，那是真正意义上的家的感觉，商业气息荡然无存。当然，在城市、乡镇里也有各种大大小小的宾馆，收费合理，整洁卫生，治安良好，体现了一个国际性旅游区的整体素质和风貌。

傣族的手工业发达，传统手工艺的经典项目有造纸业、制陶业、制糖业、酿酒业、冶铁业、纺织业、医药业、竹编业等。傣族人利用构树造纸的工艺和作坊至今保留，还有傣族师傅现场给参观者演示造纸的全过程，制陶、酿酒、冶铁、织布也是如此，不仅工艺流传了下来，工匠亦是众多，没有失传的迹象，研究者可以触摸制造古朴的陶窑、榨糖机、酒窖、傣刀、药典、竹刀、织机等。当然，这些民族工艺中，很大一部分产品都只是作为观赏之用，不再成为傣家生活的必需品，特别是织布、榨糖、制陶等已经被现代化工厂生产代替，但是古老的工艺却始终在一些寨子保存着，哪怕这种保护会花一些钱，傣族人民也是愿意的，可见他们对民族工艺的传承意识比较强。研究者对傣族人的智慧赞叹不已，对木制榨糖机进行了细致的拍照和绘图。

傣族的生活在傣楼、道路、收入、教育、饮食、服饰等方面，都发生了翻天覆地的变化。傣族的传统食品基本上没有受到破坏，主要源于西双版纳旅游业的繁荣，许多特色食品、特色菜肴都保存得非常完好，像虫宴、芭蕉包鱼、槟榔烤肉、糯米饭等饮食文化及吃法至今保持，且民族气息浓厚。研究者每次上傣家竹楼，都要把鞋脱在楼梯旁，换上鞋架上准备的拖鞋上楼；下楼的时候，又在楼梯口将拖鞋放回原处，换上自己的鞋子。研究者从中发现，傣族是一个讲究卫生的民族，也是一个有生活情趣的、细腻的民族，对于这一点，研究者不但不嫌麻烦，反而非常接受。

研究者对傣族在建的民居进行了研究，从干栏式建筑的木柱数量，到各楼层的用途、尺寸、布局、顶盖等都进行了细致的拍照和绘图。在改革开放之前的漫长岁月里，傣楼的建筑材料基本上是竹子，建筑物被称为竹楼，其建筑工艺别具一格，在中国建筑史上是一道特殊的风景线，但是由于西双版纳地区雨量丰沛，竹楼容易朽坏，使用寿命在 10 年左右，所以最终还是避免不了被淘汰的命运。改革开放后，傣族人民收入的逐渐增加，原木材料在全国各地的自由流通（还有缅甸进口限制的弱化），使得木楼的建筑样式得以普及，家家户户都修建起能使用 50 年的木楼建筑，傣族铁匠师傅岩坎桑告诉研究者，一座木楼的工期要看傣家人自己的意愿，要是邀请全寨的人来修建，1 周就可以完工，要是承包给工头，少则 15 天，多则 1 个月。他还告诉说：他家的傣楼修建于 1993 年，是全寨人来帮忙修建的，材料费只花了 50 元人民币。他转过身，指着一栋正在兴建的木楼对研究者说："你看那根 8 米长的房梁，现在购买得需要 1200 元呢！"当今，由于傣族人民步入小康社会，木楼也在迅速消失，一个又一个的傣寨建成了砖混结构的傣楼群，从远处望去，蓝砖绿瓦金碧辉煌，彰显出现代傣族民居的大气与傣族人民的富足。

在勐景来傣家寄宿，研究者发现傣族是多图腾的民族。他们信仰祖宗神，每家每户都把祖宗神供奉在当家人的卧室墙上，外人很难得见，研究者寄宿三天中，除了自己的客房、放置电视的大厅敞开外，内室的门总是紧闭着，不可能看见里面的一切。傣族人把白象、金马鹿、绿孔雀视为吉祥物，加以歌颂和热爱。在勐景来缅寺、曼垒大佛寺，都能看见寺庙墙面上镶嵌着美丽的绿孔雀图腾，而大厅里都供奉着释迦牟尼佛。在景洪广场上，就有三座庞大的石象雕塑。

傣族信仰释迦牟尼佛，在勐景来寨的缅寺里，研究者看见一尊塑造精美、生动活现的佛祖造像，傣族人民告诉研究者说："当本寨需要供奉古代佛像的时候，我们会不远千里前往泰国、印度去请佛像，和对方沟通后，他们都会满足我们的愿心，事实上我们经常与国外宗教界交流，他们也经常到百塔林来朝拜，你知道百塔林就在我们家里，哈哈哈！"每到傣历年，傣族人都要聚众浴佛，场面非常隆重；寨子里有大事小事，也会到缅寺里做法事。在勐景来傣寨考察的第二天，早上九点左右，研究者看见各家女主人提着篮子往寨门那边去了（从寨门进来就是佛寺），女主人说那是关门节即将结束的佛事聚会。我们前往寺庙，看见二十几个女主人都包着头巾，穿戴典型的民族服饰，正在用傣语议事，地点是在佛寺大殿前门外的回廊里（傣民议事不能到佛殿中去，那样会打扰佛的清净，就算是有全民族的大事件需要佛爷们共同决策，也必须在大殿之外，这是千年不变的传统）。这让研究者想起了景真八角亭，此亭便是古代傣族商议大型事件的会议厅，也修建在佛寺对面 50 米远的地方。回廊里设置了桌子，村委会主任、村委会副主任亲自坐镇，各家的主人纷纷捐出钱物。所有傣族人对捐钱修建佛寺、举办佛事是非常积极的，也是自愿的，除了大家商议的捐赠下限之外，富裕的人家还可以另外捐一笔钱，家庭不宽裕的就只需要捐下限规定的数额。当天举办的活动属于一般活动，所以捐款数额自定，一个女主人捐了 8 张一元的人民币，另一个女主人捐了 5 张 10 元的人民币。回廊里挂着长条形的树叶和傣纸等，女主人告知："那上面写的是傣泐文，记载着傣族的历史、文学、天文、历法、医药等信息，其中长条形的树叶叫贝叶经，那是造纸术产生之前记载文字的天然纸张。"佛爷打开贝叶经，每张树叶正反面各刻着五行文字，显得工整而古色古香，研究者不禁联想起汉族人的竹简来。佛寺一侧的草坪上竖着一根 20 米高的竹竿，那是佛事活动的产物，前几天还有长长的彩色幡带从竿顶连到寺庙、僧舍等的屋脊上，五彩缤纷。昨天已经取下，下午之前竹竿也将撤去，表示关门节活动结束，到时候佛爷会亲自参加这个仪式。晚上采访回来经过寺庙时，竹竿和幡带已经撤去，只见到佛塔、藏经阁、寺门、菩提树下都点上了蜡烛灯，星星点点地亮着，让寺庙显得并不寂寞。

最令研究者不可思议的事情，就是跟随傣家男主人去打洛江猎鱼。主人背上 20 多斤重的电瓶捕鱼器，研究者跟随其后，什么东西都没有带还赶不上他的步子，这都是在长期的生产劳动中练就的本领。从中缅 229 界碑下水，客人就为过河而战战兢兢、进退维谷，等磨蹭着终于到了对岸，才发现男主人已经坐在石头上抽完一根烟，他看见客人打湿的裤管，眼神中有些疑惑的意思。随后我们就在缅甸一边的河岸下行了四五千米，凡是遇到过河的地方，他就会主动搀着客人的手臂，还提醒说："当心脚下的青苔滑倒！"随着接触的加深，研究者主动告知自己从来没有踏上过异国土地，现在踩在缅甸的土地上，是有些不适应啊。主人笑呵呵地一边捕鱼一边说："来多了就没什么两样了，就像在国内一样啦！勐景来以前是有领土争议的，后来周总理与缅甸总理解决了分歧。"回寨子的路上，主人看见研究者体力严重透支，拖着双腿，很吃力的样子，就逗趣说："想不想当姑爷嘛？我给你做媒，把你嫁给我们寨子的烧多哩！"研究者吃了一惊，怀疑自己是不是听错了，于是加快脚步赶上去问："我嫁给烧多哩，不会是这样吧？"男主人扶着一棵擎天的橡胶树，也是一脸的诧异："难道你不知道，我们这里的傣族人都是男嫁女，结婚之后到女方家过一辈子吗？"这一次，研究者真的感受到了西双版纳风俗的博大精深，说实在话，研究者所属的华坪县傣族真的没有这种婚俗，研究者拨弄着挂在树上的橡胶瓶，若有所思。主人提醒说："别弄洒了，别看这橡胶液还挺值钱呢，十七八块一公斤！"研究者回头看着望不到边的橡胶瓶，思忖着"猫多哩出嫁"的场景，悠悠然像在梦境中。

### （四）打洛镇傣族价值传承与变迁总结

根据访谈笔录内容分析的结果（表 12-4），打洛镇傣族价值传承规律总结如下：

第一，在民族意识维度上，打洛镇傣族对自己的族称、信仰、历史、风俗习惯、物质文化等表现出高度的认同度，本族心理保持传统性，同时融入对国家、世界的友好情感，保持了傣族人与人为善、和谐共生的价值观体系。

第二，在族间关系维度上，打洛镇傣族由于地域条件特殊，族与族的关系从国内延伸至缅甸、泰国，或者更远的印度地区，其族间经济、政治、文化交流呈现出繁荣的态势，族间关系上升到一个更高的层面，发扬互信、互利互惠、互相学习、共同进步的族际理念。

第三，在族国关系维度上，打洛镇由于特殊的历史原因，对周恩来总理拥有特殊的感情，对国家政策拥护，对维护边疆稳定与繁荣做出了巨大的贡献。

第四，在本族发展维度上，打洛镇傣族经济繁荣，民族政治稳定，民族文化保存完好，民族教育具有自己的特色，处理民族关系拥有独到的视野和经验体系。

第五，在民族文化传承与变迁趋势上，总体而言，打洛镇傣族文化传承多于变迁。他们对民族文化的保护意识很强，一些傣族特有的冶铁、织锦、榨糖、制陶、酿酒、造纸等工艺，以及木楼建筑样式、赶摆、渔猎、饮食、宗教礼仪等，都采用村寨集体保护的形式得以突围，成为现代傣族文化传承与旅游观光的亮丽风景线。

表 12-4　打洛镇傣族价值传承内容分析

| 类目 | 分析单元 |
| --- | --- |
| 民族意识 | 傣文原出于古印度的巴利文，随南传上座部佛教的传入而被引进；傣仂文始用于 13 世纪；我们傣族人的历史都记载在贝叶经上；我们的"勐"是地区的意思，"景来"是龙的影子；百塔林代表着傣族人共存共荣、不把个体看得很高很重的观念；关门节老人必须去佛寺拜佛；寨门牌匾由州长召存信大爹题写；"摆"含有欢庆丰收、胜利的节日和宗教集会的意思，是极重要的傣语概念；傣族人在河边洗澡有一定的忌讳；我们会前往泰国、印度去请佛像；这里的傣族人都是男嫁女 |
| 族间关系 | 我们经常与国外宗教界交流；（缅甸）就像在国内一个样 |
| 族国关系 | 我们以自己作为中国人而骄傲；我们爱自己的国家，拥护政府的政策 |
| 本族发展 | 橡胶液挺值钱，十七八块一公斤；一个女主人捐了 8 张一元的人民币，另一个女主人捐了 5 张 10 元的人民币；8 米长的房梁，现在购买得需要 1200 元；傣楼群蓝砖绿瓦金碧辉煌，彰显出现代傣族民居的大气与傣族人民的富足 |
| 民族文化传承 | （百塔林）曾有 3 万名信徒同时来此朝拜，信徒有中国的，也有缅甸和泰国的；傣族妇女时刻裹着头巾；贝叶经为傣族文化的传承、为佛教在傣族地区的传播起到了很大的作用；傣族武师在电视上表演所使用的刀，和我这个没什么差别；以前打铁主要是为寨子服务，做各种生产工具，现在不需要了，主要是为游客制作傣刀；缅寺里的经书不用抄，都用贝叶镌刻，叫作刻经；而家里面要写（如对联等）就是用傣纸，两种方式各有各的优越性，都保存了傣文化；一只漂亮的土碗就在她的妙手里成型了；材料发酵需要自己制作酒曲；保留着众多树龄超过千年的高榕树、菩提树、茶树王；上傣家竹楼都要把鞋脱在楼梯旁；不仅工艺流传了下来，工匠亦是众多，没有失传的迹象；他们对民族工艺的传承意识比较强；傣族的传统食品基本上没有受到破坏；寨子里有大事小事，也会到缅寺里做法事；所有傣族人对捐钱修建佛寺、举办佛事是非常积极的，也是自愿的 |
| 民族文化变迁 | 部分笋塔已经损坏，现存的 58 座是后来陆续修复的；现今，傣族少女都很少到河边去沐浴了，原因是家里洗澡房的更新换代；傣女沐浴逐渐转变为旅游项目；竹楼容易朽坏，使用寿命在 10 年左右，所以最终还是避免不了被淘汰的命运；木楼在迅速消失；傣族的传统农业生产对象有所减少 |

## 第三节　华坪县傣族田野考察报告

### 一、船房乡高桥、苍房傣寨考察报告

船房乡位于华坪县城东北部，乡政府所在地距县城 52 千米。全乡总面积为 173.6 平方千米，辖船房、华荣、灰窝、嘎苴 4 个村民委员会、78 个村民小组。2007 年末，全乡总人口 10 056 人，少数民族人口 3101 人，占总人口的 30.8%，傣族人

近 1000 人，是县内典型的少数民族乡。

傣族人主要聚居在乌木河流域，古代也是从乌木河下游迁徙上来的。这里的傣族聚居点主要有两片，第一片是以船房大桥为横坐标轴，以乌木河为纵坐标轴，上下 1 千米的范围，包括高桥傣寨、白家碾坊傣寨，改革开放后，高桥傣寨改编为船房 14 队，白家碾坊傣寨改编为船房 15 队，一共有 400 人左右；第二片是华荣河下游与胡家半坡、狮子山尾脉围成的区域，面积在 20 平方千米左右，包括苍房傣寨、黄家松林傣寨，改革开放后，苍房傣寨被编入华荣 7 队，黄家松林傣寨被编入华荣 6 队，共 600 人左右，相比船房两傣寨，华荣片区比较平坦，每年的气温也要凉爽 4~6℃。

（一）访谈成果

【第十一次访谈：2 人】

从 12 月 8 日开始，研究者深入苍房傣寨、高桥傣寨进行田野考察，对当地傣族人生活的各方面进行了详细的记录和分析，并与西双版纳傣族的文化传承进行比较，得出了截然不同的研究结果。

访谈时间：2009 年 12 月 8 日。

访谈地点：高桥傣寨，傣家土楼。

受访者资料：两位都是傣族人，男性。第一位 55 岁，公务员，与 19 岁的女儿相依为命，是高桥傣寨最有知识、最有见识的智者；第二位 48 岁，酿酒厂厂长，创业先锋，年轻时曾走南闯北，见识丰富，曾做过瓷厂学徒、水果远程供货商、酿酒师傅、调酒师。

访谈内容：如下。

当地傣族来源：我们自己说不清楚是从哪里来的，古书都被烧毁了。20 世纪 80 年代，有民族工作考察队从省上下来，我（第一位傣族人——笔者注）负责做向导，有机会了解到考察的主要成果。那次考察结果表明：我们来自西双版纳地区，但是迁徙的路线却是迂回、艰险的，先迁徙到四川省攀枝花市惠民村、永兴村一带聚居，永兴村一带俗称小江西，所以傣族人只知道我们从江西迁过来，却很少有人知道是这个小江西，常常误解成江西省，哈哈哈。小江西离我们这里很近的，大概 50 千米左右吧，距离虽不远，却归两个不同的省份管辖。

民族区别：这个话题，我们傣族是绝不含糊的，第一看你会不会说傣语；第二看你家里香火上有没有苑苑，没有那种苑苑的就不是傣族；第三看你家种没种葹工菜。傣语主要是老人身口相传，我们这里很早以前就没有什么寺庙和僧侣，如果这里的不会说了，就从其他地方娶过来傣族人，把傣语接续上。香火上的苑莌可是我们傣族的传家宝，家家都有，但只是放在墙上，并不拿出来看，也不向它跪拜，它只是一个束之高阁的东西，一种识别的符号而已。莌工菜这个植物是非常奇怪的，本地人绝对没有这个东西，相传是我们祖宗从开始迁徙的地方带来的，祖先们走到一个地方，先住下来，在地里撒下莌工菜种，如果长势茂盛，就在那里长住下去，不然就再次迁走，这个莌工菜是一种低矮的小灌木，树茎小，但是一旦栽种成活了，就能经过 100 年后才会死，也许要弄清楚我们的祖宗从哪里来，最好的证据就是这莌工菜了。

傣族文化传承：现在来看，傣族人的文字已经完全失传了，语言还有少部分人会讲，高桥傣寨还有二十几个人会讲傣语，白家碾坊傣寨人数要少一点，他们都是很少离开家的那部分人，经常外出的人都不会讲了。迁过来的傣族是五族人："刀"姓是首领，是迁徙的带领者；"李""田""蔡""白"姓是百姓，族内大事听从"刀"姓的领导。随着大杂居局面的形成，傣族姓氏发生了变化，"刀"姓现在大多改姓"杨"，"蔡"姓现在大多改姓"叶"，这不能不说是傣族文化流失的铁证啊。我们很早就没有寺庙、僧侣，我们的经书在长途迁徙和战乱中被烧毁了，我们的民族服饰、语言、饮食文化被汉人同化了，我们的民族节日也失传了，民族特色手工艺也没有了。我们只有在种植、养殖业领域还有一些微弱的傣文化影子，如普遍种植甘蔗、大家都喜欢养猪等。所谓的水文化，被山地、沟谷的自然环境吞没了，所以我们这里的傣族人，虽然不像某些本地民族那么彪悍，但是从外显的一面说，完全没有了温柔、恬静的特点和甜歌、慢舞的情致，当然，骨子里的阴柔、祥和、与人为善特质却一直未变。一个民族，千万不能丢失传统，包括语言文字、历史书籍、宗教教育、血统、节日婚丧仪式、聚居形态，否则，后人最终将会完全失忆，悲剧的产生是不可避免的。

【第十二次访谈：2 个人】

访谈时间：2009 年 12 月 10 日。

访谈地点：苍房傣寨，傣家土楼。

受访者资料：两位均是傣族人，女性。第一位 80 岁，是土生土长的傣族人，保留着原来的族姓"蔡"姓；第二位 57 岁，土生土长的傣族人，族姓已改为"叶"姓。

访谈内容：如下。

民族来源：我们族不是土著民族，是在某一个时期搬迁到此地的，但是没有书籍记载。只是在很小时起，就听父母说我们是"摆夷"，从"江西"搬过来的，当时有好几个姓，"刀"姓人是我们的首领。我们也不知道"摆夷"是什么。中华人民共和国成立后有省上的民族工作考察队来考察，就把我们华容、船房河边几个队的"摆夷"定为"傣族"，当时使用了简化字，写为"亻"加"太"，本来是"傣"字的简体，但是很多人文化不高，就都读为"tài"。

民族文化变迁：书籍、文字似乎是一直就没有的，也许是因为在迁徙过程中，各种战乱等外力毁掉了吧；佛寺和和尚是绝对没有的；竹楼也没听说过，我们很早以前就住土楼；火葬没听说过，我们都采用土葬；我们这几个寨子从不过泼水节，不过我们的亲戚，也就是永胜县的傣族却是要过这个节日的，可能是我们这里人数太少了，慢慢地就退化了吧。语言倒是有的，在我们这一辈的人，都会说傣语，像称呼"米陶""博陶"等，和西双版纳一样，从这个角度说，我们是同一根源。下一辈的人都不会说傣语了，他们觉得出去和外族的人无法交流，所以对傣语没有什么学习兴趣。虽然说这里的傣语已被汉化得面目全非，但是我们仍然有一些东西至今不变：第一是我们喜欢住在河谷地带，讲究卫生，喜欢洗澡，喜欢水，男人们喜欢到河里去捞鱼捞虾，而不常到山上去打猎；第二是我们族的人喜欢养猪、鸡，种植甜甘蔗等作物，这种习惯性的偏好反映出，我们与西双版纳的傣族是同根同源的；第三，我们族仍然遗留着一些禁忌，比如，不允许在家里吹口哨，认为那样会把鬼引进家来。如果可以猜测的话，也许我们本就是汉傣吧，很多习俗与汉族相似，而与水傣、花腰傣一直有区别，不过这是猜测了。

民族特征消失的原因：我们认为，首先是地方史志不给予记载，各个时代的华坪县史都没有我们族的记载，他们甚至不知道我们从哪里来，什么时候搬过来的，可见那时汉族文明是很忽视我们的存在的；其次，我们认为千里迁徙，肯定当时发生了大事情，了解西双版纳傣族的人都知道，傣族社会是不容易分裂的，我们很少怀疑内部分裂导致了迁徙，更倾向于推断为外族的入侵，既然连书籍都没有能够保住，那一定是溃败得很凄惨，伤亡很惨重；我们还猜想，可能不只迁徙过一个地方，在这一路上的生存环境都很恶劣，民族战争频仍，也许我们的书籍就是在一次又一次的"战争—迁徙—战争—迁徙"中遗失殆尽的。

本族发展：我们这里的傣族，文化水平普遍较低，在政府里任职的人很少。农作物和牲畜倒是有优越性，我们种的菜很鲜嫩，我们种的甘蔗很甜美，我们养的水牛又肥又壮，我们种的水稻米质很优良。傣族男人们都普遍有手艺，开车的、养鱼的、养猪的、酿酒的都有，女人从事养殖、种植业都是有经验的好手，但是我们依然和周围的人一样穷困。本地人穷困的原因，第一是工业都集中在县城，对乡下物价没有任何改变，农产品便宜得没法卖；第二是当地政府工作效率不高，好多年前开始在乌木河上修一座桥，到现在才修了一半，还是过不了；第三是生存空间很狭窄，大家住在山高谷深的地方，土地本来就较少，可是还要超生小孩，使得人均土地更少，又不负责任地去教育孩子。现在觉得最有希望的是新农村建设，党和国家帮助我们实现了村村通公路，补助经费给各家修建石灰房；其次是国家对孩子上学的免费；最后是国家对农业税的取消，这三点是我们傣族人最感谢国家的事情。

对未来的担忧：由于语言的快速消失，以及随着老人们的去世，将来要想求证我们族的来源和历史，将会变得相当困难。

### （二）实地观察/参与式观察成果

由于采访对象都是研究者的亲朋，所以访谈很成功。研究者深入细致地探寻了华坪县傣族的由来，观看了葩工菜、傣家香火上供奉的苑形物、傣家土楼的建筑风格、傣家风味菜肴等。

此外，研究者还用照相机拍摄了华坪县傣族的穿着、民居及各种生活场景等的照片。

### （三）华坪县高桥、苍房傣族价值传承与变迁总结

根据访谈笔录内容分析的结果（表12-5），华坪县傣族价值传承规律总结如下：

第一，在民族意识维度上，华坪县傣族保存着对自己族称的清醒认识，保存着一套与其他民族区分开来的标志体系，对自己的历史、来源、传统、信仰等认识不清晰。

第二，在族间关系维度上，华坪县傣族对其他民族的态度继承傣族传统，以与人为善、和谐共生、温柔宁静作为自己的族际交往准则。由于横断山区居住着一些游牧民族，同时一些民族生存环境极端恶劣，一些民族生活极端封闭，汉族文化处于极端强势地位，所以族际关系总是冲突频仍。与周围民族的族际心理相比，华坪县傣族的族际关系处于领先地位。

第三，在族国关系维度上，华坪县傣族支持、拥护国家政策，对地方政府的作为表现出较大的容忍度，从西部大开发和本地区工业化进程中受益有限，对为国家教育和培养人才的态度很积极，与西双版纳傣族形成鲜明对比。

第四，在本族发展维度上，华坪县傣族对民族、国家现代化的认识非常深刻，适应了现代经济竞争的环境，在各条战线上涌现出一批优秀人才，共同参与本地区工业化进程。但是，村寨离经济中心区遥远，受到的辐射微弱，从国家、民族现代化进程中受益很少。

第五，在民族文化传承与变迁趋势上，民族文化变迁多于传承。书籍文字、宗教信仰、节日风俗丧失殆尽。如今，傣族语言正在渐渐消亡，姓氏正在悄悄转宗，村寨文化正在解体。只有独特的民族心理素质，依然顽强地持续着，与遥远的传统保持着微弱的联系。

**表 12-5　高桥、苍房傣族价值传承内容分析**

| 类目 | 分析单元 |
| --- | --- |
| 民族意识 | 我们的古书都被烧毁了；我们族不是土著民族，是在某一个时期搬迁到此地的，但是又没有书籍记载；父母说我们是"摆夷"，从"江西"搬过来的；我们来自西双版纳地区；我们从说傣话、香火上的苑苑、菌工菜判断是不是傣族人；我们是傣族人的最好的证据就是菌工菜；迁过来的傣族是五族人；书籍、文字似乎是一直没有；佛寺和和尚是绝对没有的；我们这两个寨子从不过泼水节 |
| 族间关系 | 汉族文明是很忽视我们的存在的；民族战争频仍 |
| 族国关系 | 当地政府工作效率不高；党和国家帮助我们实现了村村通公路、补助经费给各家修建石灰房，国家对孩子上学的免费，对农业税的取消，这三点是我们傣族人最感谢国家的事情 |
| 本族发展 | 这里的傣族，文化水平普遍较低，在政府里任职的人很少；我们种的菜很鲜嫩，我们种的甘蔗很甜美，我们养的水牛又肥又壮，我们种的水稻米质很优良；傣族男人普遍有手艺；我们依然和周围的人一样穷困；农产品便宜得没法卖 |
| 民族文化传承 | 种植、养殖业领域还有一些微弱的傣族文化影子；温柔、祥和、与人为善的特质一直未变；永胜县的傣族要过泼水节；我们这一辈的人，都会说傣语；我们喜欢住在河谷地带，讲究卫生，喜欢洗澡，喜欢水；我们族仍遗留着一些禁忌 |
| 民族文化变迁 | 傣族人的文字已经完全失传了，语言还有少部分人会讲，高桥傣寨还有二十几个人会讲傣语；傣族姓氏发生了变化，"刀"姓现在大多改姓"杨"，"蔡"姓现在大多改姓"叶"；民族服饰、语言、饮食文化被汉人同化了，我们的民族节日也失传了，民族特色手工艺也没有了；我们没有了温柔、恬静的特点和甜歌、慢舞的情致；没听说过竹楼，我们很早以前就住土楼；没听说过火葬，我们都采用土葬；下一辈的人都不会说傣语了；由于语言的快速消失，以及随着老人们的去世，将来要想求证我们族的来源和历史，将会变得相当困难 |

## 二、西双版纳傣族与华坪县傣族价值传承对比分析

从总体上来说，西双版纳傣族文化传承多于变迁，保持了与传统的连续性，在现代剧烈的文化碰撞与冲突中逐渐突围出来，逐步形成全新的傣族精神面貌和价值建构。华坪县傣族文化变迁多于传承，表现出与传统的断层特征，在剧烈的现代文化碰撞与冲突中走向消亡，逐渐与周围各民族实现大融合。两地区傣族价值观对比分析如下。

### （一）民族意识强弱对比明显

西双版纳傣族的民族意识很强，主要体现为他们对族体、历史、信仰、自我

等观念的意识与古代传统的继承性。他们对族称、历史、自我诸方面具有鲜明的"集体固着"或"傣族情结"。虽然他们居住在旅游业发达地区,更容易与外来文化发生碰撞,但是他们依然保留了纯正的民族气质。华坪县傣族只保留着对族称、语言、自我的明确意识,对民族来源、历史、信仰等方面的认识都不清楚。

研究者认为,西双版纳傣族的民族意识得以继承的原因在于:

(1)佛教文化体系的顽强性,它无时无处不在宣誓自己的存在,已经深植于傣族人民的骨髓,其价值语汇是"释迦牟尼佛是最有价值的,必须坚持"。

(2)傣族人的趋同性心理素质,促使他们尽最大努力求同去异,以至在饮食、服饰、语言、风俗等所有方面,都以相同为光荣,以标新立异为耻辱,其价值语汇是"大家都一样才是最有价值的"。

(3)"恋家乡"情结、"拉绳仪式"充分透视出傣族人有一根强大的红线,大家在趋同心理机制的作用下,都不会踏出红线,而长期固守在圈定的价值体系里获得安全感和存在性,其价值语汇是"踏出去是会被大家抛弃的"。

(4)在西双版纳所有民族中,傣族处于主体民族的地位,具有更强大的族体意识和族体向心力,这基于当地傣族人拥有灿烂的过去和富裕的今天。

## (二)族际交往观念一致:和谐与共生

两地傣族对其他民族的态度继承傣族古老传统,以与人为善、和谐共生、温柔宁静作为自己的族际交往准则。重视与其他民族的关系,没有民族歧视,对其他民族友善、和睦,少争斗,不存在族与族、寨子内部的激烈矛盾纷争。

特别是,打洛镇傣族由于地域条件特殊,族与族的关系从国内延伸至缅甸、泰国,甚至更远的印度地区,其族间经济、政治、文化交流呈现出繁荣的态势,族间关系上升到互信、互利互惠、互相学习、共同进步的层面。在横断山区(华坪县),虽然生存环境极端恶劣,族际冲突难以避免,但华坪县傣族却依然秉持着傣族与世无争的传统,对其他民族给予了较大的包容,维护了本地区的稳定,这是难能可贵的。

## (三)族国价值观念接近:高度认同感

两地傣族能认识到国家利益高于本族利益,涉及取舍的时候,总是放弃本民族利益,以国家利益为重,体现出报效祖国、拥护党的领导的爱国主义情怀。他们理智地处理与政府的关系,不会与政府工作人员发生冲突,对于重大的分歧采用协商、调解等比较温和的手段,对政府管理给予协助和支持。

特别是，西双版纳傣族实际存在着宗教管理体系和政府管理体系，值得学习的是，宗教团体与政府部门保持着一种良性互动关系，共同为地方经济文化发展做出贡献。宗教团体和傣族群众对国家政策拥护，对地方政府的作为表现出较大的容忍度，对维护边疆稳定与繁荣做出了巨大的贡献。

### （四）民族发展各具优势，体现互补性

西双版纳傣族发展取得了很大的成效，傣族经济繁荣，生活富裕，在交通工具、房屋、服装制作工艺、道路、旅游服务等方面都实现了更新换代。西双版纳傣族对传统文化的保护意识强，文化、传统、风俗等的保存多于变化，保持了完整的傣族特征，他们认为保存本族典籍、修房建屋、赕佛是有价值的。他们十分重视生态环境的保护，无论城市还是乡村，都禁止破坏植被、森林，禁止污染河流、水源，真正做到了人与自然和谐相处。不足之处在于，他们普遍恋家乡，不愿走出村寨去寻求更多、更大的发展机会，同时对教育的认识存在不足。

华坪县傣族参与了现代工业化进程，但村寨离经济中心区遥远，受到的辐射微弱，村寨傣族收入来源狭窄，农业、手工业产品价格低廉，收入微薄，经济生活并不富裕。他们对教育的重视程度高，为祖国建设培养出了一批优秀的人才；他们愿意走出村寨，到外面的世界去创造、寻求更多的发展机会；他们主动参与地方建设，由于地处并不是最偏远的河谷地段，属于山区的外围，是带领各少数民族走向现代化的先遣队。

# 第十三章

# 结 语

　　在中华民族的大家庭中，以云贵高原为中心的西南地区素以民族成分众多、民族关系和睦、民族文化多姿多彩而著称。本书研究综合运用了文献法、访谈法、问卷法、投射法、田野考察法等多种方法，对西南民族文化价值观及其价值传承进行了系统而深入的研究。整个研究期间，研究者足迹遍及西南地区，主要以各少数民族民众为研究对象，包括少数民族聚集区、杂居区及散居区，调查取样逾万，自编了一系列专门针对西南少数民族的价值观量表，并对一些选点进行了蹲点式实地考察。本书的研究结果表明，整体而言，以经济变革为主导，西南民族文化价值传承在这个快速发展的时代呈现出良好的态势，其中西南少数民族的祖国价值观和民族价值观仍保持着多年来的积极面貌，宗教价值观、婚育价值观和经济价值观则出现了较为快速的积极变化，但教育价值观的变化还跟不上时代发展的步伐。

　　是生存发展，还是固守文化？这是很多少数民族可能在现代化过程中面临的两难选择。而少数民族的发展，不仅取决于少数民族自己的态度，也受制于主流民族的态度。本书发现，在西南地区，无论是各少数民族还是汉族，总的来说都具有积极的民族文化价值观，这对于民族文化的保护和传承是一个积极的信号。实际上，中华人民共和国成立后，我国一直秉持着各民族共同繁荣的民族政策。"发展"一直是政府的主要取向。在现代化过程中，使各民族共存共荣，既能尽量保留自己希望保留的传统，又能分享现代化带来的高质量的生活。或许这个世界仍可做出多样选择，但唯一无法选择的是生身父母及出生地。西南地区各民族发展各具优势，千百年来各民族展现出生生不息的强大生命力，民族文化为各民族应对生存环境挑战提供了文化支撑。某些文化形式，某些陈规陋习，某些对人的尊严、价值进行否定的条条框框，终究要被淘汰。但民族乐天吃苦、重义诚实、团结和睦的精神，民族真善美追求的文化形式及其承载体，则是培育各民族成为自尊、自信、自立、自强的幸福进取者的源泉和动力。从这个意义上说，民族文化的首要价值在于提供了整个民族赖以生存的文化基础，并为其提供精神家园和安身立命之所。

民族文化是确认民族独立身份的主要标志。一个令人遗憾的现实是，现在对民族文化价值的评价，更多的是着眼于其对经济的效用，尤其是其旅游价值。当然应该承认民族文化具有重要的经济价值，但民族文化更重要的是还有许多文化本身所特有的、相对独立的潜在的、隐性的和间接价值。保护和传承民族文化是为了更好地增强民族的凝聚力和归属感，这对一个国家或一个民族至关重要。民族文化的价值特征决定了不同利益群体的参与，进而涉及不同利益目标对民族文化的不同关注和投入，进而涉及不同的利益冲突和矛盾。了解这些不同群体的冲突性和一致性，是建立和谐的民族文化的价值评判体系的出发点和关键点。在现实条件下，民族文化的保护不应该为"保护"而"保护"，也就是片面强调保护思想。片面强调保护民族文化只能导致民族文化的退化和止步不前、故步自封。当然，片面强调经济效益也是不可取的。正确的做法应该是，既要确保民族文化的保护，使民族文化的文化价值得以实现，也要使其经济效益得以实现，因为二者是互相促进的。必须要指出的是，文化间的竞争是很激烈的，在目前的主流文化压力下，一种文化赖以存在的竞争力在于其能够培养人文、技术、商业等精英群体，使这些群体成为文化内的既得利益群体，强大到足以将优秀的文化形态发扬光大。

文化的延续是一个传承问题，是价值观从一代传递给一代，甚至可以具体到从个体到个体的过程。民族文化价值观能否传承？如何传承？一些人类学家主张通过人种学在民族文化消失之前抢救民族地区的知识和习俗，一些生物学家主张收集濒临灭绝物种的遗传基因。这种方法可能保留了本土价值观相关的信息，但不是本土价值观本身。价值观是共同生活在一种文化的社会群体的表达，社会群体为保存种族而居住的文化栖息地。根据目前的社会化理论，代际传承是一个复杂的过程，它不是以直接的方式传承，而是在某些具体条件下，有一些因素或推动或阻碍此过程的传递。本书的一个重要目的是考察有哪些因素影响从父母到孩子的民族文化价值观的传递。同时本书也考察了养育方式、亲子关系、个体变量等对民族文化价值观的传承的影响。自改革开放以来，随着经济的发展，加之受外来文化的影响，西南民族文化发生了很大的改变，从而带来了人们价值观的变化，而这种变化更明显地表现在青少年身上。从心理学视角看，在民族文化的变迁过程中，考察什么因素能影响民族文化价值观的传承，显得尤为重要。本书研究结果显示，民族文化价值观从父母到孩子的直接传承是微弱的，而且只限于部分民族文化价值观维度。我们所处的社会正在发生巨大改变，孩子们的知识更多地源于外部世界，这种结果是可以理解的。本书也显示了养育方式和亲子关系等对青少年的价值观有强烈的影响。那些拥有温暖的养育方式和亲密的亲子关系的父母更可能鼓励孩子重视民族文化的传承。尽管对于女孩和男孩来讲，该影响都是存在的，但实际上对于女孩来讲，这种影响更为强烈。同时对于有些文化价值观维度，本书还发现了缓适效应。本书的研究结果证实了民族文化价值观传承过程的复杂特点，启示我们在这一传承过程中，有必要考虑有助于或阻碍此传承的更为广泛的方面。本书也显示了父母以不同的方式对待女孩和男孩，这在民族文化的发展和保护过程中，都是必须要考虑的重要方面。

党的十七届六中全会强调：“要培养高度的文化自觉和文化自信，提高全民族文明素质，增强国家文化软实力，弘扬中华文化，努力建设社会主义文化强国。”这表明我国已经充分认识到文化的重要性，并规定了未来文化建设的指导方向。文化自信是要建立在对本民族文化价值的深刻的认知基础上的，而不是仅凭一腔热情和自以为是的民族主义情绪。每个民族的文化都有独特性，并由于它的独一无二和不可复制，而具有独特的魅力和价值，成为人类文化不可替代甚至不可或缺的一部分；但同时也不能自我陶醉或盲目自大，只是沾沾自喜于某种纯粹的特殊性，甚至只是为了与众不同而追求一些与人类普遍价值相违背的怪异的东西。整体而言，西南民族的文化价值传承在文化的继承与发展之间找到了很好的平衡，其中的很多积极因素对于响应国家的文化建设方针，行之有效地开展民族文化的价值观教育很有借鉴意义，有利于中华文化的日益复兴与强盛。

# 后记

2006 年 12 月 11 日，教育部社会科学司发文，批准下达了笔者投标的教育部人文社会科学重点研究基地西南民族教育与心理研究中心的重大招标课题"文化变迁中的西南民族价值传承研究"的立项通知。

2007 年 3 月 21 日，开题报告在西南大学教育部人文社会科学重点研究基地——西南民族教育与心理研究中心举行。笔者先就本课题研究的意义，国内外研究现状，课题的总体框架、研究目标和基本内容，子课题结构和主要内容，课题的研究方法、技术路线和调研计划，拟突破的重点和难点问题，以及课题的主要创新之处等做了汇报，同时还针对教育部社会科学司反馈的专家评审意见，就进一步修改和完善课题研究计划，以及增加课题组人员等事项做了说明。教育部社会科学司科研规划处时任处长张东刚，重庆市教委宣教处时任处长何勇平，西南大学原副校长何向东教授、西南大学社会科学处时任处长徐辉教授、西南民族教育与心理研究中心时任主任张诗亚教授、西南民族教育与心理研究中心时任副主任张庆林教授、专职研究员巴登尼玛教授、何景熙教授、杨昌勇教授、廖伯琴教授、蓝勇教授、张进辅教授、张学敏教授、倪胜利副教授、么加利副教授、陈恩伦教授、孙振东教授、蒋立松副教授、彭泽平副教授，以及西南大学社会科学处相关同志、课题组成员参加了开题报告会。与会专家一致认为，课题意义重大，研究目标明确，学术视野开阔，课题定位较好，研究方案具有可操作性，整个报告思路清晰，表达明确，同时就其中存在的问题提出了意见与建议：该课题应主要集中在文化变迁和价值传承的关系的研究上；子课题的安排应该有逻辑结构，重视分类和相关的研究指标，可以从不同的学科、不同的路径来研究；研究应该是客观研究，不应掺杂个人的判断，"先进价值观"的提法有待商榷。最后，张东刚做了总结讲话，提出了相关建议，并对本次的开题情况表示充分肯定。

目前，对民族文化价值传承的论述主要集中在民族学、教育学、政治学、社会学、伦理学等领域，鲜见有从心理层面解析民族文化价值传承的心理结构与机制的。笔者原申报的研究框架拟就文化变迁下的西南民族价值传承问题进行实证性、系统化的综合研究。遵循传统与现实相结合、定性与定量相结合、横断与纵向相结合的原则，采用历史文献研究、实地调查访问、田野工作研究、问卷调查、心理测评、作品分析等方法，对西南地区民族文化价值观问题进行深入、系统的探讨，包括西南民族的祖国、民族、宗教、婚育、教育、经济等的价值观及其传承，并对西南各民族文化价值观进行分析与评价。结合专家意见和前期考察，笔者对这一总体研究框架做了调整，强化了问题意识和对民族文化传承机制的探讨。原有框架的内容主要体现在第三章至第八章，在原有框架的基础上，一是增加了民族文化传承的心理机制，特别是对代际传承的考察，主要体现在第九章和第十章；二是增加了对社会流动日益频繁现状下的民族文化传承问题的关注，包括旅游民族村、少数民族大学生、少数民族农民工等情况，主要体现在第十一章。

以往心理学界针对西南少数民族的民族心理学研究主要以青少年学生为对象，本书取样不仅遍及西南地区，而且是以少数民族民众为主要对象。整个研究取样逾万，还有一些专门的选点考察。研究过程中发表了规范标注的SSCI/CSSCI论文10篇，编制了一系列针对西南少数民族价值观及文化价值传承的有较高信度与效度的问卷。本书由笔者构思、统筹并负责组织和协调调研工作，黄希庭教授、杨昌勇教授参与了研究设计。各章的研究执行与撰写情况如下：第一章，郑涌；第二章，陈莹、郑涌；第三章，杨集梅、郑涌；第四章，涂应飞、郑涌；第五章，孟海亮、郑涌；第六章，李欣华、郑涌；第七章，牛春娟、郑涌；第八章，杨颖、郑涌；第九章，郑涌、吴俊；第十章，吴俊、郑涌；第十一章，孙丽璐、薛玉梅、周岚、郑涌；第十二章，涂应飞、郑涌；第十三章，郑涌。最后，全书由笔者统稿和定稿。

民族领域的研究向来有其复杂性和敏感性，族际和谐与冲突目前越发引人关注，民族价值观与民族行为的一致性也就成了一个更具挑战性也更有现实意义的问题。在中华民族的大家庭中，以云贵高原为中心的西南地区素以民族众多、民族关系和睦、民族文化多姿多彩而著称，且西南民族价值传承特色鲜明，西南民族地区存在自然人文资源富集与经济科教滞后的矛盾，这为深入开展本课题研究提供了得天独厚的条件。本书的出版，得到后续课题——教育部人文社会科学重点研究基地重大项目"西南民族价值观与民族行为的一致性研究"的资助，更与科学出版社及编辑朱丽娜、乔艳茹女士的支持分不开，特致谢忱！

郑　涌

2017 年 7 月于西南大学西南民族教育与心理研究中心